AF185722

Doppel-Klick 7

Differenzierende Ausgabe

Das Arbeitsheft Basis

Erarbeitet von
Grit Adam, Werner Bentin, Kathleen Breitkopf,
Ulrich Deters, Dirk Hergesell, Werner Roose,
Jutta Schindler, Rainer Schremb, Melinda Widmann,
Britta Wurst

Unter Beratung von
Andrea Brambach-Becker, Andrea Hüttig
und August-Bernhard Jacobs

Inhaltsverzeichnis

Grammatik

Arbeitstechniken findest du in den Klappen und auf der vorderen inneren Umschlagseite.

Z Hier findest du zusätzliche Aufgaben zum Weiterarbeiten.

Der Textknacker

Dieser Sachtext berichtet von der Verwirklichung eines Lebenstraumes.
Der Textknacker hilft dir beim Lesen; nach dem Lesen sollst du
eine Zusammenfassung schreiben.

➤ Die Arbeitstechnik
„Der Textknacker" findest du
in der vorderen Klappe.

Bilder und Überschrift verraten dir etwas über das Thema.

1 Schreibe zu jedem Bild einen Satz in dein Heft.

2 a. Lies die Überschrift.
   b. Schreibe auf, worum es in dem Text vermutlich geht.
      Begründe deine Vermutung. Schreibe in dein Heft.

Starthilfe
Ich vermute, dass in
dem Text …

Textknacker Schritt 1:
Vor dem Lesen
– Bilder
– Überschrift
– Form

Du überfliegst den Text.

3 a. Lies in den ersten zwei Absätzen die markierten Wörter und Wortgruppen.
   b. Decke den Text ab. Woran erinnerst du dich?
      Schreibe die Wörter und Wortgruppen in dein Heft.

4 a. Überfliege die weiteren sechs Absätze des Textes.
      Zeichne die Bewegung deiner Augen mit einer Bleistiftlinie im Text nach.
   b. Was fällt dir auf? Was kennst du schon?
      Markiere entlang deiner Linie wichtige Wörter mit Bleistift.
   c. Decke den Text ab und verfahre wie in Aufgabe 3 b.

Textknacker Schritt 2:
Den Text überfliegen
– Was fällt dir auf?
– Was kennst du schon?

Weltreise mit dem Solartaxi Scarlet Löhrke

1 | *Louis Palmers Idee*

In Deutschland werden gerade mal drei Prozent des Stroms aus **Solarenergie**
erzeugt. Doch was noch nicht ist, wird werden. Und das liegt auch an Leuten
wie Louis Palmer. Er möchte der Welt zeigen, dass die Zeit bereits reif ist für
die Solarenergie – und zwar da, wo es keiner erwartet: beim Auto. Mit einem
5   **Solarmobil** möchte er nicht weniger als die individuelle Mobilität neu erfinden:
CO_2[1]-Ausstoß gleich null.

Nur mit der Kraft der Sonne als Antrieb um die Welt fahren – dieser **Kindheitstraum** erfüllt sich jetzt für den Schweizer Louis Palmer. Er startet zu einer Reise
mit dem weltweit ersten Solarmobil, das die Erde einmal ganz umrunden wird.
10 Dabei will er mindestens **50 000 Kilometer** zurücklegen und **50 Länder** durch-
queren – angetrieben von reiner Sonnenenergie. Auf seiner Fahrt will Palmer
dabei möglichst viele Menschen davon überzeugen, dass auch sie etwas gegen
die globale Erwärmung tun können – und dass **Autofahren** mit **Sonnenstrom**
schon heute eine realistische Alternative ist.

15 Palmer erzählt: „Ich war **14 Jahre alt**, als ich das erste Mal davon geträumt habe,
mit so einem **solarbetriebenen Fahrzeug um die Erde** zu fahren. Ich habe damals
begonnen, **Zeichnungen** zu machen, **Modelle** zu bauen, und habe diesen **Traum**
bis zum heutigen Tag **nie aufgegeben**. Was mich daran bis heute fasziniert hat, ist:
Ich kann die Welt bereisen, ohne dass ich sie dabei auch zerstöre."

---

1 CO_2: Kohlendioxid – eine gasförmige Verbindung aus Kohlenstoff und Sauerstoff. Zu viel CO_2
ist schädlich für die Atmosphäre der Erde, denn CO_2 ist ein Treibhausgas.

☐ _____

20 Vom ersten Entwurf bis zum fertigen Solarmobil vergingen zwar rund 20 Jahre –
doch jetzt wird Louis Palmers Vision[2] tatsächlich Wirklichkeit. Realisiert hat
Palmer seine Vision mit einem Team von fast 200 Helfern – unter anderem
von der Technischen Hochschule Luzern. Das Team leistete Pionierarbeit,
lernte durch Fehler. So werden die Solarzellen jetzt nicht aufs Dach gepackt,
25 sondern in einen eigens dafür konstruierten Anhänger. Dadurch wird das Auto
leichter und bequemer. Es ist nicht die einzige Anforderung an das Fahrzeug,
wie Louis Palmer erklärt: „Erstens muss es sehr leicht sein, weil es mit sehr
wenig Energie betrieben werden muss. Zweitens muss es sehr robust sein,
denn auf so einer Weltreise kommen schlechte Straßen, hohe Temperaturen
30 und steile Berge. Drittens will ich einen Teil meiner Energie unterwegs
selbst produzieren und viertens: Das Ganze soll ja noch ausschauen wie
ein einigermaßen normales Auto."

Louis Palmer mit seinem Solartaxi

☐ _____

Doch genau das tut es zu Beginn gar nicht. Bei der ersten Testfahrt ist Louis
Palmers Traumauto eher ein Albtraum: „Also in dem Moment, als ich
35 das erste Mal drinsaß, war es ganz anders, als man sich's vorgestellt hat.
Es hat gerumpelt, es hat gekracht hier drin, es hat gezittert, gebebt das Ganze –
das ist kein Traumauto. Und dann bin ich auf einen Hügel zugefahren,
also 'ne kleine Steigung, und nach zehn Metern stand ich still. Dann haben
wir aber herausgefunden: Es liegt an der Elektronik, man muss da nur
40 ein paar Parameter[3] verstellen. Seitdem fährt das Ding wie 'ne Rakete."

☐ _____

Als das Solarmobil kurz darauf die Straßenzulassung bekommt, ist es schon
ein bisschen komfortabler – und bereit für die großen Herausforderungen. Um
das Fahrzeug richtig zu testen, befuhr Palmer mehrere Alpenpässe – Gotthard,
Furka, Grimsel. Innerhalb von drei bis vier Wochen machte der Schweizer
45 16 000 Höhenmeter. Um zu testen, wie sich das Auto bei Hitze verhält, fuhr er
dann nach Barcelona – schon in Südfrankreich hatte das Team Temperaturen
um 45 Grad Celsius. „Und als wir zurück waren – ich war sehr erstaunt – hatte
ich 3 000 Kilometer gemacht in 14 Tagen, ohne überhaupt eine Schraube
nachziehen zu müssen."

Der Gotthardpass in der Schweiz

☐ _____

50 Louis Palmer fährt nicht bei jeder Testfahrt mit Anhänger und der zweiten
schweren Batterie. Aber wenn's richtig losgeht, muss der Anhänger natürlich
mit. Nur so produziert das Auto selbst Strom. Zusätzlich kann es aber an
jedem Solarenergiehaus tanken. So kann das Solarauto bis zu 400 Kilometer
täglich fahren – das reicht für die Weltreise.

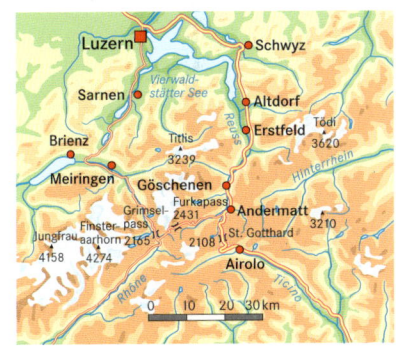
Kartenausschnitt Schweiz

☐ _____

55 Unterwegs will Palmer möglichst viele Menschen von der Sonnenenergie
überzeugen, indem er sie einlädt, mitzufahren. „Die Reaktionen in Frankreich
und Spanien, wo wir die Testfahrten gemacht haben, waren sensationell, die
waren genial. Denn die Leute haben noch nie so was gesehen und die wollten
halt alle wissen: Womit fährst du jetzt und wo sind die Solarzellen und – hey –
60 das ist ja umweltfreundlich." Palmer hofft, dass sein Beispiel Schule macht
und in Zukunft viele mit Sonnenstrom fahren.

_____

2 die Vision: eine Idee oder Vorstellung.
3 der Parameter: hier: ein Zahlenwert.

Du liest den Text genau und beantwortest dir die Frage:
Welche Informationen sind wichtig für meine Aufgabe:
eine Zusammenfassung schreiben.

Textknacker Schritt 3:
Beim genauen Lesen
– Absätze
– Worterklärungen
– Schlüsselwörter

Absätze gliedern den Text.

5 **a.** Nummeriere die Absätze.
b. Was erfährst du in den einzelnen Absätzen?
Schreibe über jeden Absatz eine passende Überschrift.
Du kannst die folgenden Wörter und Wortgruppen verwenden.

Albtraum statt Traumauto, Kindheitstraum, Weltreise, Zeichnungen und Modelle, aus Fehlern lernen, Mitfahrer überzeugen, tanken, Solarstrom, erste Tests, Straßenzulassung

Manche Wörter werden erklärt.

6 Schreibe Erklärungen für die folgenden Wörter in dein Heft.
Nutze dafür die Fußnoten im Text oder schlage die Wörter nach.
Tipp: Manche Wörter kannst du dir aus dem Zusammenhang erklären.

CO_2 (Z. 6), die Vision (Z. 21), realisieren (Z. 21), die Pionierarbeit (Z. 23), konstruiert (Z. 25), robust (Z. 28), die Reaktionen (Z. 56)

Starthilfe

CO_2: Kohlendioxid – eine gasförmige Verbindung aus Kohlenstoff und Sauerstoff, die zum Beispiel bei der Verbrennung von Treibstoff entsteht …

Manchmal gibt es Bilder am Rand, die dir helfen, den Text zu verstehen.

7 Louis Palmer befuhr den Furkapass, den Grimselpass und den Gotthardpass.
a. Erkläre den Begriff **Alpenpass**. Das Foto und die Karte auf Seite 5 helfen dir. Du kannst die Wörter vom Rand verwenden.
b. Schlage den Begriff **Pass** (Gebirgspass) im Wörterbuch nach.
c. Überarbeite deine Erklärung, wenn nötig. Schreibe in dein Heft.

Ein Alpenpass ist _____

_____

_____

Straße, über die Berge, in den Alpen

Z **8** Warum befuhr Palmer die Alpenpässe? Schreibe eine Antwort in dein Heft.

Z **9** **a.** Finde den Kartenausschnitt von Seite 5 in einem Atlas.
b. Beschreibe den Weg von Luzern nach Locarno über den Gotthardpass.
Nenne auf dem Weg mindestens zwei Seen, zwei Flüsse und 12 Orte.
c. Erkläre, welches Bauwerk den Gotthardpass heute ersetzt.

Zum Verstehen eines Textes sind Schlüsselwörter besonders wichtig.
Sie helfen dir auch bei deiner Zusammenfassung des Textes.

mehr zu Schlüsselwörtern
➤ S. 14–15

10 In den ersten beiden Absätzen sind bereits Schlüsselwörter hervorgehoben.
a. Markiere selbst Schlüsselwörter in den weiteren fünf Absätzen.
  – Nutze dabei deine Bleistiftmarkierungen aus Aufgabe 4.
  – Im vierten Absatz werden vier Anforderungen an das Fahrzeug genannt.
    Finde zu jeder dieser Anforderungen Schlüsselwörter.
b. Schreibe deine Absatzüberschriften und die Schlüsselwörter in dein Heft.

Starthilfe

1. **Louis Palmers Idee:**
Solarenergie, Solarmobil, CO_2-Ausstoß
2. …

Mithilfe von Fragen kannst du dein Textverständnis überprüfen.

11 Beantworte die folgenden Fragen in ganzen Sätzen. Schreibe in dein Heft.

a) Welche vier Anforderungen stellt Louis Palmer an sein Fahrzeug?
b) Warum nennt Louis Palmer sein Solarauto „Solartaxi"?
c) Wie beschreibt Louis Palmer die Reaktionen der Menschen, die er traf?

12 Stelle weitere eigene Fragen an den Text. Schreibe in dein Heft.

In einer Zusammenfassung gibst du den Inhalt eines Textes in knapper Form wieder.

13 Schreibe eine Zusammenfassung des Textes.
– Beachte die Arbeitstechnik „Texte zusammenfassen".
– Nutze für den ersten Teil den Lückentext unter der Aufgabe.
– Nutze deine Ergebnisse zu den Aufgaben 5 bis 7 und 10 bis 12.

> Die Reportage ▮ von ▮ handelt von dem Schweizer ▮,
> der mit seinem sogenannten ▮ eine Reise um ▮ ...

Textknacker Schritt 4:
Nach dem Lesen
– Mit dem Textinhalt arbeiten

Arbeitstechnik „Texte zusammenfassen" ➤ S. 12 und in der hinteren Klappe

Z Weiterführendes: Eine Grafik erschließen

Adrian möchte mehr über die Stromerzeugung aus Solarenergie erfahren. Er hat dazu die folgende Grafik gefunden.

Leistung neu installierter Fotovoltaik-Anlagen (2009) in Megawatt (MW)

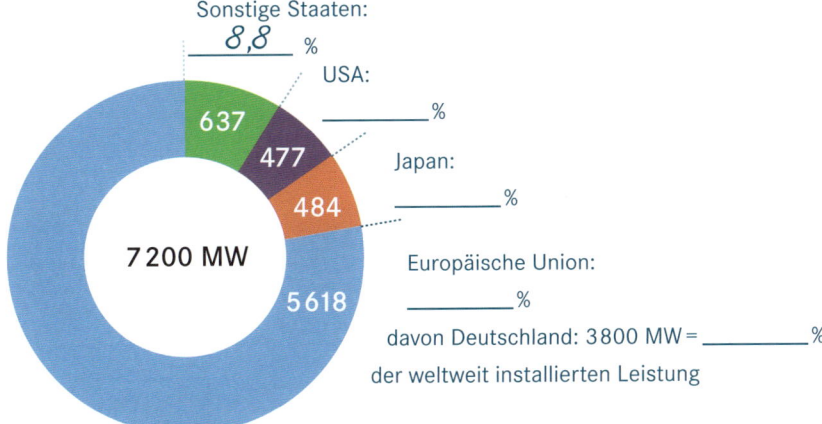

Sonstige Staaten: 8,8 %
USA: _____ %
Japan: _____ %
Europäische Union: _____ %
davon Deutschland: 3800 MW = _____ % der weltweit installierten Leistung

637 · 477 · 484 · 7 200 MW · 5 618

1 Ergänze die Prozentzahlen vom Rand an den passenden Stellen der Grafik.

2 Wo wurde im Jahr 2009 die Fotovoltaik-Anlage mit der größten Leistung installiert? Kreuze an.

in Deutschland ☐   in Japan ☐   in USA ☐

> ~~8,8 %~~
> 77,9 %
> 6,7 %
> 6,6 %
> 52,7 %

3 Ergänze in den Lücken passende Informationen aus dem Kreisdiagramm. Schreibe in dein Heft.

Leistung neu installierter Fotovoltaik-Anlagen im Jahr 2009

Weltweit wurden im Jahr ▮ Fotovoltaik-Anlagen mit einer Leistung von ▮ MW installiert, davon ▮ MW in Deutschland.
Insgesamt wurde in der ▮ mit ▮ % die größte Leistung installiert.
An zweiter Stelle steht ▮ mit ▮ %, dicht gefolgt von den ▮
mit ▮ %. In allen weiteren Staaten wurden zusammen ▮ % der Leistung installiert.

Eine Aufgabe genau verstehen

Jeden Arbeitsauftrag musst du zunächst genau lesen und verstehen.
In der Klasse 7a wird dieser Arbeitsauftrag erteilt:

Dein Arbeitsauftrag

Vera und ihre Freunde haben Argumente für und gegen die Nutzung
von Sonnenenergie gesammelt. Nimm Stellung zu Veras Aussage:
„Die stärkere Nutzung der Sonnenenergie ist wichtig für unsere Umwelt."
Gehe dabei so vor:

– Kreuze an, welche Argumente für oder gegen Veras Aussage sprechen.

Argumente für/gegen die Nutzung von Sonnenenergie	für Veras Aussage	gegen Veras Aussage
Strom aus Sonnenenergie ist umweltfreundlich, weil kein CO_2 entsteht.	☐	☐
Strom aus Sonnenenergie ist nicht besonders umweltfreundlich, weil bei Herstellung und Transport von Sonnenkollektoren auch CO_2 entsteht.	☐	☐
Sonnenkollektoren sind gut für die Umwelt, weil sie im Landschaftsbild meist keine zusätzlichen Flächen beanspruchen.	☐	☐

– Entscheide dich für einen Standpunkt.
– Führe drei Argumente an, die deine Meinung stützen.
  Verwende mindestens ein Argument aus der Liste.
– Ordne deine Argumente. Führe das stärkste Argument am Schluss an.

Die Aufforderungsverben (Operatoren) geben an, was von dir verlangt wird.

1 Lies den Arbeitsauftrag genau.
Markiere die Aufforderungsverben in deinem Arbeitsauftrag.
In einem Fall gehört zu der Aufforderung ein Nomen.

Starthilfe

Nimm Stellung, …

2 Was sollst du tun?
Sind die Aussagen richtig oder falsch? Kreuze an.
Tipp: Achte auf die Verben.

	richtig	falsch
A Ich soll zu Veras Aussage Stellung nehmen.	☒	☐
B Ich muss Veras Aussage widersprechen.	☐	☐
C Ich darf mich entscheiden, ob ich Veras Aussage unterstütze oder nicht.	☐	☐
D Ich soll ein Gegenargument anführen.	☐	☐
E Ich soll drei Argumente anführen, die meine Meinung stützen.	☐	☐
F Ich darf nur Argumente aus der vorgegebenen Liste verwenden.	☐	☐
G Ich muss mindestens eines der Argumente aus der Liste verwenden.	☐	☐
H Ich soll mich für einen Standpunkt entscheiden.	☐	☐
I Ich darf auch eigene Argumente verwenden.	☐	☐
J Das stärkste Argument muss ich am Schluss anführen.	☐	☐
K Ich soll alle Argumente ankreuzen, die Veras Aussage unterstützen.	☐	☐
L Ich muss meine Argumente ordnen, bevor ich meine Stellungnahme schreibe.	☐	☐

3 Schreibe in dein Heft, was du der Reihe nach tun sollst.
Du kannst die Wörter und Wortgruppen vom Rand verwenden.

zuerst, dann,
als nächstes, dabei,
danach, zum Schluss

Doppel-Klick 7 Differenzierende Ausgabe

Das Arbeitsheft Basis
Lösungen

Seite 4

1 *Diese Sätze könntest du geschrieben haben:*
1. Das erste Bild zeigt das Solartaxi in Paris.
2. Auf dem zweiten Bild ist der Gotthardpass in der Schweiz zu sehen.
3. Bei dem dritten Bild handelt es sich um einen Kartenausschnitt der Schweiz.

2 **b.** *So könntest du deine Vermutung begründet haben:*
Ich vermute, dass in dem Text beschrieben wird, wie jemand mit einem Solartaxi um die Welt reist, da der Titel „Weltreise mit dem Solartaxi" heißt.

Seite 6

5 + **10**
Diese Überschriften und Schlüsselwörter könntest du gefunden haben:
1. **Louis Palmers Idee**
2. **50 000 Kilometer mit Solarstrom**
3. **Ein Kindheitstraum:**
   14 Jahre alt, solarbetriebenen Fahrzeug, um die Erde fahren, Traum nie aufgegeben, Welt bereisen, ohne dass ich zerstöre
4. **Eine Vision wird Wirklichkeit:**
   rund 20 Jahre, Team von fast 200 Helfern, Pionierarbeit, eigens dafür konstruierten Anhänger, Anforderungen: leicht sein, robust sein, Teil Energie selbst produzieren, ausschauen wie einigermaßen normales Auto
5. **Albtraum statt Traumauto:**
   Testfahrt, kein Traumauto, Elektronik, verstellen, fährt wie 'ne Rakete
6. **Erste Tests mit Straßenzulassung:**
   testen, Alpenpässe, 16 000 Höhenmeter, Hitze, Barcelona, 3 000 km ohne eine Schraube nachzuziehen
7. **Bereit für die Weltreise:**
   Anhänger, produziert Strom, an einem Solarenergiehaus tanken, 400 km täglich
8. **Mitfahrer überzeugen:**
   viele Menschen überzeugen, in Zukunft fahren viele mit Sonnenstrom

6 die Vision (Z. 21) – eine Idee oder Vorstellung
realisieren (Z. 21) – durchführen, verwirklichen
die Pionierarbeit (Z. 23) – etwas tun oder leisten, was vorher noch nie jemand getan hat
konstruiert (Z. 25) – hergestellt, entwickelt
robust (Z. 28) – haltbar, stabil, unempfindlich
die Reaktionen (Z. 56) – das Verhalten, die Antworten

7 Ein Alpenpass ist eine Passstraße, die über die Alpen führt.

Z 8 *So könnte deine Antwort lauten:*
In den Alpen wollte Palmer testen, wie gut das Auto in den Bergen fährt.

Z 9 **b.** *So könntest du den Weg beschrieben haben:*
Wenn man von Luzern nach Locarno fahren will, kann man den Weg über den Gotthardpass nutzen. Der Weg beginnt in **Luzern** am **Vierwaldstätter See**. Man kann den See auf dem Weg westlich oder östlich umfahren. Im Westen fährt man über Stans und Beckenried – im Osten über Küssnacht, Schwyz, Brunnen und Sisikon. Beide Wege führen nach **Altdorf**. Von Altdorf geht es die **Reuss** (einen Fluss) entlang. Über **Erstfeld**, Amsteg, **Wassen**, **Göschenen** und Andermatt erreicht man den **Gotthardpass**. Nach dem Pass erreicht man **Airolo** und fährt dann entlang dem Fluss Ticino über die Orte Piotta, Quinto, Faido, Chironico, Giornico, **Biasca**, Osogna, **Bellinzona** und Gordola nach **Locarno** am **Lago Maggiore**.
Du kannst auch mehr und andere Orte genannt haben.
Die fettgedruckten Namen sollten aber vorkommen.

c. Der Gotthardpass wurde durch den Gotthardtunnel ersetzt.

10 *Die Lösung findest du unter Aufgabe 5 und unter der Lösung für Aufgabe 11a.*

Seite 7

11 *So könntest du die Fragen beantwortet haben:*
a) Palmer stellt diese Anforderungen an sein Solarauto: Es soll leicht und robust sein, einen Teil der benötigten Energie selbst produzieren und einigermaßen so aussehen wie ein normales Auto.
b) Palmer möchte viele Leute einladen, in seinem Auto wie in einem Taxi mitzufahren.
c) Palmer beschreibt die Reaktionen der Menschen, die er traf, als „genial". Sie haben sich für sein Auto interessiert und waren begeistert, weil es umweltfreundlich ist.

13 *So könnte deine Textzusammenfassung aussehen:*
Die Reportage „Weltreise mit dem Solartaxi" von Scarlet Löhrke handelt von dem Schweizer Louis Palmer, der mit seinem Solarmobil eine Reise um die Welt machen will. Er möchte dabei fast keinen CO_2-Ausstoß produzieren.
Mit der Reise erfüllt sich Palmer seinen Kindheitstraum. 50 000 Kilometer möchte er zurücklegen und 50 Länder durchfahren. Er will zeigen, dass das Autofahren mit Sonnenstrom heute schon möglich ist.
Schon als Kind träumt Palmer davon, mit einem solarbetriebenen Fahrzeug um die Erde zu reisen. Er fertigt Modelle und Zeichnungen an und träumt seinen Traum immer weiter.
Fast 20 Jahre später ist es Palmer gelungen, zusammen mit fast 200 Mitarbeitern ein Solarauto zu entwickeln, das einen großen Teil des benötigten Stroms selbst produziert und in etwa so aussieht wie ein normales Auto.
Bei der ersten Testfahrt kommt es zu Schwierigkeiten. Es muss aber nur die Elektronik verstellt werden, damit das Solarauto wieder schnell fährt. Bei der ersten längeren Testfahrt fährt Palmer auf Alpenpässen insgesamt 16 000 Höhenmeter. Er testet so, ob das Auto auch in den Bergen gut fährt.
Um herauszufinden, ob das Auto auch Hitze vertragen kann, fährt er damit nach Barcelona.
Das Solarauto kann 400 km täglich fahren. Es produziert einen Teil des verbrauchten Stroms mit den Solarzellen in dem Anhänger.

zu Seite 7

Wenn der Strom nicht reicht, kann man das Auto an einem Solarenergiehaus betanken.
Palmer will nun auf Weltreise gehen und dabei viele Leute einladen, in seinem Auto wie in einem Taxi mitzufahren. Er möchte sie davon überzeugen, in Zukunft die Sonnenenergie mehr zu nutzen. Bei Testfahrten in Spanien und Frankreich haben viele Menschen positiv reagiert.

1 Sonstige Staaten: 8,8 %; USA: 6,6 %; Japan: 6,7 %; Europäische Union: 77,9 %; davon Deutschland: 3 800 MW = 52,7 %

2 *Du hast sicherlich in Deutschland angekreuzt.*

3 Weltweit wurden im Jahr _2009_ Fotovoltaik-Anlagen mit einer Leistung von _7200_ MW installiert, davon _3800_ MW in Deutschland. Insgesamt wurde in der _Europäischen Union_ mit _77,9_ % die größte Leistung installiert. An zweiter Stelle steht _Japan_ mit _6,7_ %, dicht gefolgt von den _USA_ mit _6,6_ %. In allen weiteren Staaten wurden zusammen _8,8_ % der Leistung installiert.

Seite 8

1 **b.** *Diese Aufforderungsverben solltest du markiert haben:*
nimm Stellung; kreuze an; entscheide dich;
führe ... an; verwende; ordne

2 **b.** A – richtig; B – falsch; C – richtig; D – falsch;
E – richtig; F – falsch; G – richtig; H – richtig; I – richtig;
J – richtig; K – falsch; L – richtig

3 Zuerst kreuze ich an, welche Argumente für und welche gegen Veras Aussage sprechen. Dann entscheide ich mich für einen Standpunkt. Anschließend ordne ich drei Argumente, die meine Aussage stützen. Dabei verwende ich mindestens ein Argument aus der Liste. Ich führe das stärkste Argument am Schluss an.

Seite 9

4 **a.** *Diese Aufforderungsverben solltest du markiert haben:*
entscheide dich, entkräfte, führe an, veranschauliche, schreibe

b. *Diese Aussage hast du bestimmt angekreuzt:*
☒ Ein Gegenargument nennen und begründen, warum es nicht überzeugend ist.

5 A – falsch; B – falsch; C – richtig; D – richtig; E – falsch;
F – richtig; G – richtig; H – richtig

6 Zuerst entscheide ich mich für einen Standpunkt. Danach nenne ich ein Argument der Gegenmeinung und begründe, warum es nicht überzeugend ist. Anschließend führe ich drei Argumente an, die meine Meinung stützen. Meine Argumente veranschauliche ich mit Beispielen.

7 Ich soll ...	Klasse 7 a	Klasse 7 b
... ein in der Aufgabe vorgegebenes Argument nutzen.	✕	
... ein Argument der Gegenmeinung entkräften.		✕
... meine Argumente mit Beispielen veranschaulichen.		✕

Seite 12

1 **c.** Ich lese zuerst den Text sehr genau. Dann schreibe ich eine Zusammenfassung des Textes. Dafür schreibe ich zuerst ganz allgemein, um was es sich bei dem Text handelt. Dann nenne ich den Titel, den Autor, das Thema und die Textsorte. Anschließend gebe ich die wichtigsten Informationen in wenigen Sätzen wieder. Meine Zusammenfassung schreibe ich im Präsens. Wenn Geschehnisse vor anderen stattgefunden haben, verwende ich das Perfekt oder das Plusquamperfekt. Ich vermeide die wörtliche Rede oder ersetze sie durch indirekte Rede.

2 *Diese Überschriften könntest du gefunden haben:*
1 – Goethes Schwimmerlebnis; 2 – Baden und Schwimmen als Sünde; 3 – Schwimmen in der Steinzeit; 4 – Wasser im alten Griechenland; 5 – Baden und Schwimmen bei den Römern; 6 – Schwimmhilfen früher und heute; 7 – Eine Welle der Wasserfreude; 8 – Die Sorge der Schwimmmeister

3 *Diese Erklärungen könntest du aufgeschrieben haben:*
splitterfasernackt: vollkommen nackt, ganz ohne Kleider;
hausen: wohnen, leben; die Insel Lefkada: eine griechische Insel im Mittelmeer, eine der Ionischen Inseln; der Legionär: ein Soldat einer römischen Legion, dem römischen Heer; der Kork: Rinde des Korkbaums, schwimmt im Wasser; der Patient: jemand, der krank ist und von einem Arzt behandelt wird.

Seite 13

4 *Diese Sätze könntest du geschrieben haben:*
Auf dem zweiten Bild ist eine Felszeichnung aus der Wüste Sahara zu sehen, auf der drei schwimmende Menschen abgebildet sind. Das dritte Bild zeigt das römische Bad in der englischen Stadt Bath. Auf dem vierten Bild sind drei Jungen zu sehen, die von einem Holzsteg ins Wasser springen.

Z 5 *Diese Informationen können dir die Bilder zusätzlich geben:*
Auf der Höhlenzeichnung kann man erkennen, welche Schwimmtechniken Steinzeitmenschen genutzt haben. Das Bild mit dem römischen Bad zeigt, wie entspannend baden sein kann. Durch das Bild mit den drei springenden Jungen wird gezeigt, dass das Baden gefährlich ist, wenn man nicht richtig schwimmen kann.

6 *Die Zeitangaben hast du sicher im Text gefunden:*
Steinzeitmenschen (3. Absatz, Zeile 22),
Sommer 1775 (1. Absatz, Zeile 6),
Mittelalter (2. Absatz, Zeile 16),
alten Griechen (4. Absatz, Zeile 27),
Römer (5. Absatz, Zeile 35),
heute (8. Absatz, Zeile 59),
Ende des 18. Jahrhunderts (7. Absatz, Zeile 52)

7 *So solltest du die Zeitangaben eingeordnet haben:*
ca. 2,6 Mill. bis 7000 v. Chr.: Steinzeitmenschen;
ca. 1000 v. Chr. bis 146 v. Chr.: die alten Griechen;
ca. 750 v. Chr. bis 476 n. Chr.: die alten Römer;
ca. 600 bis 1500 n. Chr.: Mittelalter;
ca. 1770: Sommer 1775;
ca. 1800: Ende des 18. Jahrhunderts;
nach 2000: heute

1 *Das sind die Schlüsselwörter aus dem ersten Absatz:*
Bergsee, kopfüber in die Fluten, Dichter Johann Wolfgang von Goethe, Sommer 1775, kühle Nass, Stein, Angreifer

2 *Die markierten Wörter sind Schlüsselwörter aus Absatz 2.*
Das Baden in freier Natur wird zu dieser Zeit noch als eine Sünde angesehen. Gewässer gelten als Teufelszeug. Dieser Aberglaube ist bereits im Mittelalter verbreitet. Priester **predigen**, dass die Menschen **nicht** schwimmen **lernen** müssen, da Gott sie im Notfall über Wasser halte. Durch diesen Irrglauben kommen viele Seeleute ums Leben.

3 *Diese Schlüsselwörter solltest du im dritten Absatz stehen lassen:*
Nichtschwimmer, Steinzeitmenschen, wie Robben im Wasser, Schwimmtechnik von den Tieren abgeguckt, Hundepaddeln, genügte, um sich ans andere Ufer zu retten

4 *So hast du die Fragen bestimmt beantwortet.*
Die markierten Wörter sind Schlüsselwörter aus Absatz 4.
a) bei den alten Griechen
b) magische Eigenschaften
c) das Wasser soll wahnsinnig gemacht haben
d) auf der Insel Lefkada
e) sie stürzten sich ins Meer
f) als Mittel gegen Herzschmerz

5 *Das sind die Fragen, die du gefunden haben solltest.*
Die markierten Antworten sind Schlüsselwörter aus Absatz 5.
Wer hat vermutlich über diese Idee gelacht? die Römer; Was haben die Römer getan? lümmelten lieber im Pool; Wie viele Badeanstalten gab es in Rom? mehr als 800; Wo hat es mehr als 800 Badeanstalten gegeben? in Rom; Was konnte jeder Legionär? schwimmen; Wer hat schwimmen gelernt? jeder Legionär; Wo haben die Legionäre schwimmen gelernt? in der Armee

6 a. Schwimmring aus Kork, „Schaumstoffnudel", Schwimmbretter

b. *Sicher hast du* Hilfsmittel *angekreuzt*

7 *Deine Schlüsselwörter für den sechsten Absatz sind:*
Hilfsmittel, Schwimmring aus Kork, römische Modell, modernen „Schaumstoffnudeln", Schwimmbretter

8 *So solltest du die Fragen beantwortet und die markierten Wörter als Schlüsselwörter gewählt haben:*
a) Goethe wurde für Tausende Deutsche zum Vorbild.
b) Eine Welle der Wasserfreude schwappte nach Europa.
c) Viele Schwimmvereine wurden in Großbritannien gegründet.
d) Seebäder entstanden an der Nord- und Ostsee aus Fischerdörfern.

9 *Das sind die Schlüsselwörter zum achten Absatz:*
heute, jedes fünfte Kind, in Deutschland, kann nicht schwimmen, Ferienschwimmkurs

Z 10 ins kühle Nass: ins kalte Wasser; Herzschmerz: Liebeskummer; mit dem Leben bezahlen: daran sterben; sich wie Robben im Wasser tummeln: vergnügt im Wasser planschen

1 *Für deine Tabelle hast du sicher die Lösungen der Aufgaben 1–9 von Seite 14 und 15 verwendet.*

2 b. *So hast du den Lückentext bestimmt ergänzt:*
Zusammenfassung *des Zeitschriftentextes „Zug um Zug: Wie die Menschen Schwimmen lernten"*
Der Text über die Geschichte des Schwimmens stammt aus der Zeitschrift GEOlino Nr. 8, 2007, und wurde von Sina Löschke geschrieben.

3 *Die richtigen Angaben findest du hinter den durchgestrichenen falschen Angaben.*
Der Text berichtet von dem ~~Richter~~ Dichter Johann Wolfgang von Goethe, der im Sommer ~~1975~~ 1775 nackt mit seinen Reisebegleitern in einem Schweizer ~~Freibad~~ Bergsee badet. Dabei bewerfen unbekannte Angreifer die Männer mit ~~Äpfeln~~ Steinen.

4 *Die richtigen Zeitangaben findest du hinter den durchgestrichenen falschen Zeitangaben.*
Das Baden in freier Natur ~~war~~ ist zu dieser Zeit noch Sünde. Gewässer ~~galten~~ gelten als Teufelszeug. Dieser Aberglaube ~~war~~ ist seit dem Mittelalter weit verbreitet. Priester ~~predigten~~ predigen, dass die Menschen nicht schwimmen lernen müssen, da Gott sie im Notfall über Wasser halte. Durch diesen Irrglauben ~~kamen~~ kommen viele Seeleute ums Leben.

5 *Bestimmt hast du diese Wörter in die Lücken eingesetzt:*
Viele Völker sind zu dieser Zeit Nichtschwimmer. Doch bereits die Steinzeitmenschen tummeln sich wie die Robben im Wasser. Ihre Schwimmtechnik schauen sie sich von den Tieren ab. Damit retten sie sich bei Gefahr ans Ufer.
Bei den Griechen hat das Wasser magische Eigenschaften. Auf der Insel Lefkada stürzen sich Verliebte von einer Klippe ins Meer. Sie glauben, dies sei ein Mittel gegen Herzschmerz.

6 *So könntest du den Satz formuliert haben:*
Das Schwimmen lernen die Römer in der Armee, wo sie sogar in Kampfausrüstung schwimmen müssen.

7 *So könntest du den sechsten Abschnitt zusammengefasst haben:*
Bereits in der Römerzeit ist der Schwimmring aus Kork ein Hilfsmittel, um schwimmen zu lernen. Auch Goethe verwendete so ein Hilfsmittel. Heute nutzen Kinder ähnliche Hilfsmittel, wie zum Beispiel „Schaumstoffnudeln" oder Schwimmbretter.

8 *So könntest du die letzten Absätze zusammengefasst haben:*
7. Absatz: Tausende Deutsche nehmen sich Goethe gegen Ende des 18. Jahrhunderts zum Vorbild und gehen schwimmen. Bald darauf schwappt eine Welle der Wasserfreude über Europa. In Großbritannien werden die ersten Schwimmvereine gegründet und an der Nord- und Ostsee verwandeln sich Fischerdörfer in Seebäder.
8. Absatz: Heute machen sich Bademeister wieder Sorgen, weil jedes fünfte Kind in Deutschland nicht schwimmen kann. Sie raten deshalb zu Ferienschwimmkursen.

9 *So könnte deine Zusammenfassung aussehen:*
Zusammenfassung des Zeitschriftentextes „Zug um Zug"
Der Sachtext stammt aus der Zeitschrift GEOlino Nr. 8, 2007 und die Überschrift lautet: „Zug um Zug: Wie die Menschen schwimmen lernten." Die Autorin ist Sina Löschke. In dem Zeitschriftentext beschreibt sie, wie Menschen früher schwimmen lernten und wie sie es heute tun.
Der Text berichtet zuerst von dem Dichter Johann Wolfgang von Goethe, der im Sommer 1775 mit seinen Reisebegleitern in einem Schweizer Bergsee nackt badet. Dabei bewerfen unbekannte Angreifer die Männer mit Steinen.
Das Baden in freier Natur wird zu Goethes Zeit noch als Sünde angesehen. Gewässer gelten als Teufelszeug. Dieser Aberglaube ist seit dem Mittelalter weit verbreitet und die Priester predigen, dass die Menschen nicht schwimmen lernen müssen, da Gott sie im Notfall über Wasser halte.
Durch diesen Irrglauben kommen viele Seeleute ums Leben. Viele Menschen sind zu dieser Zeit Nichtschwimmer. Das ist merkwürdig, weil bereits die Steinzeitmenschen schwimmen. Ihre Schwimmtechnik, das Hundepaddeln, haben sie sich von den Tieren abgeschaut. Sie können sich damit bei Gefahr ans andere Ufer retten.
Die alten Griechen glauben, dass das Wasser magische Eigenschaften hat. Auf der Insel Lefkada stürzen sich unglücklich Verliebte von einer Klippe ins Meer. Das soll gegen Herzschmerz helfen.
Die Römer vergnügen sich lieber in Badeanstalten. Davon gibt es 800 in Rom. Außerdem lernt jeder Legionär in der Armee das Schwimmen.
Hilfsmittel beim Schwimmenlernen ist bereits in der Römerzeit der Schwimmring aus Kork. Er funktioniert so gut wie die modernen Schwimmbretter oder „Schaumstoffnudeln" heute. Auch Goethe lernt das Schwimmen mit einem selbstgebauten Korkring.
Ende des 18. Jahrhunderts nehmen sich Tausende Deutsche Goethe zum Vorbild und gehen schwimmen. In Großbritannien werden die ersten Schwimmvereine gegründet und an der Nord- und Ostsee entstehen Seebäder.
Heute machen sich Bademeister Sorgen, weil jedes fünfte Kind in Deutschland nicht schwimmen kann. Sie raten deshalb zu Ferienschwimmkursen.

Seite 18

1 Autor: Sina Löschke; Jahr: 2007

2 *Diese Fehler solltest du so berichtigt haben:*
~~Sommer 1776~~ – Sommer 1775; ~~in einem deutschen Bergsee~~ – in einem Schweizer Bergsee; ~~Verteidiger~~ – Angreifer

3 a. *So lautet die wörtliche Übernahme aus dem Text:*
Viele Fischer und Seeleute bezahlten diesen Irrglauben mit dem Leben.

b. *So könntest du den Satz umformuliert haben:*
Durch diesen Irrglauben sind viele Seeleute ertrunken.

4 *Diese Plusquamperfektformen solltest du so ersetzt haben:*
~~ist angesehen worden~~ – wird angesehen; ~~hatten gegolten~~ – gelten; ~~war verbreitet gewesen~~ – ist verbreitet; ~~hatten gepredigt~~ – predigen

5 b. *So hast du die Rechtschreibfehler sicher berichtigt:*
Nichtschwimmer, Wasser, Robben, Schwimmtechnik, Hundepaddelns

c. *Sicher hast du die Rechtschreibhilfe* Gliedern *angekreuzt.*

6 *So sollte deine überarbeitete Teilzusammenfassung aussehen:*
Zusammenfassung des Zeitschriftentextes „Zug um Zug: Wie die Menschen schwimmen lernten"
Der Text über die Geschichte des Schwimmens stammt aus der Zeitschrift GEOlino Nr. 8, 2007 und wurde von Sina Löschke geschrieben.
Im Sommer 1775 badet der Dichter Johann Wolfgang von Goethe nackt mit seinen Reisebegleitern in einem Schweizer Bergsee. Dabei bewerfen unbekannte Angreifer die Männer mit Steinen. Das Baden in freier Natur wird zu dieser Zeit noch als eine Sünde angesehen. Gewässer gelten als Teufelszeug. Dieser Aberglaube ist bereits im Mittelalter weit verbreitet. Priester predigen, dass die Menschen nicht schwimmen lernen müssen, da Gott sie im Notfall über Wasser halte. Durch diesen Irrglauben kommen viele Fischer und Seeleute ums Leben.
Zu dieser Zeit sind viele Völker Nichtschwimmer. Aber bereits die Steinzeitmenschen haben sich wie die Robben im Wasser getummelt. Die Schwimmtechnik des „Hundepaddelns" haben sie sich von den Tieren abgeschaut.

Seite 19

1 *So hast du die Zahlen sicher in der Grafik ergänzt:*

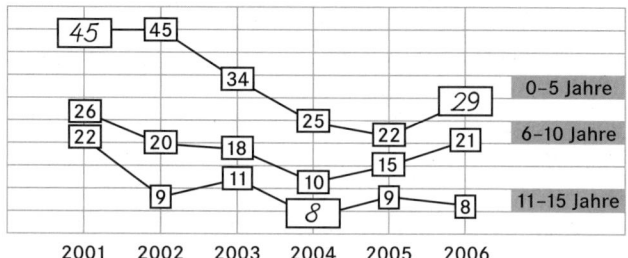

2 *Diese Antworten solltest du angekreuzt haben:*
☒ Wie viele Kinder pro Jahr in Deutschland ertrunken sind.
☒ Die Zahl der Todesopfer ist in den Jahren 2001 bis 2006 gesunken.

3 *So hast du bestimmt die Zahlen eingetragen und angekreuzt:*

Kreisdiagramm ☐   Kurvendiagramm ☒

4 Im Jahr *2004* sind zum Glück nur *43* Kinder ertrunken.

5 b. *Bestimmt hast du 40 % angekreuzt. Im Jahr 2001 gab es 93 Todesopfer, im Jahr 2006 waren es 53. Anteilig gibt es im Jahr 2006 im Vergleich zum Jahr 2001 nur 62 % Todesopfer. Die Zahl der Todesopfer ist daher um knapp 40 % gesunken.*

6 *Diese Wörter und Zahlen solltest du in dieser Reihenfolge ergänzt haben:*
„Kinderertrinken in Deutschland", DLRG, Kurvendiagramms, Kinder, 2001 bis 2006, 2001, 35, 40%, 2005

Seite 21 – Das kann ich!

1 *Bestimmt hast du* Säulendiagramm *angekreuzt.*

2 In der Grafik geht es darum, wo die befragten Personen das Schwimmen gelernt haben.

3 a) 18 %; b) 40 %; c) 44 %; d) 15 %; e) 33 %

4 Laut der Grafik lernt man in einem Kurs am besten schwimmen.

5 *So könnte deine Zusammenfassung aussehen:*
Zusammenfassung des Textes „Im Winter fit machen für die nächste Badesaison"
Der Zeitungsartikel über Schwimmkurse der DLRG stammt aus dem Jahr 2009 und wurde von Martin Janssen geschrieben. Der Text handelt davon, warum schwimmen lernen so wichtig ist. Es wird erklärt, dass eine Schwimmausbildung der Kinder das beste Mittel ist, um tödliche Unfälle im Wasser zu vermeiden.
Im Jahr 2008 haben über 250 000 Kinder, Jugendliche und Erwachsene bei der DLRG das Schwimmen und Rettungsschwimmen gelernt. Die meisten Kurse finden im Winter statt, weil man dann besser für die Badesaison vorbereitet ist. Das Schwimmen können Kinder schon ab etwa fünf Jahren bei der DLRG lernen. 30 000 Kinder machen jedes Jahr eine Anfängerschwimmausbildung und erhalten zum Schluss das „Seepferdchen". In der Schule können die Kinder dann das Jugendschwimmzeichen ablegen. Die Grafik zeigt jedoch, dass man Schwimmen am besten in einem Kurs lernt: 44 % der Könner haben einen Kurs belegt. Die Kurse der DLRG werden fast überall angeboten.

6 *Diese Angaben fehlen:*
Autor – Sina Löschke; Ausgabe – Nr. 8.

7 *Diese falschen Angaben hast du sicher gefunden und so ersetzt:*
~~Herbst 1775~~ – Sommer 1775; ~~in einem Schweizer Freibad~~ – in einem Schweizer Bergsee

8 + **9**
So sollte deine überarbeitete Teilzusammenfassung aussehen. Fehler und falsche Präteritumformen sind durchgestrichen. Die markierten Wörter solltest du ergänzt haben.
„Zug um Zug: Wie die Menschen Schwimmen lernten"
Der Zeitschriftentext von Sina Löschke stammt aus der Zeitschrift GEOlino, Nr. 8, 2007.
Der Dichter Johann Wolfgang von Goethe ~~badete~~ badet im ~~Herbst~~ Sommer 1775 nackt mit seinen Reisebegleitern in einem Schweizer ~~Freibad~~ Bergsee. Dabei ~~bewarfen~~ bewerfen unbekannte Angreifer die Männer mit Steinen. Das Baden in freier Natur ~~wurde~~ wird zu dieser Zeit noch als eine Sünde angesehen. Gewässer ~~galten~~ gelten als Teufelszeug. Dieser Aberglaube ~~war~~ ist im Mittelalter weit verbreitet. Priester ~~predigten~~ predigen, dass die Menschen nicht schwimmen lernen müssen, da Gott sie im Notfall über Wasser halte. Durch diesen Irrglauben ~~kamen~~ kommen viele Fischer und Seeleute ums Leben.

Das kann ich! – Auswertung	
69–95 Punkte	Du hast schon viel gelernt. Weiter so!
42–68 Punkte	Du kannst es sicher noch besser. Übe weiter.
0–41 Punkte	Arbeite die Seiten 10 bis 19 noch einmal durch.

Seite 22

1 **b.** Zuerst nenne ich in einem Satz das Ziel des Versuchs. Danach beschreibe ich genau die Materialien, den Versuchsaufbau und die Beobachtungen bei der Durchführung des Versuchs. Anschließend formuliere ich das Ergebnis des Versuchs und erkläre es. Am Schluss überarbeite ich die Beschreibung mithilfe der Checkliste.

Seite 23

2 *So könntest du die Überschrift formuliert haben:*
Wasserreinigung mit Sonnenkraft

3 *Diesen Einleitungssatz könntest du geschrieben haben:*
Mit dem Versuch untersucht man, ob man Wasser mit Sonnenenergie reinigen kann.

4 *Folgende Materialien solltest du aufgezählt haben:*
Für den Versuch benötigt man eine große Glasschüssel, ein kleines Wasserglas, zwei Thermometer, zwei Saughaken, Frischhaltefolie, einen kleinen Kieselstein, Wasser sowie viel Salz und Pfeffer.

5 *In dieser Reihenfolge solltest du die Bilder zugeordnet haben:*
2, 3, 4

6 *So könntest du den Versuchsaufbau beschrieben haben:*
Zuerst füllt man in die Glasschüssel etwas Wasser und streut viel Salz und Pfeffer hinein. Dann mischt man die Flüssigkeit. Danach stellt man ein kleines Wasserglas in die Mitte der Schüssel und befestigt ein Thermometer mit Saughaken am inneren Schüsselrand. Anschließend breitet man die Folie über der Schüssel aus und drückt sie an den Rändern der Schüssel fest. Die Folie muss dabei locker über die Schüssel gelegt werden. Den Kieselstein legt man nun auf die Folie, direkt über das Wasserglas. Die Folie hängt an dieser Stelle jetzt ein wenig durch. Zum Schluss legt man das zweite Thermometer neben die Schüssel.

7 **b.** *Die markierten Wörter solltest du eingesetzt haben:*
Nach kurzer Zeit erkennt man auf den beiden Thermometern, dass die Temperatur in der Schüssel höher ist als außerhalb der Schüssel. Etwas später erkennt man, dass die Frischhaltefolie von innen beschlägt und sich Wassertropfen an ihrer Unterseite bilden. Man sieht, dass die Wassertropfen in der Mitte unter dem Kieselstein zusammenlaufen und in das Wasserglas fallen. Nach einigen Stunden hat sich so viel sauberes Wasser in dem Wasserglas gesammelt, dass man einen Schluck trinken kann.

Seite 24

8 Der Versuch *zeigt*, dass man mit *Sonnenenergie* aus *ungenießbarem* Wasser *sauberes* Trinkwasser *herstellen* kann.

9 Die Sonnenenergie erwärmt das *Wasser* in der abgedeckten *Schüssel*, sodass es *verdunstet*. Die Wasserteilchen können nicht aus der Schüssel *entweichen*. Weil die Außentemperatur *niedriger* ist als unter der *Folie*, kondensieren die Wasserteilchen an der Folie als *Wassertropfen*. Diese sammeln sich unter dem Kieselstein und *fallen* in das daruntergestellte *Wasserglas*.

10 *Für die vollständige Versuchsbeschreibung kannst du deine Sätze aus den Aufgaben 2 bis 8 verwenden.*

Z 11 Der Begriff „Kondensation" bezeichnet einen Vorgang, bei dem sich aus Wasserdampf durch Abkühlung an einer kalten Fläche oder an einer kalten Luftschicht Wassertropfen bilden.

Seite 25

1 *Bestimmt hast du diesen Satz angekreuzt und diese Wörter markiert:*
☒ Durch die Sonnenenergie wird das Wasser in der Schüssel erwärmt.

2 + **3**

Hinter den durchgestrichenen Ich-Formen findest du die richtige Passivform. Die markierten Wörter solltest du ergänzt haben.

Überschrift:

Kann Wasser mit Sonnenenergie gereinigt werden?

Mit dem Versuch wird untersucht, ob Wasser mit Sonnenenergie gereinigt werden kann.

Materialien: Für den Versuch werden diese Materialien benötigt: Wasser, eine große Glasschüssel, Salz, Pfeffer, Frischhaltefolie, ein kleiner Kieselstein, ein kleines Wasserglas, zwei Thermometer und zwei Saughaken.

Versuchsaufbau: Zuerst ~~fülle ich~~ *wird* in die Glasschüssel etwas Wasser *gefüllt* und ~~streue~~ viel Salz und Pfeffer ~~hinein~~ *hineingestreut*. Dann ~~mische ich~~ *wird* die Flüssigkeit *gemischt*. Danach ~~stelle ich~~ *wird* das Wasserglas in die Mitte *gestellt* und ~~befestige~~ ein Thermometer mit Saughaken innen am Schüsselrand *befestigt*. Nun wird die Schüssel mit einer leicht durchhängenden Frischhaltefolie abgedeckt und ~~ich lege~~ *wird* in die Mitte genau über dem Wasserglas ein kleiner Kieselstein *gelegt*. Dann ~~stelle ich~~ *wird* der Versuchsaufbau in die Sonne *gestellt*. Zum Schluss ~~lege ich~~ *wird* ein zweites Thermometer neben die Schüssel *gelegt*.

Versuchsdurchführung: Nach kurzer Zeit wird auf den beiden Thermometern beobachtet, dass die Temperatur in der Schüssel höher ist als außerhalb der Schüssel. Etwas später wird beobachtet, dass die Folie innen beschlägt und sich Wassertropfen an der Unterseite bilden. Es ist zu erkennen, dass die Wassertropfen unter dem Kieselstein zusammenlaufen und in das Wasserglas fallen. Nach einigen Stunden hat sich so viel Wasser in dem Wasserglas gesammelt, dass ein Schluck getrunken werden kann.

Ergebnis: Mit dem Versuch ~~zeige ich~~ *wird* *gezeigt*, dass mit Sonnenenergie aus ungenießbarem Wasser sauberes Trinkwasser hergestellt werden kann.

Erklärung: Durch die Sonnenenergie ~~erwärme ich~~ *wird* das Wasser in der Schüssel *erwärmt*, sodass es verdunstet. Die Wasserteilchen können wegen der Folie nicht entweichen. Weil die Außentemperatur niedriger ist als unter der Folie, kondensieren die Wasserteilchen an der Folie zu Wassertropfen. Diese sammeln sich unter dem Kieselstein und fallen in das Wasserglas.

Seiten 26 und 27 – Das kann ich!

1 *Diese Antworten hast du bestimmt angekreuzt:* a), c)

2 *So hast du bestimmt ergänzt:*

	Schritte der Versuchsbeschreibung	Verben
6	Das Ergebnis *formulieren* und	*erklären*
4+5	Den Versuchsaufbau und die Durchführung	*beschreiben*
3	Die Materialien	*nennen*
1	Die Überschrift	*wählen*
2	In der *Einleitung* die Versuchsfrage	*stellen*

3 **a.** Zuerst legt man sämtliche Materialien auf den Tisch. Dann baut man den Versuch genau nach der Anleitung auf. Nun beobachtet man, was passiert. Am Schluss notiert man das Versuchsergebnis.

b. Zuerst werden sämtliche Materialien auf den Tisch gelegt. Dann wird der Versuch genau nach der Anleitung aufgebaut. Nun wird beobachtet, was passiert. Am Schluss wird das Versuchsergebnis notiert.

4 *Vergleiche dein Ergebnis mit der Checkliste auf Seite 24.*

5 **b.** etwa ein halber Liter Wasser, ein Glas, ein Löffel

6 Einleitung: Mit diesem Versuch stellt man fest, ob Wasser entsalzt werden kann.

7 bis **9**

So solltest du den Pfeil gezeichnet, die Satzanfänge durchgestrichen und die Präteritumformen markiert haben:

Wie ich Salzwasser genießbar machte

Für diesen Versuch benötigt man folgende Materialien: einen Wasserkessel mit Pfeife, einen Handschuh-Topflappen, ein Pfund Salz.

Ich füllte etwa einen halben Liter Wasser in einen Kessel. Dann fügt man viel Salz hinzu. ~~Dann~~ Anschließend probierte ich die Mischung. Sie schmeckt unerträglich salzig. ~~Dann~~ Nun setzt man den Deckel auf den Wasserkessel und bringt das Salzwasser zum Kochen. ~~Dann~~ Danach streifte ich einen Handschuh-Topflappen über die Hand. Das ist wichtig, weil der Dampf sehr heiß ist. ~~Dann~~ Im Anschluss stellte ich ein Glas unter die Tülle des Wasserkessels.

Das Ergebnis ist leicht zu erklären, denn beim Kochen verdampft nur das Wasser und nicht das Salz. Das Salz bleibt im Kessel.

Sobald das Wasser kocht und aus der Tülle Dampf austritt, hielt ich einen Löffel in den Dampf. Man kann beobachten, dass der Dampf sofort kondensiert und sich am Löffel Wassertropfen bilden, die dann in das Glas tropfen. Ich probierte einen kleinen Schluck Wasser aus dem Glas. Dadurch stellt man als Ergebnis fest, ob die Entsalzung funktioniert hat.

10 *So könnte deine überarbeitete Versuchsbeschreibung aussehen. Die markierten man-Formen hast du sicher ergänzt.*

Wie man Salzwasser genießbar macht

Mit diesem Versuch stellt man fest, ob Wasser entsalzt werden kann.

Für diesen Versuch benötigt man folgende Materialien: einen Wasserkessel mit Pfeife, einen Handschuh-Topflappen, ein Pfund Salz, etwa einen halber Liter Wasser, ein Glas, einen Löffel.

Zuerst füllt man etwa einen halben Liter Wasser in einen Kessel. Dann fügt man viel Salz hinzu. Anschließend probiert man die Mischung. Sie schmeckt unerträglich salzig. Nun setzt man den Deckel auf den Wasserkessel und bringt das Salzwasser zum Kochen. Danach streift man einen Handschuh-Topflappen über die Hand. Das ist wichtig, weil der Dampf sehr heiß ist. Dann stellt man ein Glas unter die Tülle des Wasserkessels.

Sobald das Wasser kocht und aus der Tülle Dampf austritt, hält man einen Löffel in den Dampf. Man kann beobachten, dass der Dampf sofort kondensiert und sich am Löffel Wassertropfen bilden, die dann in das Glas tropfen. Man probiert einen kleinen Schluck Wasser aus dem Glas. Dadurch stellt man als Ergebnis fest, ob die Entsalzung funktioniert hat. Das Ergebnis ist leicht zu erklären, denn beim Kochen verdampft nur das Wasser und nicht das Salz. Das Salz bleibt im Kessel.

Das kann ich! – Auswertung	
59–80 Punkte	Du hast schon viel gelernt. Weiter so!
37–58 Punkte	Du kannst es sicher noch besser. Übe weiter.
0–36 Punkte	Arbeite die Seiten 22 bis 25 noch einmal durch.

1 A Den Brief hat die Klassenlehrerin der Klasse 7a,
Anne Helling, geschrieben.
B Der Brief richtet sich an die Schülerinnen und Schüler
der Klasse 7a sowie an ihre Eltern.
C Auf der Klassenfahrt wird der Gebrauch von Handys,
MP3-Playern und Spielkonsolen verboten.

2 Behauptung: Der Gebrauch von Handys, MP3-Playern und
Spielkonsolen beeinträchtigt das soziale Leben auf einer
Klassenfahrt.
Argumente: Nach Erfahrung vieler Lehrkräfte sind die
Schülerinnen und Schüler auf der Klassenfahrt zunehmend
durch Anrufe, SMS-Schreiben und Musikhören abgelenkt.
Des Weiteren gab es in der Vergangenheit bereits Fälle von
Handymobbing und auch Diebstahl der Geräte.

3 *So hast du sicher die Sprechblasen geordnet:*

Sprechblasen mit Behauptungen:

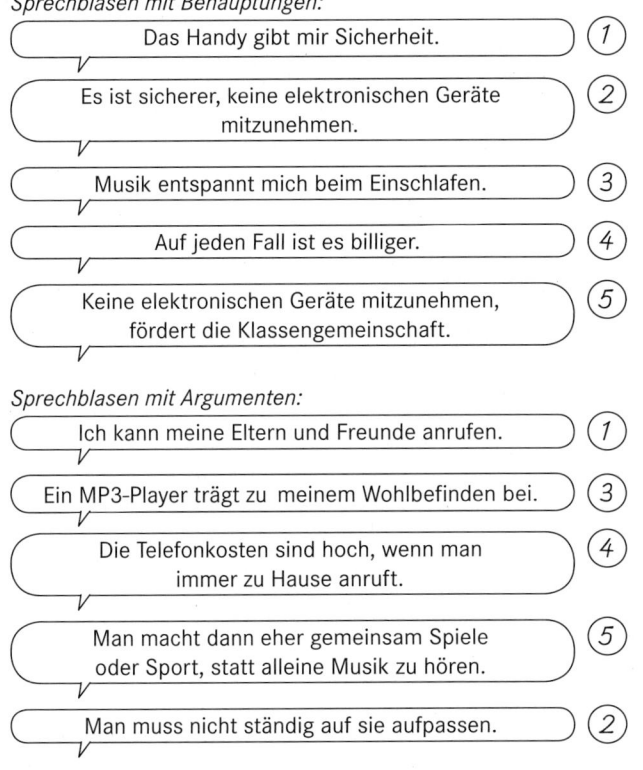

Das Handy gibt mir Sicherheit. ①

Es ist sicherer, keine elektronischen Geräte
mitzunehmen. ②

Musik entspannt mich beim Einschlafen. ③

Auf jeden Fall ist es billiger. ④

Keine elektronischen Geräte mitzunehmen,
fördert die Klassengemeinschaft. ⑤

Sprechblasen mit Argumenten:

Ich kann meine Eltern und Freunde anrufen. ①

Ein MP3-Player trägt zu meinem Wohlbefinden bei. ③

Die Telefonkosten sind hoch, wenn man
immer zu Hause anruft. ④

Man macht dann eher gemeinsam Spiele
oder Sport, statt alleine Musik zu hören. ⑤

Man muss nicht ständig auf sie aufpassen. ②

4 a. *So solltest du die Argumente geordnet haben:*
Pro (für ein Verbot)
- Es ist sicherer, keine elektronischen Geräte mitzunehmen.
Man muss nicht ständig auf sie aufpassen.
- Keine elektronischen Geräte mitzunehmen, fördert die
Klassengemeinschaft. Man macht dann eher gemeinsam
Spiele oder Sport, statt alleine Musik zu hören.
- Auf jeden Fall ist es billiger. Die Telefonkosten sind hoch,
wenn man immer zu Hause anruft.
Kontra (gegen ein Verbot)
- Das Handy gibt mir Sicherheit. Ich kann meine Eltern und
Freunde anrufen.
- Mein MP3-Player trägt zu meinem Wohlbefinden bei. Musik
entspannt mich beim Einschlafen.

b. *Diese Argumente könntest du ergänzt haben:*
Pro (für ein Verbot)
- Elektronische Geräte sorgen oft für Streit. Nicht jeder kann
sich ein neues Handy, Spielkonsolen oder einen neuen
MP3-Player leisten.
Kontra (gegen ein Verbot)
- Mit Spielkonsolen kann man auch die Klassengemeinschaft
fördern. Man kann viele Spiele zusammen spielen.

5 b. *Diese Antworten hast du bestimmt angekreuzt:*
A Ein Verbot von elektronischen Geräten auf Klassenfahrten.
B Ich begründe meinen Standpunkt mit verschiedenen
Argumenten.
C Brief

6 Ich soll eine Stellungnahme in Briefform schreiben. Das Thema,
zu dem ich schreiben soll, ist ein Verbot von elektronischen
Geräten auf Klassenfahrten. Ich soll mich für einen Standpunkt
entscheiden und diesen begründen. Dazu soll ich Argumente
verwenden. Den Brief soll ich an die Klassenlehrerin der 7a,
Frau Helling, adressieren.

1 *Diesen Satz könntest du geschrieben haben:*
Auf der *Klassenfahrt* der Klasse 7a sollen *elektronische Geräte*
nicht verboten werden, weil sie *Sicherheit geben und die Kinder
unterhalten.*

2 A Ohne Handy ist es billiger, da die Telefonkosten hoch sind,
wenn man immer zu Hause anruft.
B Das Handy gibt mir Sicherheit, weil ich meine Freunde
und Eltern anrufen kann.

3 *Siehe Lösung zu Aufgabe 6.*

4 Die angeführten *Argumente* machen meinen *Standpunkt*
deutlich, dass es nicht sinnvoll ist, *elektronische Geräte* auf
der Klassenfahrt der Klasse 7a zu *verbieten.*

5 *Mit diesen beiden Wortgruppen kannst du den Satz ergänzen:*
Sehr geehrte Frau Helling,
ich habe Ihren Brief erhalten und gelesen / zur Kenntnis
genommen.

6

deine Adresse	*Ort und Datum*

Anne Helling
Gemeinschaftsschule Süsel
Am Schulzentrum 3
23456 Süsel

Elektronische Geräte auf der Klassenfahrt

Sehr geehrte Frau Helling,

ich habe Ihren Brief erhalten und gelesen.
Für die Klassenfahrt der Klasse 7a sollen elektronische Geräte
nicht verboten werden, weil sie wichtig für Kinder sind und sogar
die Klassengemeinschaft stärken können.
Ich bin gegen das Verbot und werde meinen Standpunkt näher
erläutern. Meiner Meinung nach erhöhen Handys die Sicherheit
von Kindern, weil sie damit, wann immer sie möchten, ihre Eltern
und Freunde anrufen können. Ein weiteres Argument gegen das
Verbot ist, dass MP3-Player zum persönlichen Wohlbefinden der
Kinder beitragen, weil sie sie beim Einschlafen entspannen. Ich
glaube außerdem nicht, dass Handys, MP3-Player und Spielkonsolen
schlecht für die Klassengemeinschaft sind, weil man mit ihnen
zusammen Musik hören und danach tanzen kann. Viele Spiele kann
man auf den Spielkonsolen auch mit mehreren Personen spielen.

Mit freundlichen Grüßen

deine Unterschrift

1 *Diese Angaben fehlen:* Gruß, Adresse, Straße, Betreff, Ort

2 *Diese Angaben solltest du so verbessert haben:*
~~Jonna, Carl, Thea, Per usw.~~ – Die Klasse 7b; ~~Hallöchen~~ – Sehr
geehrter Herr Lustig; ~~wegen unsozial~~ – weil es schlecht für die
Klassengemeinschaft ist; ~~gedisst~~ – ausgelacht oder verspottet;
~~nicht besorgen kann~~ – nicht leisten kann; ~~Muffe~~ – Angst;
~~Zeug~~ – Geräte

3 + **4**

So könnte dein überarbeiteter Brief aussehen.
Die markierten Informationen solltest du ergänzt haben.
Die durchgestrichenen Formulierungen sind ungünstig
und wurden durch bessere ersetzt.

~~Jonna, Carl, Thea, Per usw.~~	Süsel, den 30.05.2010

Die Klasse 7b
Gemeinschaftsschule Süsel
Am Schulzentrum 3
23456 Süsel

An Jens-Peter Lustig
Gemeinschaftsschule Süsel
Am Schulzentrum 3
23456 Süsel

Verbot von elektronischen Geräten

~~Hallöchen~~ Sehr geehrter Herr Lustig,
wir finden es gut, dass elektronische Geräte auf der Klassenfahrt
der Klasse 7a verboten sind. Das Mitnehmen von Handys usw.
finden wir schlecht, ~~wegen unsozial~~ weil es störend für die Klassengemeinschaft ist. Wenn keiner elektronische Geräte dabei hat,
wird auch niemand mehr dafür ~~gedisst~~ gehänselt oder ausgelacht,
dass er ~~sich~~ keinen MP3-Player oder keine Spielkonsole ~~nicht
besorgen kann~~ besitzt. Und man muss keine ~~Muffe~~ Angst mehr
haben, dass man heimlich fotografiert wird.
Wir möchten, dass auf unserer nächsten Klassenfahrt ~~dieses Zeug~~
diese elektronischen Geräte ebenfalls verboten werden.

Mit freundlichen Grüßen

Ihre Klasse 7b

---

2 **a.** *Diese Argumente kannst du zum Beispiel markiert haben:*
- Handzettel: Ihr verringert die Gefahr von Karies und
  anderen Zahnkrankheiten; Ihr spart Geld.
- Zeitschriftenausschnitt: Die überwiegend gesättigten
  Fettsäuren (ungesundes Fett), die darin enthalten sind,
  sind ungünstig für unsere Gesundheit; liefern Süßigkeiten
  und Snacks niemals so viele Vitamine und Mineralstoffe
  wie Gemüse, Obst und die übrigen Grundnahrungsmittel

3 *So könntest du den Brief geschrieben haben:*

(deine Klasse)	(Ort und Datum)

(die Adresse deiner Schule)

An
Die Klasse 7c
Stadtparkschule Lübeck
Schulstr. 5
56789 Lübeck

Aktion „Keine Süßigkeiten auf der Klassenfahrt"

Liebe Klasse 7c,

wir möchten gerne, dass ihr euch an der Aktion „Eine Klassenfahrt
ohne Süßigkeiten ist gesünder" beteiligt.
Wir finden es besser, auf einer Klassenfahrt ganz auf Süßigkeiten
zu verzichten. Durch den Verzicht verringert ihr das Risiko von
Karies und anderen Zahnkrankheiten. Ihr könnt euch gesund
ernähren, denn Obst und Gemüse enthalten wichtige Vitamine
und Mineralstoffe. Wenn ihr auf Süßigkeiten verzichtet, werdet ihr
außerdem nicht dicker.

Mit vielen Grüßen

eure Klasse (deine Klasse)

---

4 **a.** *Das sind die Argumente, die du markiert haben solltest:*
weil wir das zu Hause auch machen; das trägt zu unserem
Wohlbefinden bei; sind wir alle schlank; gemeinsam
Süßigkeiten zu essen, macht Spaß

5 *Diese Angaben fehlen in dem Brief:*
das Datum, die Adresse des Empfängers, der Betreff (Aktion
„Keine Süßigkeiten auf der Klassenfahrt")

6 *Diese Stellen solltest du markiert haben:*
Moin; CU

7 *So könnte dein Brief aussehen:*

Max Falck (Klassensprecher)	(Ort und Datum)

Klasse 7c der Stadtparkschule
Schulstr. 5
56789 Lübeck

Klasse 7b der Stadtparkschule
Schulstr. 5
56789 Lübeck

Aktion „Keine Süßigkeiten auf der Klassenfahrt"

Liebe Klasse 7b,

wir wollen mit euch auf Klassenfahrt gehen. Aber wir möchten
da doch Süßigkeiten essen, weil wir das zu Hause auch machen.
Denn das trägt nämlich zu unserem Wohlbefinden bei. Ich bin
der Meinung, dass Süßigkeiten auf der Klassenfahrt erlaubt sein
sollen, da jeder selbst entscheiden sollte, was er isst. Außerdem
sind wir alle schlank, und gemeinsam Süßigkeiten zu essen,
macht Spaß! Deshalb möchten wir nicht an der Aktion „Keine
Süßigkeiten auf der Klassenfahrt" teilnehmen.

Viele Grüße und bis bald

Max
Klasse 7c

8 In einer Stellungnahme kann ich andere von meinem
Standpunkt überzeugen, indem ich gute *Argumente* anführe.

9 Ich fasse meinen Standpunkt noch einmal zusammen.
Schluss
Ich schreibe meine Argumente sinnvoll geordnet auf.
Hauptteil
Ich schreibe, auf welches Thema ich mich beziehe.
Einleitung

10 *Diese Wörter solltest du markiert haben:*
Unterschrift, Empfänger, Ort und Datum, Einleitung, Schluss,
Grußformel, Anrede, Hauptteil, Absender, Betreff

Diese Wörter hast du sicherlich durchgestrichen:
Zeichnung, Uhrzeit, Sticker, Foto vom Absender

Das kann ich! – Auswertung	
59–80 Punkte	Du hast schon viel gelernt. Weiter so!
37–58 Punkte	Du kannst es sicher noch besser. Übe weiter.
0–36 Punkte	Arbeite die Seiten 28 bis 31 noch einmal durch.

2 **a.** *Das sind die Aufforderungsverben:*
schreibe, berücksichtige, lies, achte, beschreibe, untersuche, finde, beantworte

b. *Diese Sätze solltest du als „richtig" angekreuzt haben:*
A, C, D, F, G, H, J, K

3 Zuerst lese ich den Text genau und achte auf die Handlungs-bausteine. Beim Schreiben der Inhaltsangabe berücksichtige ich, wer die Geschehnisse erzählt und wie dieser Erzähler über den Boxer Harry denkt. Dann beschreibe ich die Hauptfigur. Dabei untersuche ich an geeigneten Textstellen ihr Verhalten und ihre Gefühle. Zum Schluss finde ich eine Textstelle und beantworte die Frage mit Zitaten aus dem Text.

4 *Bestimmt hast du A angekreuzt.*

5 **b.** *Diese Stichwörter könntest du zu den Handlungsbausteinen aufgeschrieben haben:*
Hauptfigur und Situation: Die Hauptfigur Harry kämpft im Sommer mit anderen 15- bis 18-jährigen Jungen in einem improvisierten Boxring auf dem Nordmarkplatz
Wunsch: Harry wünscht sich, zu gewinnen und sich selbst zu besiegen
Hindernis: Harry ist untalentiert und viel zu steif zum Boxen
Reaktion: Harry trainiert besonders fleißig und zielstrebig
Ende: Am Ende wird Harry Berliner Meister im Bantam-gewicht

6 *So könnte deine Tabelle aussehen:*

Handlungs-baustein	Fragen	Antworten/Stichworte
Hauptperson und Situation	Wer ist die Hauptperson?	Harry, 15–18 Jahre alt (Zeilen 9–10 / Zeilen 15–20)
	Wann und wo spielt die Handlung?	*Nachkriegszeit, Berlin, Nordmarkplatz, Stadtteil Prenzlauer Berg* (Zeile 1 / Zeile 9 / Zeilen 84–86)
	Wie ist die Situation am Anfang?	Harry kann nicht boxen und verliert jeden Kampf. (Zeilen *17–18*)
Wunsch	*Was möchte Harry erreichen?*	Harry möchte gewinnen und sich selbst besiegen. (Zeilen *60–61*)
Hindernis	Welches Hindernis muss Harry überwinden, um sein Ziel zu erreichen?	Harry hat kein Talent und ist zu steif. (Zeile *40*)
Reaktion	Wie reagiert Harry darauf, dass er zum Boxen untalentiert ist?	*Harry übt allein, tritt immer wieder gegen die anderen Jungen an, geht mit in den Boxklub* (Zeilen 45–50 / Zeile 68 / Zeilen 71–73)
Ende	*Erreicht Harry sein Ziel?*	Harry wird Berliner Meister im Bantamgewicht. (Zeilen 85–86)

7 **b.** *Diese Aussagen hast du sicherlich angekreuzt:*
Der Ich-Erzähler ist in der Nachkriegszeit ein Kind.
Der Ich-Erzähler ist einer der kleinen Jungen, die den Boxern zusehen.

8 **a.** „Er tat mir leid, aber ich verstand ihn nicht: Wie konnte er sich nur immer wieder freiwillig verprügeln lassen!" (Zeilen 27–28)
„Meine Sympathie jedoch galt Harry" (*Zeile 37*)
„Ich wünschte Harry so sehr, dass er auch mal gewann." (*Zeilen 42–43*)

b. *So könntest du die Gedanken des Ich-Erzählers beschrieben haben:*
Harry tut dem Erzähler leid, aber er kann ihn nicht verstehen. Er fragt sich, warum Harry sich immer wieder freiwillig verprügeln lässt. Die Sympathie des Ich-Erzählers gilt Harry. Der Ich-Erzähler wünscht Harry sehr, dass er auch einmal gewinnt.

1 **b.** In der Einleitung nenne ich den Titel, den Autor, das Thema und die Textsorte. Anschließend fasse ich im Hauptteil die Informationen mithilfe der Handlungsbausteine zusammen. Ich gebe nur die wichtigsten Informationen wieder und schreibe im Präsens. Das Perfekt verwende ich, wenn Ereignisse vor anderen stattgefunden haben. Wörtliche Rede ersetze ich durch indirekte Rede.

2 *Bestimmt hast du* eine Erzählung *angekreuzt.*

3 Die *Erzählung* „Der Boxring" von *Klaus Kordon* handelt von einem Jungen namens *Harry Lange*, der beim *Boxen* immer verliert, am Ende jedoch *Berliner Meister* im Bantamgewicht wird.

4 *So könntest du die Sätze gebildet haben:*
Sie antwortet, er könne es schaffen.
Er fragt, ob er gewinnen könne.
Sie sagt, er habe gut trainiert.

5

Zeilen	Textstelle mit wörtlicher Rede	*angekreuzt*
19–20	„Mensch, Harry! Lass es lieber sein. Du schaffst es nie."	*Zuschauer*
39	„Junge, lass es sein! Hast einfach kein Talent, bist viel zu steif."	*Alfredo Schulze*
57–58	„Willst wohl auch mal gewinnen?"	*Ich-Erzähler*
60–61	„Eigentlich schon. Aber in der Hauptsache will ich mich selbst besiegen […]."	*Harry*

6 Die *Zuschauer* rufen Harry immer wieder zu, er *schaffe* es nie. Auch *der Trainer der Jungen* sagt, Harry *habe* kein Talent, er *sei* viel zu steif. Als der *Ich-Erzähler* Harry beim Trainieren trifft, fragt er ihn, ob er auch mal gewinnen *wolle. Harry* antwortet, er *wünsche* sich vor allem, sich selbst zu besiegen.

7 *Diese Sätze solltest du* **nicht** *gestrichen haben:*
C Alfredo Schulze sieht keinen Sinn darin, dass Harry in den Boxklub will.
A Obwohl Harry immer verliert, hat er Spaß am Boxen.
C Trotz seiner Niederlagen hat Harry Freude am Boxen.

8 Vier bis fünf Jahre später, nachdem Harry in den Boxklub gegangen ist, erreicht er sein Ziel und wird Berliner Meister im Bantamgewicht.

9 *So könnte deine Inhaltsangabe aussehen:*
Inhaltsangabe: „Der Boxring" von Klaus Kordon
Die Erzählung „Der Boxring" von Klaus Kordon handelt von
einem Jungen namens Harry, der beim Boxen immer verliert,
am Ende jedoch Berliner Meister im Bantamgewicht wird.
Die Geschichte spielt in der Nachkriegszeit in Berlin. Auf
dem Nordmarkplatz bauen im Sommer mehrere fünfzehn- bis
achtzehnjährige Jungen einen Boxring. Dort treffen sich die
Jungen regelmäßig zum Boxen. Zuschauer feuern sie dabei an.
Einer der Zuschauer ist der Ich-Erzähler. Er bewundert die
großen Jungen. Der Boxer Harry fällt ihm besonders auf. Harry
kann nicht boxen und verliert immer. Darum tut er dem Ich-
Erzähler leid. Er versteht nicht, warum Harry immer wieder
gegen Sharkie antritt, der ein talentierter Boxer ist und alle
zwei Wochen Nordmarkplatz-Meister wird. Die Zuschauer
lachen Harry aus. Auch der Trainer, Alfredo Schulze, rät ihm
vom Boxen ab. Der Ich-Erzähler aber findet Harry sympathisch
und wünscht ihm, dass er einmal gewinnen möge.
Eines Abends überrascht der Ich-Erzähler Harry dabei, wie er
heimlich trainiert. Er fragt Harry, ob er nicht auch einmal
gewinnen wolle. Harry antwortet, dass er vor allem sich selbst
besiegen wolle.
Am Ende des Sommers hat Harry kein einziges Mal gewonnen.
Im Herbst geht Alfredo Schulze zu einem richtigen Boxklub.
Nur Harry und ein anderer Junge gehen mit. Sharkie und die
meisten anderen Jungen haben vom Boxen bereits genug.
Vier oder fünf Jahre später liest der Ich-Erzähler in der Sportzeitung, dass Harry Lange Berliner Meister im Bantamgewicht
geworden ist. Er zweifelt zuerst, sieht dann aber ein Foto aller
Meister, darunter auch Harry. Er freut sich, dass Harry es
geschafft hat, sich selbst zu besiegen.

Seite 40

1 a. *Diese zwei Aufforderungsverben solltest du markiert haben:*
beschreibe, untersuche

c. Zuerst schreibe ich in der Einleitung wichtige Angaben
zur Figur. Anschließend beschreibe ich im Hauptteil alle
äußeren Merkmale. Danach beschreibe ich alle inneren
Merkmale. Dann beschreibe ich auch das Verhältnis zu
anderen Figuren. Zum Schluss beschreibe ich, wie sich
die Figur in der Geschichte verändert. Dabei kann ich
auch ein eigenes Urteil abgeben. Meine Aussagen kann
ich mit Zitaten belegen. Ich schreibe im Präsens.

2 Name: Harry Lange; Alter: ungefähr 15 bis 18 Jahre; Wohnort:
Berlin, Stadtteil Prenzlauer Berg

3 ist ziemlich dünn, bewegt sich steif

4 a. *Diese Zeilenangabe solltest du gefunden haben:*
Zeilen 41–42

b. *Diese Sätze könntest du aufgeschrieben haben:*
Harry ist willensstark, denn er geht zu jedem Kampf.
Obwohl er immer verliert, gibt Harry nicht auf. Er ist sehr
ausdauernd.

5 b. A Harry hat keine Angst vor Sharkie: „Nur Harry opferte
sich jedes Mal neu." (Zeile 26)

c. *So solltest du das Zitat richtig ergänzt haben:*
B Harry boxt einfach gerne: „Hast richtig gehört, obwohl ich
immer verliere, *macht es mir Spaß.*" (Zeilen 66–67)

Seite 41

6 ① Zuschauer: „Mensch, Harry! Lass es lieber sein.
Du schaffst es nie." (Zeilen 19–20)
② Ich-Erzähler: „Meine Sympathie jedoch galt Harry" (Zeile 37)
③ Alfredo Schulze: „Junge, lass es sein! Hast einfach kein
Talent, bist viel zu steif." (Zeile 40)

b. *So könntest du die Zitate gedeutet haben:*
Die Zitate zeigen, dass die Menschen Harry zwar mögen aber
nicht so recht daran glauben, dass er jemals einen Boxkampf
gewinnen könnte.

7 *So könnte der Schluss deiner Figurenbeschreibung lauten:*
Aus dem steifen, untalentierten Verlierer wird am Ende nach
vier oder fünf Jahren der Berliner Meister im Bantamgewicht.

8 a. *So könntest du die Hauptfigur beschrieben haben:*
Der junge Boxer Harry Lange ist die Hauptfigur der Erzählung
„Der Boxring" von Klaus Kordon. Harry wächst in der Zeit
nach dem Zweiten Weltkrieg in Berlin im Stadtteil Prenzlauer
Berg auf.
Harry Lange ist einer der fünfzehn- bis achtzehnjährigen
Jungen, die sich immer zum Boxen auf dem Nordmarkplatz
in Berlin treffen. Er ist ziemlich dünn und bewegt sich sehr
steif. Im Boxring hält er sich höchstens zwei Minuten lang,
dann liegt er am Boden. Er wird deshalb von den anderen
Jungen und von den Mädchen ausgelacht. Harry ist willensstark, denn er lässt sich nicht entmutigen. Obwohl er immer
verliert, hat Harry trotzdem Spaß am Boxen.
Als ihm Alfredo Schulze vom Boxen abrät, bleibt er ganz
ruhig: „Harry zog nur die Stirn kraus und ging. Und war am
nächsten Kampftag wieder da ..." (Zeilen 41–42). Harry will
sich selbst besiegen und gibt nicht auf. Er trainiert sehr
eifrig und sogar heimlich. Aus dem steifen, untalentierten
Verlierer wird am Ende nach vier oder fünf Jahren der
Berliner Meister im Bantamgewicht.

Seite 41 – Das kann ich!

1 a. Zeilen 62–63

b. *Die richtige Antwort ist:*
Er will boxen, obwohl er untalentiert ist.

2 Alfredo Schulze: „Junge, lass es sein! Hast einfach kein Talent,
bist viel zu steif." (Zeile 40)
Die Zuschauer: „[…] sagen: Du schaffst das nie, du bist zu
steif." (Zeilen 61–62)

3 - Harry lässt sich nicht entmutigen: „Harry zog nur die Stirn
kraus und ging. Und war am nächsten Kampftag wieder da […]"
(Zeilen 41–42)
- Harry trainiert sehr viel: „Er hatte einen mit Lumpen vollgestopften Rucksack über den Ast eines Baumes gehängt
und trommelte heftig auf ihn ein." (Zeilen 48–49)
- Harry erreicht schließlich sein Ziel: „Der steife Harry, er hatte
es tatsächlich geschafft – er hatte sich selbst besiegt!"
(Zeilen 92–93)

4 „Sich selbst besiegen? Konnte einer so etwas denn überhaupt
schaffen?" (Zeilen 62–63) Diese Frage stellt sich der Ich-Erzähler,
nachdem Harry ihm seinen Wunsch mitgeteilt hat. Am Anfang
hat Harry überhaupt keine Chance, beim Boxen zu gewinnen.
Niemand traut ihm zu, dass er sich selbst besiegen wird.
„Mensch, Harry! Lass es lieber sein. Du schaffst es nie." (Zeilen
19–20) Das rufen die anderen Jungen ihm zu. „Junge, lass es
sein! Hast einfach kein Talent, bist viel zu steif." (Zeile 40)
Das sagt sein Trainer zu ihm. Doch Harry lässt sich nicht beirren
und behält sein Ziel fest im Auge: „Aber in der Hauptsache will
ich mich selbst besiegen ... Kann's nicht mehr hören, wenn alle
sagen: Du schaffst das nie, du bist zu steif." (Zeilen 60–62)
Obwohl er immer verliert und Prügel einstecken muss, macht

er weiter und geht sogar in den Boxklub. Nach ein paar Jahren erreicht Harry schließlich sein Ziel: „Der steife Harry, er hatte es tatsächlich geschafft – er hatte sich selbst besiegt!" (Zeilen 92–93)

So könntest du deinen Arbeitsauftrag gelöst haben:

Inhaltsangabe:
In der Erzählung „Der Wahnsinnstyp oder: Während sie schläft" von Katja Reider geht es um ein Mädchen, das auf einer Zugfahrt einen Jungen trifft. Das Mädchen ist zuerst zu schüchtern, um ihn anzusprechen. Am Ende reden die beiden aber doch miteinander.
Die Ich-Erzählerin sitzt im Zug einem Jungen gegenüber, der ihr sehr gefällt. Sie starrt aber die ganze Zeit auf ihr Buch, weil sie sich nicht traut, mit ihm zu reden. An der Schulter des Jungen schläft ein Mädchen, das die Ich-Erzählerin für die Freundin des Jungen hält. Als der Zug hält, wacht das Mädchen auf und läuft schnell aus dem Zug. Der Junge erklärt der Ich-Erzählerin, er kenne das Mädchen gar nicht. Die Ich-Erzählerin nimmt sich vor, den Jungen in der letzten Stunde der Fahrt zu erobern.

Beschreibung der Hauptfigur:
Die Hauptfigur in der Erzählung ist ein junges Mädchen. Als die Hauptfigur den Jungen beim Einsteigen zum ersten Mal sieht, ist sie so verwirrt, dass sie ihre Platznummer vergisst. Sie beobachtet ihn und die anderen Passagiere genau. Dabei drückt sie ihre Meinung teilweise in Umgangssprache aus, z. B. „angucken" (Zeile 15). Die Hauptfigur beobachtet aber auch ihr eigenes Verhalten und kommentiert es mit Begriffen aus der Jugendsprache, z. B. „voll doofen Eindruck" (Zeile 36) oder „Mein Kopf ist hohl wie eine Kokosnuss." (Zeile 53) Der Junge gefällt ihr sehr und sie schwärmt für ihn: „Himmel, was hat der für Augen!" (Zeile 47) Sie ärgert sich, dass sie sich nicht traut, ihn anzusprechen. Am Ende gelingt es ihr jedoch, ihre Schüchternheit zu überwinden.

Bessere Reaktionen:
Die Hauptfigur fühlt sich, als sei sie „zur Salzsäule erstarrt." (Zeilen 17–18) Sie weiß selbst, dass sie etwas anders machen könnte: „Das heißt, ich könnte ihn angucken, wenn ich mich mal trauen würde, endlich von meinem Buch aufzuschauen." (Zeilen 15–17) Anstatt zu schweigen, könnte die Ich-Erzählerin etwas Lustiges sagen: „Könnte ich jetzt nicht irgendwas sagen? Ich meine, irgendwas Lockeres, wahnsinnig Lustiges, das ihm in null Komma nichts deutlich macht, was für eine Ausnahmeerscheinung ihm hier gegenübersitzt?" (Zeilen 50–52) Zumindest könnte sie versuchen, einen normalen Satz zu sagen:„Lieber Himmel, kann ich bitte, bitte bald einen normalen Satz sprechen?" (Zeile 70)

Das kann ich! – Auswertung	
59–80 Punkte	Du hast schon viel gelernt. Weiter so!
37–58 Punkte	Du kannst es sicher noch besser. Übe weiter.
0–36 Punkte	Arbeite die Seiten 34 bis 41 noch einmal durch.

Seite 44

1 *Diese Wörter und Buchstaben solltest du in die Lücken geschrieben haben:*
das Säckchen kommt von *Sack*, also ä
die Fähre kommt von *fahren*, also ä
die Fäuste kommen von *Faust*, also äu
säubern kommt von *sauber*, also äu

3 *Diese Wörter solltest du so aufgeschrieben haben:*
die Stärken (stark), lächelte (lachen), träumt (der Traum),

der Bäcker (backen), zählen (die Zahl), die Hände (die Hand), die Gärtnereien (der Garten), unterhält (unterhalten), der Verkäufer (der Verkauf), aufräumt (der Raum), hält (halten)

4 **a. + b.**
So solltest du den Text in dein Heft geschrieben haben:
Meine Stärken
Neulich kam eine Berufsberaterin in die Klasse 7b. Sie fragte die Schülerinnen und Schüler, was sie werden wollen. Alle waren sich einig: Millionäre. Sie lächelte und meinte: „Jeder träumt davon, reich zu werden. Aber es werden eben doch mehr Leute Bäcker als Millionäre. Die Arbeit sollte Freude machen und zu eurer Begabung passen. Manche Jugendliche können gut zählen und haben keine Angst vor Zahlen. Andere haben sehr geschickte Hände. Mit einem sogenannten grünen Daumen kann man besonders in Gärtnereien beruflich aufblühen. Wer sich gern unterhält, dem macht vielleicht der Beruf des Verkäufers Spaß. Wer gern aufräumt und Ordnung hält, hat in vielen Berufen gute Chancen – diese eher seltene Begabung wird immer gebraucht."
Was kannst du besonders gut? Entdecke deine Stärken!

Seite 45

5 *So hast du die Merkwörter sicherlich zugeordnet und markiert:*
Merkwörter mit ä/äu
Nomen: der Lärm, der März, das Mädchen, die Träne, das Geschäft, der Käse, das Gerät, der Kapitän, das Geländer, der Bär
Verben: täuschen, sägen
Sonstige Wörter: spät, abwärts, fähig, ungefähr, schräg

1 *So solltest du die Wortstämme markiert haben:*
das Fahrrad, verfehlen, der Fahrfehler, die Erfahrung, die Stelle, abstellen, befehlen, die Gefahr, die Bestellung, fahrbar, herstellen, die Fahrerin, die Umstellung, die Stellung, feststellen, verfahren, die Einstellung, fehlerhaft, ausfahren, fehlerlos, vorstellen, fahrbereit, stellenweise, der Fehler, gefahrlos, zweistellig, fehlbar, die Einfahrt, abfahren, die Fehlbestellung

2 *So solltest du die Wörter zugeordnet und die Wortstämme markiert haben:*
Wortfamilien
stellen: die Stelle, abstellen, die Bestellung, herstellen, die Umstellung, die Stellung, feststellen, die Einstellung, vorstellen, stellenweise, zweistellig, die Fehlbestellung
fahren: das Fahrrad, der Fahrfehler, die Erfahrung, fahrbar, die Fahrerin, verfahren, ausfahren, fahrbereit, gefahrlos, die Einfahrt, abfahren
fehlen: verfehlen, der Fahrfehler, befehlen, fehlerhaft, fehlerlos, der Fehler, fehlbar, die Fehlbestellung

3 *Diese Wörter solltest du zugeordnet und die Wortstämme markiert haben:*
Wortfamilie „stellen"
Nomen: die Stelle, die Bestellung, die Umstellung, die Stellung, die Einstellung, die Fehlbestellung
Verben: abstellen, herstellen, feststellen, vorstellen
Sonstige Wörter: stellenweise, zweistellig

Wortfamilie „fahren"
Nomen: das Fahrrad, der Fahrfehler, die Erfahrung, die Fahrerin, die Einfahrt
Verben: verfahren, ausfahren, abfahren
Sonstige Wörter: fahrbar, fahrbereit, gefahrlos

Wortfamilie „fehlen"
Nomen: der Fahrfehler, der Fehler, die Fehlbestellung
Verben: verfehlen, befehlen
Sonstige Wörter: fehlerhaft, fehlerlos, fehlbar

5 b. *So solltest du die Wörter zugeordnet haben:*
Wortfamilie passen: passt, passende, passen, aufpassen, verpasst
Wortfamilie führen: vorführen, die Führung, führt, durchführen
Wortfamilie fühlen: das Gefühl, fühlt

7 *Diese Verben solltest du gebildet haben:*
um + gehen = umgehen
auf + gehen = aufgehen
vor + gehen = vorgehen
unter + gehen = untergehen
über + gehen = übergehen
ab + gehen = abgehen
ein + gehen = eingehen

8 *So solltest du zugeordnet und markiert haben:*

	sonstige Wörter	Nomen	Verben
gehen:	begehbar	Umgehung	aufgehen
brechen:	zerbrechlich	Verbrechen	abbrechen
fahren:	befahrbar	Abfahrt	anfahren
stoßen:	abstoßend	Verstoß	vorstoßen
fassen:	fassungslos	Verfassung	anfassen

9 *Diese Wörter solltest du im Text markiert haben:*
Gangart, Begehung, Eingang, Geheimgang, gingen, vorausgehenden, entging, gegangen, verging, Ausgang

1 Wenn ich unsicher bin, ob ein Wort mit *ä/äu* oder **e/eu** geschrieben wird, wende ich das *Ableiten* an. Ich suche ein *verwandtes* Wort.

2 *So solltest du die fehlenden Buchstaben ergänzt und das verwandte und ergänzte Wort auf die Linien geschrieben haben:*
Er trägt die Welt auf den Schultern. *tragen*   *trägt*
Sie läuft morgens vor der Schule. *laufen*   *läuft*
Diese Bäume blühen im April.   *der Baum*   *die Bäume*
Der Sand glänzt in der Sonne.   *der Glanz*   *glänzt*

3 *So solltest du den Text ergänzt haben:*
Im Geschäft
Das Mädchen sagt zu dem Verkäufer: „Ich hätte gern einen Fisch, aber ohne Gräten bitte."
Dieser guckt verständnislos. „Haben wir nicht", antwortet er.
„Schade, dann hätte ich gern Käse."
Da fragt der Verkäufer nach: „Sie wissen aber schon, dass dies ein Elektrofachgeschäft ist?"

4 Wörter, die miteinander verwandt sind, bilden eine *Wortfamilie*. Viele dieser Wörter haben denselben *Wortstamm*.

5 *So solltest du zugeordnet und markiert haben:*
Nomen: die Aussicht, die Ansicht, die Absicht, das Gesicht, die Besichtigung
Verben: beabsichtigen, besichtigen
Sonstige Wörter: sichtbar, ersichtlich, unsichtbar

6 *Diese Wörter solltest du im Text markiert haben:*
Er legte am Strand sein Liegetuch auf die Unterlage. Weil sein Magen knurrte, ging er zum Imbiss, um in der Auslage die Lage zu checken. Zu den Hotdogs gab es leckere eingelegte Gurken als Beilage. Das kam ihm gelegen und er nutzte die Gelegenheit sofort.

Das kann ich! – Auswertung

30–40 Punkte	Du hast schon viel gelernt. Weiter so!
18–29 Punkte	Du kannst es sicher noch besser. Übe weiter.
0–17 Punkte	Arbeite die Seiten 44 bis 46 noch einmal durch.

1 *Diese Nomen könntest du gebildet haben:*
das Essen, beim Essen; beim Gehen, im Gehen; im Sitzen, das Sitzen; vom Schwimmen, zum Schwimmen; vom Lesen, beim Lesen

2 a. *Diese Wörter hast du sicherlich markiert:*
Eine tolle Idee
Neulich kam mein Vater zur mir ins Zimmer und fand mich beim Basteln eines Automodells. Er sagte: „Das sind aber kleine Teile! Da wird mir vom Zuschauen ganz schwindelig. Macht dir das Spaß?" „Ich mache das gern", antwortete ich, „lieber als viele andere Dinge. Das Umgraben im Garten ist mir zu anstrengend." „Hauptsache, du hast noch Lust zum Lernen", meinte mein Vater, „denn ohne gute Noten nützen dir deine anderen Talente nicht viel." „Wieso?", fragte ich. „Na", erklärte er, „beim Arbeiten braucht man auch den Kopf, beispielsweise zum Berechnen von Flächen, damit man weiß, wie viel Material man braucht. Stell dir vor, ich bin beim Verputzen eines Hauses und hätte vorher nicht genügend Material bestellt. Das wäre peinlich und teuer!" „Woher weißt du denn, wie viel Material du zum Verputzen brauchst?", fragte ich. „Weißt du was?", sagte da mein Vater, „in deinen Ferien nehme ich dich mal mit zur Arbeit und zeige dir einiges. Das Erklären macht ohne praktische Anwendung nicht so viel Sinn. Außerdem kannst du dir ein bisschen Geld verdienen – im Streichen von Fußleisten bist du doch gut." „Das ist eine tolle Idee", meinte ich, „versprochen?" „Versprochen!"

b. *Diese nominalisierten Verben solltest du eingetragen haben:*
das: das Umgraben, das Erklären
beim: beim Basteln, beim Arbeiten, beim Verputzen
vom: vom Zuschauen
zum: zum Lernen, zum Verputzen
im: im Streichen

3 Als er *beim Basteln* eines Automodells seine Finger mit Superkleber zusammengeklebt hatte, trennte die Mutter die Finger vorsichtig mit einer scharfen Klinge. Dem Vater wurde allein *vom Zuschauen* ganz anders.

5 *So solltest du die Wortgruppen ergänzt und markiert haben:*
Mit lustigen Spielen vergnügten wir uns auf unserem letzten Klassenausflug. Zuerst übten wir das *schnelle Gehen* und liefen dabei um die Wette. Als wir uns im *leise Flüstern* übten, konnte niemand verstehen, was wir sagten. Die Ohren zuhalten mussten wir uns beim *lauten Schreien*. Diese Übung fand unser Lehrer aber gar nicht gut, weil das die Tiere im Wald störe. Aber wir fanden es so lustig, dass wir vom *heftigen Lachen* Bauchschmerzen bekamen. Heute müssen wir uns leider zu Hause beim *fleißigen Lernen* verausgaben, weil wir morgen einen Test schreiben.

6 + **7**
Diese nominalisierten Adjektive hast du sicherlich gefunden:
etwas: etwas Interessantes, etwas Warmes
nichts: nichts Gutes, nichts Süßes
viel: viel Neues, viel Köstliches
wenig: wenig Erfreuliches, wenig Verlässliches

8 *Diese Nomen könntest du gebildet haben:*
etwas: etwas Gutes, etwas Gesundes, etwas Buntes
nichts: nichts Gutes, nichts Gesundes, nichts Buntes
viel: viel Gutes, viel Gesundes, viel Buntes
wenig: wenig Gutes, wenig Gesundes, wenig Buntes

9 *Diese Nomen hast du sicher gebildet:*
im Weiteren, im Wesentlichen, im Stillen, im Allgemeinen,
im Übrigen, im Grünen

10 *So solltest du die Sätze ergänzt haben:*
Ich gehe im *Allgemeinen* gern zum Training. Sie hat im
Wesentlichen alles gesagt. Er erklärt im *Weiteren*, was geplant
ist. Ich hoffe im *Stillen*, dass wir gewinnen. Ich freue mich
im *Übrigen* über meine Note. Am Wochenende zelten wir
im *Grünen*.

11 *Diese Wörter solltest du markiert und die Eigennamen
so zugeordnet haben:*
geografische Eigennamen: die Sächsische Schweiz,
das Rote Meer, die Tschechische Republik, der Bayerische Wald
andere Eigennamen: das Technische Hilfswerk, das Rote Kreuz,
die Königliche Hoheit, die Schwarze Witwe, die Gelben Seiten

Seite 51 – Das kann ich!

1 *So hast du die Merksätze sicher ergänzt:*
Aus Verben können *Nomen* werden. Der Artikel *das* und
die Wörter *beim, im, vom* und *zum* machen's!

2 Mir fällt das Vorbereiten einer Klassenarbeit schwer. Zum
Lernen fehlt mir oft die Ruhe. Dabei könnte ich vom Üben
sehr viel profitieren. Im Entspannen bin ich leider nicht so gut.
Nur beim Laufen kann ich richtig abschalten.

3 *Die markierten Buchstaben hast du bestimmt so geschrieben:*
Das Vorbereiten einer Klassenarbeit macht mir große Mühe,
weil das Planen des Spickzettels viel Zeit erfordert. Aber
beim Überlegen fällt mir meistens ein, was wichtig sein könnte.
Doch wenn das lange und kleine Schreiben beendet ist, denke
ich manchmal darüber nach, ob ich die Zeit nicht auch
zum Üben hätte verwenden können. Den Spickzettel brauche
ich übrigens dann nie.

4 *So hast du die Merksätze sicher ergänzt:*
Aus Adjektiven können *Nomen* werden. Die Wörter *etwas,
nichts, viel* und *wenig* machen's!
Das starke Wort *im* kann aus *Adjektiven* Nomen machen.

5 *So solltest du die Sätze ergänzt haben:*
Bei dem Vortrag habe ich viel *Interessantes* erfahren. Auf dem
Markt kann man viel *Köstliches* kaufen. Für die Wanderung
steckte ich mir etwas *Süßes* ein. Während der Klassenfahrt
aßen wir viel *Gesundes*. Wegen der Kälte wollte Jan etwas
Warmes essen. Die Nachrichten meldeten nichts *Neues*.

6 + 7
Diese Wörter solltest du markiert haben:
der Große Wagen, die Ostfriesischen Inseln, der Thüringer
Wald, der Fliegende Holländer, die Freie und Hansestadt
Hamburg, die Holsteinische Schweiz, der Indische Ozean,
die Sozialdemokratische Partei Deutschlands, das Kap
der Guten Hoffnung

Das kann ich! – Auswertung	
37–50 Punkte	Du hast schon viel gelernt. Weiter so!
23–36 Punkte	Du kannst es sicher noch besser. Übe weiter.
0–22 Punkte	Arbeite die Seiten 48 bis 50 noch einmal durch.

1 *Diese Nomen hast du bestimmt gebildet:*
der Montag + der Vormittag = am Montagvormittag
der Mittwoch + der Morgen = am Mittwochmorgen
der Freitag + die Nacht = in der Freitagnacht

2 b. + **3**
*Diese Zusammensetzungen hast du sicherlich markiert und
aufgeschrieben:*
Das Programm der Klassenfahrt – Teil 1
Am Montagmorgen wurde die Klasse 7 b mit einem Bus
in die Jugendherberge gebracht. Nachdem sich alle die Zimmer
ausgesucht hatten, trug Maike beim Essen das Programm vor:
„Den Montagnachmittag können wir nutzen, um das Gelände
der Jugendherberge zu erkunden. Am Montagabend beziehen
wir die Betten, damit jeder ein sauberes Bett hat.
Am Dienstagmorgen gibt es die von Sahin, Tim, Fred und Kai
geplante Stadtrallye. Den Dienstagnachmittag nutzen wir
für einen Besuch des Freibades und am Dienstagabend
besprechen wir die weitere Planung."

4 *So solltest du die Lücken ergänzt haben:*
Das Programm der Klassenfahrt – Teil 2
Am *Dienstagabend* erläutert Mesut den Plan für die nächsten
Tage: „Für den *Mittwochmorgen* hat Herr Hagen eine Überraschung geplant. Haltet euch ab 7 Uhr bereit! Nach dem Essen
gibt es am *Mittwochnachmittag* Gemeinschaftsspiele. Richtig
spannend wird es danach in der *Donnerstagnacht* bei der
Nachtwanderung! Am *Freitagvormittag* müssen wir packen,
weil wir um 12 Uhr zu Hause sein wollen."

Seite 53

6 *So hast du den Lückentext sicherlich ergänzt:*
Max: Kommst du am Dienstag zum Basketball?
Sascha: *Dienstags* gehe ich nach der Schule zum Gitarren-
unterricht. *Abends* mache ich meine Hausaufgaben.
Max: Und was machst du am Mittwoch?
Sascha: *Mittwochs* bin ich immer im Skaterpark.
Max: Und am Sonntag?
Sascha: *Sonntags* fahren wir meist mit meiner Familie weg,
aber erst am Nachmittag, wir können uns also *morgens* treffen.

7 *Diese Adverbien solltest du gebildet haben:*
der Montag – montags, der Donnerstag – donnerstags,
der Freitag – freitags, der Samstag – samstags,
der Vormittag – vormittags, der Mittag – mittags,
der Nachmittag – nachmittags, die Nacht – nachts

Seite 53 – das kann ich!

1 *So hast du die Merksätze sicherlich ergänzt:*
A Aus **Wochentagen** und *Tageszeiten* kann man zusammengesetzte *Nomen* bilden.
B *Wochentage* und Tageszeiten mit einem **s** am *Ende*
sind *Adverbien*. Sie werden **kleingeschrieben**.

2 A Am *Samstagabend* sehe ich mir ein Fußballspiel an.
B Ich bin *morgens* manchmal noch sehr müde.
C Frank und Lukas gehen *mittwochs* zum Badminton.
D Wir probieren am *Dienstagnachmittag* das Spiel aus.
E Was ist schöner, als *sonntagmorgens* auszuschlafen?

Das kann ich! – Auswertung	
13–16 Punkte	Du hast schon viel gelernt. Weiter so!
8–12 Punkte	Du kannst es sicher noch besser. Übe weiter.
0–7 Punkte	Arbeite die Seiten 52 und 53 noch einmal durch.

1 + **2** + **3**

Diese Verben hast du sicher markiert und abgeschrieben:
Familienausflug am See
„Habt ihr meinen Stein springen sehen?", fragte Tom stolz.
Die Familie rastete gerade bei ihrem Sonntagsspaziergang
an einem Badesee. „Ich will jetzt gleich baden gehen", sagte
Toms neunjährige Schwester Anna. „Das wirst du schön
bleiben lassen im Oktober!", meinte der Vater und schlug vor:
„Ihr könntet euren Drachen steigen lassen. Ich habe ihn
eingepackt." Anna begann sofort, den Drachen auszupacken.
Plötzlich schimpfte sie: „Vati muss immer etwas zu Hause
liegen lassen – die Anleitung fehlt." Tom wollte witzig sein
und meinte: „Ist doch auch egal. Du müsstest sowieso erst
noch lesen lernen." Sekunden später konnte man Tom schreien
hören und ganz erstaunlich schnell rennen sehen, nachdem
Anna ihm eine Stange des Drachens in den Allerwertesten
gestoßen hatte. Anna lief ihrem Bruder hinterher und rief:
„Du wirst mich jetzt richtig kennen lernen!" „Könnt ihr das
bitte sein lassen?", bat die Mutter und schlug zur Versöhnung
vor: „Wir könnten nachher noch unsere neuen Fahrräder
spazieren fahren und irgendwo essen gehen."

4 Hallo Lukas,
wenn mein Opa mit dem Hund *spazieren geht*, muss er beim
Laufen aufpassen. Meine Oma sieht nicht mehr so gut und
Opa macht sich jedes Mal Sorgen, wenn er sie Gemüse
schneiden sieht. Wenn Opa manchmal mit Oma ins Restaurant
essen geht, macht er das auch, damit sie das Kochen *sein lässt*.
Ich erzähle dir ein wenig von meinen Großeltern, damit du sie
schon etwas *kennen lernst*, bevor wir bei ihnen im Garten zelten.
Viele Grüße
Paul

5 *Diese Wörter solltest du im Text der Reihe nach markiert haben:*
allein sein, dabei sein, aus sein, vorbei sein, zufrieden sein,
zurück sein, zusammen sein, gut sein, dabei sein

6 *Diese Wörter solltest du im Text ergänzt und markiert haben:*
Ich will in der Schule gut sein und danach mit der Ausbildung
schnell fertig sein. Dann können meine Eltern mit mir zufrieden
sein. Dann wird es zwar auch mit dem Wohnen bei den Eltern
vorbei sein, aber ich will bald aus meinem Kinderzimmer
weg sein.

1 Verbindungen aus **zwei Verben** schreibt man *getrennt*.
Alle Verbindungen mit *sein* schreibt man **getrennt**.

2 *Diese Verbpaare hast du sicher markiert:*
„Ihr werdet in dem Spiel baden gehen, wenn ihr ständig
stehen bleibt", kritisierte uns der Trainer. „Ihr sollt hier
nicht spazieren gehen. Die Zuschauer wollen euch
rennen sehen. Oder könnt ihr sie nicht schreien hören?"

3 *So solltest du die Sätze ergänzt haben:*
Sahin: „Ich kann in dreißig Minuten *fertig sein* – wartest du
auf mich?"
Ahmed: „Da werde ich leider schon *weg sein*. Es tut mir leid."
Sahin: „Ich will aber unbedingt *dabei sein*."
Ahmed: „Dann musst du in zehn Minuten *hier sein*."
Sahin: „Ich werde pünktlich *da sein*. Ich gehe sofort los."

Das kann ich! – Auswertung	
13–17 Punkte	Du hast schon viel gelernt. Weiter so!
8–12 Punkte	Du kannst es sicher noch besser. Übe weiter.
0–7 Punkte	Arbeite die Seiten 54 und 55 noch einmal durch.

1 *Die markierten Wörter solltest du blau und die unterstrichenen rot markiert haben:*
Eine tolle Klasse
„Zu dieser Leistung möchte ich euch gratulieren!", sagte
Herr Hagen, der Deutschlehrer der Klasse 7a, als er den
Schülerinnen und Schülern den Deutschtest zurückgab. Auf
diese Gratulation konnte die Klasse 7a nur mit Jubelgeschrei
reagieren. Mit so einer überschwänglichen Reaktion hatte
Herr Hagen nicht gerechnet. Er freute sich und meinte: „Die
Konjugation der Verben und die Deklination der Nomen habt
ihr sehr gut verstanden. Es ist übrigens gar nicht so einfach,
richtig zu konjugieren und zu deklinieren." Beim nächsten
Thema „Argumentation" wollten die Schülerinnen und Schüler
besonders gut aufpassen. Denn um Herrn Hagen davon zu
überzeugen, mit ihnen eine Klassenfahrt zu machen, würden
sie gut argumentieren müssen.

2 *So hast du die markierten Nomen und Verben sicherlich zugeordnet:*
Nomen auf -(t)ion: die Gratulation, die Reaktion,
die Konjugation, die Deklination, die Argumentation
Verben auf -ieren: gratulieren, reagieren, konjugieren,
deklinieren, argumentieren

3 *Diese Wörter solltest du aufgeschrieben haben:*
gratulieren – beglückwünschen
die Gratulation – der Glückwunsch
reagieren – eine Wirkung zeigen
die Reaktion – die Wirkung
konjugieren – Verben beugen
die Konjugation – Beugung von Verben
deklinieren – Nomen beugen
die Deklination – Beugung von Nomen
argumentieren – begründen (beweisen)
die Argumentation – Begründung (Beweisführung)

4 *So hast du die Sätze sicherlich ergänzt:*
Alle haben die Nomen richtig *dekliniert* und die Verben richtig
konjugiert. Dazu hat ihnen Herr Hagen *gratuliert*.

6 *So könntest du die Tabelle ergänzt haben:*

Verb auf -ieren	Bedeutung	Verwandtes Nomen auf -(t)ion
kombinieren	verknüpfen, in Verbindung bringen	die Kombination
organisieren	etwas sorgfältig vorbereiten	die Organisation
präsentieren	zeigen, vorstellen	die Präsentation
dekorieren	kunstvoll gestalten	die Dekoration

7 *So solltest du die Nomen zugeordnet und die Konsonanten markiert haben:*
agieren – die Aktion, fabrizieren – die Fabrikation,
kommunizieren – die Kommunikation, produzieren –
die Produktion

1 *Diese Endungen hast du sicher aufgeschrieben:*
-(t)ion, -ieren

2 *So hast du bestimmt ergänzt:*
Im Grammatiktest müsst ihr die Verben richtig *konjugieren* und
die Nomen richtig *deklinieren*.

3 *Die unterstrichenen Nomen und Verben hast du
bestimmt ergänzt:*
die Argumentation – argumentieren,
die Dekoration – dekorieren,
die Gratulation – gratulieren,
die Information – informieren,
die Kombination – kombinieren,
die Präsentation – präsentieren

4 *Die unterstrichenen Wörter solltest du eingesetzt haben:*
„Zu dem Verkaufserfolg im letzten Jahr können wir uns alle
gratulieren", sagte die Chefin der Modefirma. „Auf jeden Fall
sollten wir die Hosen wieder im Frühjahr auf der Modenschau
präsentieren", meinte die Designerin.
„Um die Kunden zu überzeugen, müssen wir sie über die
Produkte informieren", ergänzte die Verkäuferin und meinte:
„Es hilft uns, wenn viele Geschäfte ihre Schaufenster mit
unseren Produkten dekorieren."

Das kann ich! – Auswertung	
11–14 Punkte	Du hast schon viel gelernt. Weiter so!
7–10 Punkte	Du kannst es sicher noch besser. Übe weiter.
0–6 Punkte	Arbeite die Seiten 56 und 57 noch einmal durch.

1 Die Redaktion wusste , (dass) die letzte Schülerzeitung nicht
gut ankam. Sie dachten zunächst , (dass) es an den fehlenden
Fotos lag. Aber dann sahen sie ein , (dass) der Artikel über
das Schulfest misslungen war.

2 **a. + b.**
*So könntest du die Sätze beendet haben.
Die markierten Kommas hast du sicher blau markiert
und „dass" eingekreist:*
Sie freute sich , (dass) er sie besuchen kam. Es tat ihm leid ,
(dass) er ihr nicht helfen konnte. Sie ahnten , (dass) etwas
Schlimmes passiert war.

4 *Die markierten Verben und das Komma hast du sicher blau
markiert und „dass" eingekreist:*
Murat stellt fest: „Es ist viel zu heiß zum Lernen."
Murat stellt fest , (dass) es viel zu heiß zum Lernen ist.

5 *Diese Sätze solltest du gebildet haben. Die markierten Verben
hast du sicher rot markiert, die hervorgehobenen Kommas blau:*
Vadim meint , (dass) sie zu viele verschiedene Fächer an einem
Tag haben. Ines wendet ein , (dass) aber alle Fächer wichtig
sind. Frau Özil stellt fest , (dass) die Schüler über den Unterricht
nachdenken. Clarissa denkt , (dass) für sie nur Sport
interessant ist.

6 *Diese Kommas solltest du gesetzt und die hier markierten
Verben rot markiert haben:*
(Dass) es ein ganz besonderes Schulfest wird , glaubt Maike.
(Dass) dieses Vorhaben mit viel Arbeit verbunden ist , wissen
die Schüler.
(Dass) das Fest allen gefällt , hoffen die Organisatoren.

7 *So solltest du die Sätze umgeschrieben und die Kommas
markiert haben:*
(Dass) sie die Texte für die Schülerzeitung überarbeiten sollten ,
denkt Angela. (Dass) dieser Vorschlag gut ist , findet Serdar.
(Dass) sie dann alle noch mehr Arbeit haben , entgegnet
Aisha. (Dass) es sich für ein befriedigendes Ergebnis lohnt ,
glaubt Dirk.

1 *Nach Verben des Sagens, Denkens und Meinens folgen oft*
dass-*Sätze. Vor der Konjunktion dass steht immer ein Komma.*

2 *So solltest du die Verben markiert und die wörtliche Rede
wiedergegeben haben:*
Der Kapitän befahl: „Der Matrose soll an Bord kommen." –
Der Kapitän befahl, dass der Matrose an Bord kommen soll.
Galileo Galilei bewies: „Die Erde ist rund." – Galileo Galilei
bewies, dass die Erde rund ist.

3 **+** **4**
Der Mannschaftsführer meint, dass die Mannschaft im
Mittelfeld sehr überlegen gespielt hat. Dass bei dieser
Überlegenheit keine Tore gefallen sind, kann er gar nicht
verstehen. Der Stürmer klagt, dass der Schiedsrichter keinen
Elfmeter gegeben hat. Der Torwart behauptet, dass die Sonne
zu tief gestanden hat. Dass das Spiel mit 0:1 verloren ging,
war also sehr unglücklich. Der Trainer glaubt, dass beim
Rückspiel alle Spieler so motiviert sein werden, dass die
Mannschaft gewinnen wird.

Das kann ich! – Auswertung	
23–30 Punkte	Du hast schon viel gelernt. Weiter so!
14–22 Punkte	Du kannst es sicher noch besser. Übe weiter.
0–13 Punkte	Arbeite die Seiten 58 und 59 noch einmal durch.

1 *Diese Wörter solltest du eingekreist, die Kommas gesetzt
und die Nebensätze unterstrichen haben:*
A Sie wählen dieses Thema , (obwohl) sie wenig über
Menschenaffen wissen.
B In der Bücherei suchen sie alle Sachbücher zu dem Thema ,
(sodass) sie eine große Auswahl an Texten haben.
C Sie überfliegen die Bilder und Texte , (nachdem) sie genügend
Bücher gesammelt haben.
D Sie freuen sich , (als) sie einen Bericht über die Schimpansen-
forscherin Jane Goodall finden.
E Jane Goodall wurde als Forscherin sehr berühmt , (weil) sie
das Verhalten von Schimpansen genau erforschte.
F Dabei entdeckte sie , (dass) Schimpansen Werkzeuge
benutzen.
G Sie verwenden zum Beispiel Steine zum Aufschlagen
von Nüssen , (wenn) sie hungrig sind.

2 (Dass) uns das Referat gelingt, hoffe ich.
(Wenn) uns die Lehrerin für das Referat lobt, freuen wir uns sehr.
(Obwohl) seine Eltern Tierpfleger sind, interessieren Frank Tiere nicht.

3 *So hast du die Lücken sicher ergänzt:*
Die Nebensätze im Text unter Aufgabe 1 stehen *nach* dem Hauptsatz, also in *Endstellung*.

4 *So solltest du die Sätze umgestellt haben.*
Die markierten Kommas solltest du rot und die unterstrichenen Wörter blau markiert haben:
A Obwohl sie wenig über Menschenaffen wissen, wählen sie dieses Thema.
C Nachdem sie genügend Bücher gesammelt haben, überfliegen sie die Bilder und Texte.
D Als sie einen Bericht über die Schimpansenforscherin Jane Goodall finden, freuen sie sich.
E Weil sie das Verhalten von Schimpansen genau erforschte, wurde Jane Goodall als Forscherin berühmt.
F Dass Schimpansen Werkzeuge benutzen, entdeckte sie dabei.
G Wenn sie hungrig sind, verwenden sie zum Beispiel Steine zum Aufschlagen von Nüssen.

1 , **2** + **3**
So solltest du die Satzzeichen der wörtlichen Rede markiert und ergänzt haben:
Das erfolgreiche Referat – Teil 1
Im Hauptteil des Referats berichtete Adrian: „Jane Goodall hat jahrelang mit Schimpansen gearbeitet."
„Sie hat dabei viele wichtige Beobachtungen gemacht", ergänzte Anna. Sie erklärte weiter: „Jane Goodall hat zum Beispiel beobachtet, wie Schimpansen Werkzeuge verwenden."
Dieser Teil des Referats kam besonders gut an, weil die beiden Referenten viele Bilder zeigten.

Das erfolgreiche Referat – Teil 2
Nur einmal musste sich Adrian korrigieren: „Das ist gar nicht das Bild mit den Termiten. Dies hier ist das richtige Bild." Aber das war wirklich die einzige kleine Panne der Referenten. „Das war ein sehr gutes Referat", meinte Aljona. Als Begründung äußerte sie: „Es hat Spaß gemacht, dem Vortrag zu folgen, da es zum Hauptteil passende Bilder gab."

4 *So solltest du den Text in die indirekte Rede gesetzt haben:*
Im Hauptteil des Referats berichtete Adrian, dass Jane Goodall jahrelang mit Schimpansen gearbeitet hat. Anna ergänzte, dass sie dabei viele wichtige Beobachtungen gemacht hat. Anna erklärte weiter, dass Jane Goodall zum Beispiel beobachtet hat, wie Schimpansen Werkzeuge verwenden.

1 Die *Konjunktionen* **als, weil, wenn, obwohl, dass, sodass, solange** und **nachdem** leiten *Nebensätze* ein, die vom Hauptsatz durch ein *Komma* getrennt werden.
Nebensätze (NS) können *vor* (**Spitzenstellung**) und *nach* (**Endstellung**) dem Hauptsatz (HS) stehen.
Steht der Nebensatz vor dem Hauptsatz (Spitzenstellung), wird das Komma **zwischen zwei** *Verben* gesetzt.

2 *Diese Konjunktionen solltest du eingekreist und die fehlenden Kommas ergänzt haben, den 3. und 4. Satz solltest du außerdem noch angekreuzt haben:*
Anna und Adrian bekamen viel Lob, nachdem sie das Referat gehalten hatten.

Die Lehrerin bescheinigte den beiden, dass ihr Referat gut gegliedert war.
Weil sie Bilder eingesetzt hatten, blieben die Mitschüler aufmerksam. ☒
Wenn sie das nächste Referat vorbereiten, wollen sie auch Folien verwenden. ☒
Adrian und Anna strengen sich an, solange sie sich verbessern können.

3 A (Nachdem) sie das Referat gehalten hatten, bekamen Anna und Adrian viel Lob.
B (Dass) ihr Referat gut gegliedert war, bescheinigte die Lehrerin den beiden.
C Die Mitschüler blieben aufmerksam, (weil) sie Bilder eingesetzt hatten.
D Sie wollen auch Folien verwenden, (wenn) sie das nächste Referat vorbereiten.
E (Solange) sie sich verbessern können, strengen Adrian und Anna sich an.

4 *So solltest du die Satzzeichen der wörtlichen Rede ergänzt haben:*
In der Pause fragte Adrian Anna: „Wollen wir das nächste Referat auch zusammen halten?" „Sehr gerne", antwortete sie darauf und ergänzte: „Es hat viel Spaß gemacht, mit dir zu arbeiten." „Mit dir auch", gab Adrian zurück.

Das kann ich! – Auswertung	
33–45 Punkte	Du hast schon viel gelernt. Weiter so!
20–32 Punkte	Du kannst es sicher noch besser. Übe weiter.
0–19 Punkte	Arbeite die Seiten 60 bis 62 noch einmal durch.

1 , **2** b. + **6** a.
Die hier markierten Personalpronomen hast du sicher blau markiert, die unterstrichenen Possessivpronomen gelb, die unterkringelten Nomen grün und die umrahmten Verben rot:
Alfredo Schulze (hatte) gerade **Mittag** (gegessen). Mit einem heißen **Kaffee** (saß) er noch an seinem **Tisch**. Er (dachte) an den hartnäckigen **Jungen** Harry, der seit **Monaten** in den **Boxklub** zum täglichen **Training** (kam).
Im Sommer (hatte) Alfredo die boxverrückten Jungs auf dem Nordmarkplatz mit ihrem improvisierten Boxring (entdeckt). Der beste Boxer (wurde) Sharkie (genannt). Harry (war) eindeutig der schlechteste Boxer der Gruppe (gewesen). „Viel zu steif!", (hatte) Alfredo immer (gedacht): „Das (wird) nichts."
Jetzt (war) sich Alfredo gar nicht mehr sicher, ob dieser Sharkie noch eine **Chance** gegen Harry hätte. Mit seiner schnellen Geraden (war) Harry inzwischen ein unangenehmer **Gegner**. Und Harry (hatte) jetzt eine solide **Beinarbeit**, obwohl er trotzdem steif (wirkte). Das Erstaunliche an Harry (war), wie viele harte **Schläge** er (einstecken) (konnte), ohne (aufzugeben).

2 a. **Singular:** der Mittag, der Kaffee, der Tisch, der Junge, der Boxklub, das Training, die Chance, der Gegner, die Beinarbeit, der Sommer, der Boxring, der Boxer, die Gruppe
Plural: die Monate, die Jungs, die Schläge

3 *Diese Adjektive solltest du ergänzt haben:*
ein *heißer* Kaffee – der *hartnäckige* Junge – die *schnelle* Gerade – ein *unangenehmer* Gegner – die *harten* Schläge

4 b. der beste Boxer, der schlechteste Boxer

5 *Diese Komparative und Superlative hast du sicher aufgeschrieben:*
ein heißerer Kaffee – der heißeste Kaffee
der hartnäckigere Junge – der hartnäckigste Junge
die schnellere Gerade – die schnellste Gerade
ein unangenehmerer Gegner – der unangenehmste Gegner
die härteren Schläge – die härtesten Schläge

6 c. *Diesen Infinitiv hast du sicher noch gefunden:* einstecken

Seite 65

1 b. + c.
Ein Nachbar, der zufällig vorbeikam, sah ihn.

Ich habe eine Freundin, deren Eltern Sportler sind.

Er hatte einen Freund, dem er vertrauen konnte.

Du kennst das Lied, das ich immer höre.

d. *So könntest du die Sätze ergänzt haben:*
Eine Nachbarin, die zufällig aus dem Fenster schaute, *sah den Unfall.*
Ich habe einen Freund, *dessen Vater Sänger ist.*
Sie hatte eine Freundin, *der sie alles erzählen konnte.*
Du kennst den Song, *den ich gestern im Radio gehört habe.*

3 a. *So solltest du die Demonstrativpronomen markiert haben:*
Dieses oder jenes gefällt mir nicht in meinem Zimmer. Ich könnte vielleicht ein Poster an diese Wand hängen – oder doch lieber an jene Wand? Soll ich diesen Rapper auswählen oder besser jenen Spieler, der das letzte Tor im Pokal geschossen hat? Diese Entscheidungen fallen mir wirklich schwer.

3 b. + **Z 4**
So solltest du den Lückentext mit Demonstrativpronomen ergänzt haben. Die hier markierten Relativpronomen hast du sicher unterstrichen:
Sie sang ihren Hit. Mit *diesem* Lied hatte sie *jenen* Wettbewerb gewonnen, der in ganz Europa ausgestrahlt wurde. *Diesen* Tag heute vergesse ich genauso wenig wie *jenen* Tag, als mein Fahrrad geklaut wurde – *dieses* Fahrrad, das ich erst kurz zuvor zum Geburtstag bekommen hatte.

Seite 66

1 a.

Adverbien			
... der Zeit	... des Ortes	... des Grundes	... der Art und Weise
noch, endlich, danach, plötzlich, bereits, nun, selten, jetzt	hinten, links, hin, her, überall	trotzdem, dennoch	irgendwie, vielleicht, blindlings, kopfüber, so, immerhin, selten, haufenweise

b. Eigentlich war kurz vor Schluss *nur noch* ein Unentschieden möglich, doch als plötzlich der Ausgleich fiel, dachten *insgeheim* alle an ein Wunder. Der Stürmer setzte sich *schließlich* durch und erzielte den Ausgleich. Kurz *danach* eroberte der Stürmer den Ball und passte *sofort* weit nach *vorne*, wo sein Mitspieler zum Spurt angesetzt hatte. Dieser lief mit dem Ball von *rechts* auf den Strafraum zu und lupfte den Ball über die verdutzten Verteidiger, schlug einen Haken *links* an ihnen vorbei und lupfte die Kugel *zuletzt* über den Torwart ins Tor. *Darum* gewannen sie das Spiel. Es war *kaum* zu glauben.

Seite 67 – Das kann ich!

1 , **4** a. + **5** a.
Die hier markierten Personalpronomen hast du sicher blau markiert, die unterstrichenen Possessivpronomen gelb, die unterkringelten Relativpronomen grün und die umrahmten Verben rot:
Der Auftritt auf dem Schulfest
Die Tanz-AG der Klassen 7 a und 7 b hatte sich für die neue Show lange vorbereitet. Alle trugen die schönen Kostüme, die sie mithilfe der netten Eltern selbst geschneidert hatten. Auf der dunklen Bühne nahm jeder leise seinen Platz ein, der mit leuchtendem Klebeband auf dem Boden markiert war. Bevor sich der Vorhang öffnete, gingen auch im Zuschauerraum die Lichter aus. Der Start lag in den Händen der Technik-Gruppe, die ihn punktgenau setzen sollte. Während der Vorhang leise aufging, nickten sich die „Techniker" mit konzentrierten Gesichtern zu und legten ihre Finger auf die richtigen Knöpfe. Die Tänzerinnen und Tänzer warteten angespannt in der Dunkelheit. Grelles Scheinwerferlicht, das von dröhnenden Bässen begleitet wurde, zuckte plötzlich über die Bühne. Mit einem kurzen Schrei sprangen alle gleichzeitig in die Luft, die wie durch einen Blitz zerrissen wurde. Der Tanz begann. Schon nach der ersten Nummer spendete das Publikum tosenden Applaus, der gar nicht mehr enden wollte. Die Show war der bisher größte Erfolg der Tanz-AG.

2 *Diese Adjektive hast du sicherlich eingesetzt und den Superlativ unterstrichen:*
die *neue* Show; der *größte* Erfolg; der *kurze* Schrei; die *netten* Eltern; die *schönen* Kostüme

3 *So solltest du die Adjektive gesteigert haben:*
neuer – am neuesten; größer – am größten; kürzer – am kürzesten; netter – am nettesten; schöner – am schönsten

4 b. haben (2), sein (2), werden (1), sollen (1), wollen (1)

5 b. *Auf diese Nomen beziehen sich die Relativpronomen:*
die: Kostüme, der: Platz, die: Technik-Gruppe, das: Schweinwerferlicht, die: Luft, der: Applaus

6

Adverbien			
der Zeit	des Ortes	des Grundes	der Art und Weise
endlich, jetzt, dienstags, heute	vorne, rechts, hier, links	darum, deshalb, trotzdem	halbwegs, irgendwie, kopfüber, dennoch, vielleicht

Das kann ich! – Auswertung	
40–55 Punkte	Du hast schon viel gelernt. Weiter so!
24–39 Punkte	Du kannst es sicher noch besser. Übe weiter.
0–23 Punkte	Arbeite die Seiten 64 bis 66 noch einmal durch.

Seite 68

1 a. **Die Entstehung der Steinkohle**
Vor 360 bis 250 Millionen Jahren gab es noch keine Blütenpflanzen, keine Vögel und natürlich auch keine Menschen. Aber es wuchsen bereits riesige Urwälder, die unsere moderne technische Entwicklung ermöglicht haben. Denn die Urwälder wurden im Laufe der Zeit zu Gestein – zu Steinkohle. Viele damalige Bäume, wie zum Beispiel der Schuppenbaum, hatten zwar eine sehr dicke Rinde, aber nur einen dünnen hölzernen Kern. Daher knickten sie leicht um und starben ab.

So entstanden gewaltige Moore, die langsam absanken und von Sand- und Tonschichten überlagert wurden. Luftabschluss und der Druck der darüber lastenden Gesteinsmassen bewirkten, dass das Holz vertorfte. Das heißt, dass der in den Pflanzen enthaltene Sauerstoff verbraucht ist und sich dadurch der Kohlenstoffanteil vergrößert hat. Aus dem Torf ist im Lauf von Jahrmillionen Braunkohle und daraus wiederum bei erhöhtem Druck und erhöhter Temperatur Steinkohle entstanden. Steinkohle hat einen höheren Brennwert als Braunkohle, sie gilt daher als wertvoller. Heute findet man Steinkohle zum Beispiel in dem sogenannten Nordwesteuropäischen Kohlegürtel, der sich von England über Nordfrankreich und Belgien bis in das Ruhrgebiet erstreckt. Ob die Menschheit noch lange Steinkohle abbauen wird, ist wegen der hohen Förderkosten fraglich. Die größten Vorräte an Steinkohle lagern in den USA, in China und in Indien. Wichtige Abbaugebiete in Europa liegen in Russland, Polen und der Ukraine.

b. So solltest du die Verben in die Tabelle eingeordnet haben:
Verbformen im Präsens: es heißt, sie hat, sie gilt, man findet, er erstreckt sich, es ist, sie lagern, sie liegen
Verbformen im Perfekt: sie haben ermöglicht, sie wurden überlagert, er ist verbraucht, er hat sich vergrößert, sie ist entstanden
Verbformen im Präteritum: es gab, sie wuchsen, sie wurden, sie hatten, sie knickten um, sie starben ab, sie entstanden, Moore, die absanken, sie bewirkten, es vertorfte
Verbformen im Futur: man wird abbauen

Seite 69

1 Die markierten Verbformen hast du sicher blau markiert, die unterstrichenen Verben unterstrichen:
Kevin erzählt seinem Freund Valon am Telefon: „Meine Eltern haben in einem Preisausschreiben den ersten Preis gewonnen: Flug, Hotel und Eintrittskarten für einige Spiele der Fußballweltmeisterschaft! Sie sind vor 10 Tagen nach Südafrika geflogen. Dort sind sie zu einigen Spielen der deutschen Mannschaft gegangen. Einmal haben sie sogar den Nationalspieler Özil getroffen, der hat gegen Australien ein tolles Spiel gemacht. Er hat meinen Eltern ein Autogramm gegeben. Mein Vater ist vor Freude in die Luft gesprungen. Ich habe mich natürlich auch sehr darüber gefreut. Gestern sind meine Eltern zurückgekommen, zwei Tage vor dem Endspiel. Das werden wir natürlich gemeinsam am Bildschirm verfolgen."

2 **Perfekt mit haben und Infinitiv:** haben getroffen, treffen; hat gemacht, machen; hat gegeben, geben; habe mich gefreut, sich freuen
Perfekt mit sein und Infinitiv: sind gegangen, gehen; ist gesprungen, springen; sind zurückgekommen, zurückkommen

3 So hast du bestimmt ergänzt und die Perfektformen markiert:
Neulich *hat* Deutschland gegen Argentinien gespielt. Viele Fans *sind* nach Südafrika geflogen. Sie *haben* ein tolles Spiel gesehen. Nach dem Spiel *hat* der Trainer ein Interview gegeben. Er *ist* vor die Presse getreten und *hat* seine Mannschaft gelobt. Am Ende des Turniers *sind* alle Nationalmannschaften abgereist.

Z 4 So solltest du die Perfektformen mit ihren Infinitiven in dein Heft geschrieben haben:
ich habe geworfen – werfen, ich bin geschwommen – schwimmen, ich habe gedacht – denken, ich habe gerochen – riechen, ich bin gestiegen – steigen, ich bin gegangen – gehen

Seite 70

1 Diese Verbformen hast du sicherlich markiert:
Spielbericht WM 2010 Achtelfinale: Deutschland – England
In der ersten Halbzeit gab es die erste gute Möglichkeit für Deutschland bereits nach vier Minuten. Özil scheiterte am englischen Torwart James.
Nach 20 Minuten erzielte Klose das 1:0 und nach 32 Minuten schoss Podolski das umjubelte 2:0. Bereits fünf Minuten später köpfte der Engländer Upson den Anschlusstreffer zum 2:1. Dann geschah etwas, was dieses Spiel unvergesslich machte. Lampard schoss von der Strafraumgrenze, der Ball sprang von der Latte deutlich hinter die Torlinie und dann zurück ins Feld – doch der Schiedsrichter gab den Treffer fälschlicherweise nicht. So blieb es am Ende der ersten Halbzeit beim 2:1 für Deutschland.

2 Nach der Pause *kam* England in der 52. Minute zu einer weiteren Chance. Aber kurz darauf *spielte* die deutsche Elf wieder so gut wie am Anfang. In der 67. Minute *fiel* dann das dritte Tor für die deutsche Mannschaft. Nach dem 4:1 *gab* die englische Mannschaft *auf*. Am Ende *reichten* sich die Spieler fair die Hände.

3 So sollte deine ausgefüllte Tabelle aussehen:

Infinitiv	Präteritum Singular	Präteritum Plural
kommen	er kam	wir kamen
spielen	du spieltest	ihr spieltet
reichen	er reichte	sie reichten
fallen	du fielst	ihr fielt
aufgeben	ich gab auf	wir gaben auf

Z 4 So solltest du zu den starken Verben Präteritum- und Perfektformen in dein Heft geschrieben haben:
nehmen: ich nahm, ich habe genommen
können: ich konnte, ich habe gekonnt
sehen: ich sah, ich habe gesehen
schreiben: ich schrieb, ich habe geschrieben
denken: ich dachte, ich habe gedacht
müssen: ich musste, ich habe gemusst
dürfen: ich durfte, ich habe gedurft
fahren: ich fuhr, ich bin gefahren
gehen: ich ging, ich bin gegangen
rennen: ich rannte, ich bin gerannt
schwimme: ich schwamm, ich bin geschwommen
lesen: ich las, ich habe gelesen
steigen: ich stieg, ich bin gestiegen
riechen: ich roch, ich habe gerochen

Seite 71

1 So könntest du die Plusquamperfektformen markiert und ergänzt haben:
Erinnerungen an ein Erlebnis auf der Klassenfahrt
Neulich trafen sich Melanie und Kevin in der Eisdiele. Sie schauten zusammen Fotos von der Klassenfahrt auf Amrum an. Sie erinnerten sich daran, wie sie sich angefreundet hatten. Die Fahrt hatte beiden viel Spaß gemacht. Besonders lustig war der Abend gewesen, an dem die Jungs als Gespenster verkleidet ins Mädchenzimmer gekommen waren.
War das eine Enttäuschung gewesen, als sie nur leere Betten vorgefunden hatten. Sie hatten schon kehrtgemacht, *waren* dann aber geblieben, weil Kevin ein Geräusch gehört *hatte*. Er *hatte* sofort mit der Taschenlampe unter ein Bett geleuchtet. Und siehe da: Alle Mädchen hatten sich im Zimmer versteckt! Melanie *hatte* sich mit Laken verkleidet und *war* plötzlich aus dem Dunkeln erschienen. Kevin *hatte* sich echt erschreckt!

18

2 *Diese Orte solltest du markiert und den Zeitformen zugeordnet haben. Das Kreuz hast du sicher so gesetzt:*

Präteritum:
in der Eisdiele

Plusquamperfekt:
im Mädchenzimmer

☐ Diese Ereignisse
sind länger her.

☒ Diese Ereignisse
sind länger her.

3 Eine Klassenfahrt kann auch ganz schön anstrengend sein!
Als der Bus losfahren sollte, waren drei Schüler noch nicht
angekommen, weil sie verschlafen hatten. Dadurch dauerte
die Fahrt länger, als viele erwartet hatten. Nachdem die Klasse
endlich die Jugendherberge erreicht hatte, waren viele Schüler
sehr müde. Und bevor die Lehrerin abends mit allen zum
Strand gehen konnte, waren fünf von ihnen schon eingeschlafen!

Seite 72

1 **a.** *Diese Verbformen im Konjunktiv hast du sicher markiert:*
könne, solle, dürfe, könne, wolle, sei, habe, müsse

b. + c.
*So solltest du das Interview in wörtlicher Rede geschrieben
und die Verbformen markiert haben:*
Wir fragten Frau Zubrowski: „Können Sie uns mehr zum
Umbau der Schule sagen?" Die Direktorin antwortete: „Es soll
möglichst bald eine Erweiterung geben. Die Erweiterung darf
aber nicht viel kosten. Daher kann sie vielleicht vorerst nicht
gebaut werden. Ich will aber weiterhin nach einem Sponsor
für den Umbau der Sporthalle suchen. Anders ist es mit der
Einrichtung der Küchenräume. Da ich für die Küchengeräte
einen Sponsor habe, muss dieser Teil der Arbeiten
unbedingt bis Weihnachten fertig werden.

2 **a.** Tom: „Können Sie schon sagen, wann die Klassenräume
umgestaltet werden?" Frau Zubrowski: „Ein genaues Datum
gibt es noch nicht. Die Arbeitsgruppe hat aber bereits einen
Sponsor für die Wandfarbe gefunden. Jetzt sucht sie weitere
Sponsoren. Ich bin optimistisch. Die Arbeitsgruppe findet
sicher noch Sponsoren. Jede Klasse kann einen Vorschlag
zur farblichen Gestaltung ihres Klassenraums vorlegen.
Schwarze Flächen darf der Vorschlag allerdings nicht vorsehen. Ein helles, freundliches Raumklima muss gewahrt
bleiben. Ansonsten will ich gerne alle kreativen Vorschläge
berücksichtigen."

b. + c.
*So solltest du das Interview in indirekter Rede geschrieben
und die Verbformen markiert haben:*
Tom fragte Frau Zubrowski, ob sie schon sagen könne, wann
die Klassenräume umgestaltet werden. Frau Zubrowski
antwortete, dass es ein genaues Datum leider noch nicht
gebe. Die Arbeitsgruppe habe aber schon einen Sponsor für
die Wandfarbe gefunden. Jetzt suche sie weitere Sponsoren.
Sie sagte, sie sei aber optimistisch. Die Arbeitsgruppe finde
sicher die fehlenden Sponsoren. Jede Klasse könne bereits
einen Vorschlag zur farblichen Gestaltung ihres Klassenraums
vorlegen. Schwarze Flächen dürfe der Vorschlag allerdings
nicht vorsehen. Ein helles, freundliches Raumklima müsse
gewahrt bleiben. Ansonsten wolle sie gerne alle kreativen
Vorschläge berücksichtigen.,

Seite 73

3 *Die Konjunktive in der zweiten Person Plural sind hier markiert,
die Konjunktive in der zweiten Person Singular unterstrichen:*
Er sagte laut: „Ihr behauptet, ihr habet das Recht euch so zu
benehmen. Immer wieder höre ich von euch, ihr wollet euch
nicht nach Regeln richten, die ihr nicht verstehen könnet."
Wir hielten dagegen: „Du glaubst wohl, du könnest dir alles
leisten. Vielleicht denkst du auch, du machest alles richtig."

4 + **5** **a.**

können	Konjunktiv
ich kann	ich könne
du kannst	du könnest
er, sie, es kann	er könne
ihr könnt	ihr könnet
wir können	~~wir können~~
sie können	~~sie können~~

machen	Konjunktiv
ich mache	~~ich mache~~
du machst	du machest
er, sie, es macht	er mache
ihr macht	ihr machet
wir machen	~~wir machen~~
sie machen	~~sie machen~~

5 **b.** Sie behaupteten, wir *würden* doch gar nicht schwimmen
können. Wir *entgegneten*, wir würden im Urlaub schwimmen,
weil wir immer am Meer Ferien machen *würden*.

6 Gestern erzählte ich Sascha, ich *würde* seit einem Monat in
einer Band *spielen*. Ich sagte, wir *würden* zweimal in der Woche
proben. Ich *müsse* aber auch regelmäßig zu Hause üben.
Sascha fragte mich, ob er zur Bandprobe kommen *dürfe*. Ich
wollte wissen, ob er Gitarre spiele. Er meinte, er *wolle* vorher
viel üben. Er sagte, seine Schwestern *würden* übrigens in einem
Jugendtreff *tanzen*. Sie *würden* nächste Woche eine Aufführung
machen. Ich sagte, ich *würde mich freuen*, dabei zu sein. Wir
entschieden, wir *würden* zusammen *gehen*.

Seite 74

1 *Diese Verbformen im Passiv hast du sicher im Text gefunden:*
wird erhitzt, wird hinzugegeben, wird abgedeckt, wird gezogen,
wird geschüttelt, wird gelassen, wird bestreut

2 Das Popcorn *wird* in eine Schüssel *gefüllt*. Auf den Tisch *wird*
eine Decke *aufgelegt*. Die Schüssel *wird* auf den Tisch *gestellt*.
Neben die Schüssel *werden* Servietten *gelegt*. Popcorn *wird*
gerne mit den Fingern *gegessen*.

3 *So solltest du den Text ergänzt haben:*
Honig und Zucker *werden* in einen hohen Topf *gegeben*. Dann
wird die Mischung auf mittlerer Hitze *erwärmt*. Anschließend
wird der Topf vom Herd *genommen*. Danach *wird* das Popcorn
unter den Karamell *gerührt*. Am Ende *wird* das Honig-Popcorn
in eine Schüssel *gefüllt*.

Seite 75 – Das kann ich!

1 *Diese Verbformen und Infinitive solltest du gefunden und
in die Tabellen eingeordnet haben:*
Präsens: hat – haben, weiß – wissen, behauptet – behaupten
Präteritum: gab – geben, kannten – kennen, mochte – mögen
Perfekt: hat gegeben – geben
Plusquamperfekt: war gewesen – sein
Futur: wird schießen – schießen
Passiv: wurde genannt – nennen, wurde geboren – geboren
werden
Konjunktiv: sei – sein, werde – werden, habe – haben

2 Nach der Weltmeisterschaft sagen viele: „Dieser Müller ist
ein so großes Talent, er wird bestimmt ein herausragender
Fußballer und hat noch viele Erfolge vor sich."

Seite 76

7 **a. + b.**

Die markierten Wortgruppen solltest du gelb markiert, die Präpositionen eingekreist haben:

(Zu) ihrem Geburtstag möchte sich Ninja einen Fotoapparat kaufen. Sie kennt verschiedene Kameras (aus) dem Internet. (Von) ihrer Freundin hat sie auch viele Tipps bekommen. Auch (bei) ihrem Bruder hat sie Rat geholt. (Nach) langem Überlegen entscheidet sie sich für eine Kompaktkamera. (Mit) einer solchen Kamera kann sie bei jeder Gelegenheit fotografieren.

2 **a. + b.**

Die hier markierten Wortgruppen solltest du blau markiert, die Präpositionen eingekreist haben:

Ninja hat lange (für) eine Kamera gespart. (Durch) kleine Geschenke von ihrer Oma hat sie ihr Sparschwein gefüllt. (Ohne) einen Zuschuss von den Eltern reicht es aber nicht. (Gegen) ihre Entscheidung haben ihre Eltern nichts einzuwenden.

c. Präpositionen mit Akkusativ: für, durch, ohne, gegen

3 **a. + b.**

Endlich ist es so weit. Ninja geht (in) den nächsten Fotoladen und bestaunt das Angebot. (Auf) einem Tisch liegen viele Kameras. Sie schaut auch (hinter) den Tisch. (Neben) einem teuren Modell sieht sie ihre Lieblingskamera.

3 **c. + d.**

So solltest du die Tabelle ergänzt haben:

Wortgruppe mit Präposition	Fall
in den nächsten Fotoladen	Akkusativ
auf einem Tisch	Dativ
hinter den Tisch	Akkusativ
neben einem teuren Modell	Dativ

Seite 77

4 Ninja kann sich (wegen) des großen Angebots nicht sofort entscheiden. (Während) des Gesprächs äußert der Verkäufer, dass die Kamera eine sehr gute Wahl sei. (Wegen) des hohen Preises ist Ninja aber unsicher und fährt unverrichteter Dinge wieder nach Hause. (Während) des Abendessens fragt sie ihren Vater um Rat. Er empfiehlt ihr, die Kamera (trotz) des höheren Preises zu kaufen.

5 Wegen *des schlechten Wetters* habe ich mich erkältet.
Während *der ersten Stunde* war ich müde.
Trotz *des schönen Wetters* musste der Ausflug ausfallen.
Wegen *des vielen Regens* war ich nicht draußen.

6 **a. + b.**

So solltest du die Wortgruppen ergänzt und die Präpositionen eingekreist haben:

Ninjas Vater empfiehlt ihr, die neue Digitalkamera immer (in) *einer Kameratasche* (Dativ) aufzubewahren. Die Trageschlaufe der Kamera solle sie (während) *des Fotografierens* (Genitiv) immer um das Handgelenk legen, meint er. So eine kleine Kamera könne leicht (aus) *der Hand* (Genitiv) und (auf) *den Boden* (Akkusativ) fallen und sei dann meist zerstört. Ninja (hat) bei *einem Fotohändler* (Dativ) eine passende Tasche (für) *ihre Kamera* (Akkusativ) gesehen. Bevor sie (mit) *der neuen Kamera*

(Dativ) draußen fotografiert, geht sie (in) *den Fotoladen* (Akkusativ) und kauft die Kameratasche. (Wegen) *des schlechten Wetters* (Genitiv) kann sie aber (an) *diesem Tag* (Dativ) nicht draußen fotografieren. Da sie Fotos von ihrer Stadt (für) *ihre Brieffreundin* (Akkusativ) machen möchte, wartet sie auf besseres Wetter.

Seite 78

7 Er geht *ans* Regal.
Sie sucht *beim* Vater Rat.
Er geht *zum* Bäcker.
Sie schaut *ins* Schaufenster.
Er wird *vom* Verkäufer gut beraten.

8 **a.** Am Abend fuhr eine große schwarze Limousine vors Haus. Drei schwarz gekleidete Gestalten sprangen heraus – nur der Fahrer blieb im Wagen. Gesichert vom dritten Mann, kletterten zwei der Gestalten aufs Dach. Während zwei Personen übers Dach in eine Wohnung eindrangen, warteten zwei Personen im Wagen vorm Haus. Der Besitzer vermisste am nächsten Tag einen Brief.

b. + c.

So solltest du ergänzt haben:

am = an + dem
vors = vor + das
im = in + dem
vom = von + dem
aufs = auf + das
übers = über + das
vorm = vor + dem

9 Ninja steht *im Geschäft* (Dativ) (Wo?). Sie stellt die Kamera zurück *an ihren Platz* (Akkusativ) (Wohin?). Ninja entscheidet sich *für diesen Apparat* (Akkusativ) (Wofür?). Nach *dem Einkauf* (Dativ) (Wann?) fährt Ninja nach Hause. Sie rennt sofort *ins Zimmer* (Akkusativ) (Wohin?) und informiert sich *in der Anleitung* (Dativ) (Wo?) genau über die Bedienung der Kamera. Das dauert insgesamt über eine Stunde. Die Funktion eines Knopfes findet sie *trotz der Abbildung* (Genitiv) (warum trotzdem nicht?) nicht heraus. Sie will *wegen der Funktion* (Genitiv) (Weswegen?) dieses Knopfes noch einmal den Verkäufer fragen.

10 *So sollte die Tabelle in deinem Heft aussehen:*

Dativ	Akkusativ	Genitiv
Wo? – im Geschäft Wann? – nach dem Einkauf Wo? – in der Anleitung	Wohin? – an ihren Platz Wofür? – für diesen Apparat Wohin? – ins Zimmer	Warum nicht? – trotz der Abbildung Weswegen? – wegen der Funktion

Seite 79 – Das kann ich!

1 **A** **Nach Präpositionen** stehen Nomen oder Pronomen in einem bestimmten *Fall*. Nach den Präpositionen **mit, nach, bei, von, zu** und **aus** stehen Wortgruppen im *Dativ*. Nach den Präpositionen **durch, für, ohne** und **gegen** stehen Wortgruppen im *Akkusativ*.

B Die Präpositionen **an, auf, hinter, neben, in, über, unter, vor** und **zwischen** können sowohl mit dem *Dativ* als auch mit dem *Akkusativ* stehen.

C Im **Dativ** antworten die Wortgruppen auf die Fragen *Wo?* und **Wann?**
Im **Akkusativ** antworten die Wortgruppen auf die Frage *Wohin?*

D Nach den Präpositionen **während, trotz** und **wegen** stehen Wortgruppen im *Genitiv*.

2 *Die hier markierten Wortgruppen solltest du blau und die unterstrichenen gelb markiert haben:*
(Mit) dieser Kamera können Sie auch (ohne) einen Blitz gute Nachtbilder machen. (Mit) einem Stativ gelingen Nachtbilder besonders gut. (Durch) den langen Belichtungszeitraum werden allerdings bewegte Dinge unscharf (z. B. Wellen oder Autolichter). Außerdem reicht (bei) großer Dunkelheit die Auflösung des Monitors nicht für eine optimale Voransicht.

3 *Diese Wortgruppen solltest du ergänzt, die Präpositionen eingekreist und die Fälle dahintergeschrieben haben:*
Verwenden Sie (für) ihren Fotoapparat (Akkusativ) nur die angegebenen Speicherkarten. Kleinere helle oder dunklere Punkte (auf) dem LCD-Monitor (Dativ) haben keine Auswirkungen auf die Bilder. Lassen Sie die Kamera nicht (in) einer hellen Lichtquelle (Dativ) liegen. Lesen Sie diese Anleitung (vor) der Verwendung (Dativ) der Kamera aufmerksam durch. Verwenden Sie (zum) Reinigen (Dativ) keine Lösungsmittel.

4 Ich bin *im* Zentrum. (**Dativ**) Ich gehe *zum* Bahnhof. (**Dativ**) Ich bin fast *am* Ziel. (**Dativ**) Ich gehe *ins* Gebäude. (**Akkusativ**) Ich schaue *durchs* Zugfenster. (**Akkusativ**)

Das kann ich! – Auswertung	
30–40 Punkte	Du hast schon viel gelernt. Weiter so!
18–29 Punkte	Du kannst es sicher noch besser. Übe weiter.
0–17 Punkte	Arbeite die Seiten 76 bis 78 noch einmal durch.

Seite 80

1 **a. + b.**
Diese Konjunktionen solltest du eingekreist und die Nebensätze unterstrichen haben:
Liebe Frau Helling,
der Gebrauch elektronischer Geräte auf der Klassenfahrt wurde verboten, (da) er das soziale Miteinander beeinträchtigen soll. Mit dieser Entscheidung sind wir nicht einverstanden, (weil) die Geräte für uns wichtige Funktionen erfüllen. Die meisten von uns entspannt es, (wenn) sie auf einer langen Busfahrt schöne Musik hören. Bei einer Stadtbesichtigung können wir die Geräte im Bus liegen lassen, (damit) wir nicht durch unsere Handys abgelenkt werden. Die Lehrkräfte nehmen den Schülern einfach die Geräte ab, (falls) sich einige nicht an diese Verab-redung halten. (Nachdem) wir wieder in den Bus eingestiegen sind, können wir die Geräte wieder nutzen. Schließlich kann der Gebrauch elektronischer Geräte das soziale Leben fördern. Man kann nämlich in Teams mit Spielkonsolen spielen, (während) man auf den Bus wartet. Wir möchten Sie daher bitten, unsere Argumente zu berücksichtigen, (bevor) Sie eine endgültige Entscheidung treffen.
Mit freundlichen Grüßen
Ihre Klasse 7a

2 *So könntest du die Konjunktionen eingesetzt und die Nebensätze unterstrichen haben:*
Die elektronischen Geräte bleiben im Bus, *wenn* wir eine Stadt besichtigen. Wir benutzen die Geräte nur im Bus, *damit* wir bei der Stadtführung aufmerksam sind. Wir geben die Handys den Lehrkräften, *bevor/wenn* wir den Bus verlassen. *Falls* sich jemand nicht an die Vereinbarung hält, muss er mit einer Strafe rechnen. Wir hören gerne Musik im Bus, *weil/da* uns die Musik bei der Fahrt entspannt. Deswegen möchten wir die Geräte benutzen, *nachdem* wir die Stadt besichtigt haben.

Seite 81

3 *So solltest du die Sätze aufgeschrieben, die Konjunktionen eingekreist und die Verben markiert haben:*
A Wir brauchen unsere Handys nicht, (während) wir die Stadt besichtigen. **B** Die Stadtbesichtigung dauert nicht den ganzen Tag, (damit) die Klasse danach zum Spaßbad fahren kann. **C** Die Lehrerin nimmt ihm das Handy ab, (weil) er sich nicht an die Vereinbarung gehalten hat. **D** Wir sind gut gelaunt, (wenn) wir im Bus unsere Lieblingsmusik hören. **E** Die Klasse fährt nach Hause, (nachdem) niemand seine Geräte verloren hat.

Seite 81 – Das kann ich!

1 *So solltest du den Merksatz ergänzt haben:*
Konjunktionen wie *weil, da, nachdem, bevor, während* verbinden Haupt- und Nebensätze.

2 *Diese Konjunktionen könntest du ergänzt haben:*
Hallo Jessie,
die Klassenfahrt ist super! Es gab Bedenken, *weil* elektronische Geräte auf der Fahrt verboten werden sollten. Wir haben aber eine Vereinbarung mit unserer Lehrerin getroffen, *nachdem* sie unseren Brief gelesen hat. Wir geben die Geräte ab, *bevor* wir aussteigen. Jetzt spielt niemand mit seinem Handy, *während* wir etwas besichtigen. Spielkonsolen dürfen nur benutzt werden, *falls* wir kein Programm haben. Das finden wir in Ordnung, *da* sonst nicht alle mitmachen. *Weil* diese Regelung so gut funktioniert hat, wollen wir sie auf der nächsten Fahrt wieder anwenden. Frau Helling findet übrigens auch, dass wir viel besser gelaunt sind, *wenn* wir im Bus unsere Musik hören. *Falls* dir die Vereinbarung gefällt, kannst du sie ja eurer Klasse vorschlagen.
Deine Katharina

3 **A** Die Schüler sind abgelenkt, wenn sie ihre Handys pausenlos benutzen.
B Nach der letzten Klassenfahrt waren einige Schüler traurig, weil ihre Handys ihnen beim Stadtrundgang gestohlen wurden.

Das kann ich! – Auswertung	
17–22 Punkte	Du hast schon viel gelernt. Weiter so!
10–16 Punkte	Du kannst es sicher noch besser. Übe weiter.
0–9 Punkte	Arbeite die Seiten 80 und 81 noch einmal durch.

Seite 82

1 Anne | (gibt) | ihrer Freundin | das Buch | morgen | in der Schule.

Wer oder was gibt das Buch? *Anne* - **Subjekt**
Was tut Anne? *gibt* - (Prädikat)
Wen oder was gibt Anne? *das Buch* - **Akkusativobjekt**
Wem gibt Anne das Buch? *ihrer Freundin* - **Dativobjekt**
Wann? *morgen* - adverbiale Bestimmung der Zeit
Wo? *in der Schule* - adverbiale Bestimmung des Ortes

2 Morgen (geht) Ferhat zu Victoria. Sie (feiert) Geburtstag. Ferhat (hat) aber noch kein Geschenk. Vielleicht (kauft) er ihr ein Buch. Victoria (liest) nämlich gerne Krimis.

3 Wem hilft Sibel? - Ihrem Bruder.
Was entdeckt sie? - Einen Jugendkrimi.
Was blättert Ferhat durch? - Das Buch.
Wem gefällt der Krimi? - Ihm.

21

4 Wann wurde eine Tankstelle überfallen? – Gestern Abend.
Wohin stürmten die Männer und verlangten Geld? – In den Kassenraum.
Wann rannten die Räuber mit der Beute auf die Straße? – Fünf Minuten später.
Wohin rannten die Räuber fünf Minuten später mit der Beute? – Auf die Straße.
Wann hatte der Kassierer den Alarmknopf gedrückt? – Sofort.
Wo konnte die Polizei die Täter stoppen? – An der nächsten Kreuzung.

Seite 83

1 Der Teig wird kräftig durchgeknetet. – Wie wird der Teig durchgeknetet? – kräftig
Dann wird der Teig vorsichtig ausgerollt. – Wie wird der Teig ausgerollt? – vorsichtig
Anschließend sticht man die Formen sorgfältig aus. – Wie sticht man die Formen aus? – sorgfältig

2 Wegen einer Erkältung durfte Kevin nicht zum Schwimmen. – Warum durfte Kevin nicht zum Schwimmen? – wegen einer Erkältung
Er hätte vor Wut am liebsten geheult. – Weshalb hätte er am liebsten geheult? – vor Wut
Aus lauter Langeweile setzte er sich dann vor den Fernseher. – Weswegen setzte er sich dann vor den Fernseher? – aus lauter Langeweile

3 **a.** In der Nähe der Tankstelle konnte die Polizei zehn Minuten später die Räuber stoppen. Sie wurden schnell überwältigt. Wegen des schnellen Einsatzes ließen sie sich problemlos festnehmen. Die Polizei nahm ihnen die Beute sofort ab. Dann fuhr man sie ins Polizeipräsidium. Dort wurden sie ausführlich befragt. Wegen des Überfalls werden sie bald vor Gericht gestellt.

b. So hast du die adverbialen Bestimmungen sicher in deine Tabelle eingeordnet:
Adverbiale Bestimmungen des Ortes (Wo?): in der Nähe der Tankstelle, ins Polizeipräsidium, dort, vor Gericht
Adverbiale Bestimmungen der Zeit (Wann?): zehn Minuten später, sofort, dann, bald
Adverbiale Bestimmungen der Art und Weise (Wie?): schnell, problemlos, ausführlich
Adverbiale Bestimmungen des Grundes (Warum?): wegen des schnellen Einsatzes, wegen des Überfalls

Seite 84

1 *Diese Genitivattribute hast du sicher markiert, diese Fragen und Antworten geschrieben:*
A Wessen Kinder? – des Monsieur Mathieu
B Wessen Herr? – der Diebe
C Wessen Geheimnis? – der Geisterinsel
D Wessen Königin? – der Pferde
E Wessen Leuchten? – der Stille
F Wessen Bildnis? – des Dorian Gray

2 *So könntest du die Filmtitel ergänzt haben:*
Das Verschwinden *der Juwelen*
Das Geheimnis *der schwarzen Handschuhe*
Das Haus *der Verdammnis*
Der Raub *der Schatztruhe*
Die Nacht *des Grauens*
Der Wald *der Trauer*

3 **Die Kinder des Monsieur Mathieu**
Clément Mathieu bekommt eine Anstellung als Lehrer *des Internats* für schwer erziehbare Jungen. Er ist entsetzt über die harten Erziehungsmethoden *des Direktors*. Dann gründet er einen Chor und gewinnt die Zuneigung *der Schüler*. Die Jugendlichen öffnen sich dem Zauber *der Musik*. Doch der Direktor versucht alles, um den Erfolg *des Chors* zu stören.

Seite 85 – Das kann ich!

1 *Diese Fragen und Antworten hast du sicher aufgeschrieben:*
a) Subjekt:
Wer oder was hat sein Handy verborgt? – Florian.
b) Prädikat:
Was tut Florian? – Er hat verborgt.
c) Akkusativobjekt:
Wen oder was hat Florian verborgt? – Sein Handy.
d) Dativobjekt:
Wem hat Florian sein Handy verborgt? – Seinem Freund.

2 *Diese adverbialen Bestimmungen solltest du im Text gefunden haben:*
Adverbiale Bestimmungen …
… des Ortes: auf dem Schulhof, ins Schulhaus zurück, wieder hinaus
… der Zeit: gestern, nach 10 Minuten, dann
… der Art und Weise: schnell, fröhlich
… des Grundes: wegen des Regens

3 *So solltest du die Merksätze ergänzt haben:*
Attribute geben **zusätzliche Informationen** zu einem *Nomen*. **Genitivattribute** stehen *hinter* dem Nomen. Man erfragt sie mit *Wessen?*

4 *Die hier markierten Wörter solltest du blau markiert haben:*
Grandioser Sieg des Löwenteams
In einem Fußballspiel der Spitzenklasse gegen die Mannschaft der Heinrich-Böll-Oberschule errang unsere Schulmannschaft gestern einen Sieg mit 5 : 1. Es war ein Spiel des Kampfes. Der Trainer der Fußball-Elf zeigte sich überaus glücklich: „Die Spieler des Löwenteams erwiesen sich als Helden des Augenblicks. Farblos wirkte dagegen das Spiel des Gegners." Unser Team erhält für seinen Sieg den großen Pokal der Sportabteilung. Den Pokal wird die Leiterin der Schule morgen in der Aula des Hauptgebäudes überreichen.

Das kann ich! – Auswertung	
23–30 Punkte	Du hast schon viel gelernt. Weiter so!
14–22 Punkte	Du kannst es sicher noch besser. Übe weiter.
0–13 Punkte	Arbeite die Seiten 82 bis 84 noch einmal durch.

Der Kompetenztest

Seiten 88 und 89 – Sachtexte und Grafiken erschließen

2 b. *Diese Überschriften könntest du gefunden haben:*
2 Der Beginn des Marathonlaufs in Griechenland
3 Der Marathonlauf bei den Olympischen Spielen der Neuzeit
4 Die Festlegung der Distanz
5 Ungewöhnliche Begebenheiten
6 Gründe, einen Marathon zu laufen

3 bis **10**
Diese Aussagen solltest du angekreuzt haben:
4c), 5d), 6b), 7d), 8b), 9c), 10d)

11 *So könntest du geantwortet haben:*
Bei den Olympischen Spielen 1908 in London hat die britische Königin Alexandra den Lauf in den Windsor-Schlosspark verlegen lassen. Bis zur Ehrenloge war die Strecke genau 42,195 km lang. Diese Strecke wird seitdem bei jedem Marathonlauf gelaufen.

12 + **13**
Diese Aussagen hast du bestimmt angekreuzt: 12a), 13b)

Seite 89

14 bis **20**
Diese Aussagen hast du sicher angekreuzt:
14c), 15c), 16c), 17c), 18d), 19c), 20b)

21 *So sieht der Trainingsplan aus:*
mindestens 3 Jahre lang trainieren, 6- bis 7-mal in der Woche laufen und dabei insgesamt 90 bis 110 km pro Woche zurücklegen

22 + **23**
So hast du bestimmt angekreuzt: 22d), 23b)

Sachtexte und Grafiken erschließen – Auswertung	
59–80 Punkte	Du hast schon viel gelernt. Weiter so!
37–58 Punkte	Du kannst es sicher noch besser. Übe weiter.
0–36 Punkte	Arbeite die Seiten 10 bis 21 noch einmal durch.

Seite 90 – Rechtschreiben

1 **a.** Du kannst Wörter mit **ä** oder **äu** von verwandten Wörtern mit *a* oder *au* ableiten.

b. *So solltest du die Wörter geschrieben haben:*
träumen, der Verkäufer, zählen, der Bäcker

2 **a.** *Die Wortstämme hast du bestimmt so markiert:*
verfassen, umfassen, die Verfassung, unfassbar, fassungslos, die Einfassung, anfassen, das Tintenfass, die Weltauffassung, erfassen, zufassen, fassförmig, die Zusammenfassung, nachfassen, die Gefasstheit, befassen, das Fassungsvermögen, weltumfassend, die Brillenfassung, einfassen, die Datenerfassung, verfassungsrechtlich

b. *Diese Wörter solltest du gestrichen haben:*
fast, fasten, die Faser

c. *So solltest du die Verben der Wortfamilie „fassen" auf die Linien geschrieben haben:*
verfassen, umfassen, anfassen, erfassen, zufassen, nachfassen, befassen, einfassen

3 **a.** *So solltest du die Merksätze ergänzt haben:*
A Aus *Verben* können Nomen werden. Der Artikel **das** und die Wörter **beim, im, vom** und **zum** machen's.
B Aus *Adjektiven* können Nomen werden. Die Wörter **etwas, nichts, viel** und **wenig** machen's.
C Das starke Wort **im** kann aus *Adjektiven* Nomen machen.

b. *So könntest du die Nomen gebildet haben:*
A beim Essen, das Fahren, im Gehen, zum Schreiben
B etwas Gelbes, nichts Neues, viel Lustiges, wenig Spannendes
C im Stillen, im Allgemeinen

4 montags, mittags, freitags, nachts

5 **a.** Alle Verbindungen mit **sein** schreibt man *getrennt*.

b. *Diese Verbindungen mit sein könntest du ergänzt haben:*
Das Licht muss *an sein*, damit schlafen kann.
Er rannte uns hinterher, weil er unbedingt *dabei sein* wollte.
Ich muss mit den Hausaufgaben *fertig sein*, bevor es Abend wird.

Rechtschreiben – Auswertung	
44–60 Punkte	Du hast schon viel gelernt. Weiter so!
27–43 Punkte	Du kannst es sicher noch besser. Übe weiter.
0–26 Punkte	Arbeite die Seiten 44 bis 59 noch einmal durch.

Seite 91 – Grammatik

1 *So sollte deine ausgefüllte Tabelle aussehen:*

Adverbien …			
der Zeit	*des Ortes*	*des Grundes*	*der Art und Weise*
morgen, dienstags, *heute*	dort, draußen, *hier*	deswegen, darum, *deshalb*	vielleicht, haufenweise, *normalerweise*

2 + **3** **a.**
Den eingekreisten Konjunktiv und die markierten Verbformen hast du sicher gefunden:
Bei der letzten Sitzung des Schülerrates hatte Olga eine Idee: „Wir organisieren einen Spielabend. Das haben wir an meiner alten Schule auch immer gemacht." Alle waren begeistert. Pia sagte, sie schreibe sofort einen Antrag an die Schulleitung. Nachdem Pia den Antrag abgegeben hatte, berichtete sie dem Schülerrat: „Der Schulleiter wird den Antrag morgen mit den Lehrkräften prüfen. Aber er ist jetzt schon Feuer und Flamme."

3 **b.** *So hast du die Verbformen bestimmt sortiert:*
Präteritum: hatte, sagte, berichtete, waren (begeistert);
Präsens: organisieren, ist; **Futur:** wird prüfen;
Perfekt: haben gemacht; **Plusquamperfekt:** abgegeben hatte

4 ich: *Personalpronomen*; fahre: *Verb*; heute: *Adverb*; mit: *Präposition*; diesem: *Demonstrativpronomen*; neuen: *Adjektiv*; Fahrrad: *Nomen*; das: *Relativpronomen*; meine: *Possessivpronomen*; Eltern: *Nomen*; mir: *Personalpronomen*; schenkten: *Verb*

Grammatik – Auswertung	
37–50 Punkte	Du hast schon viel gelernt. Weiter so!
23–36 Punkte	Du kannst es sicher noch besser. Übe weiter.
0–22 Punkte	Arbeite die Seiten 64 bis 85 noch einmal durch.

1 Lineal, Perle mit Loch

2 bis **5**

In dieser Reihenfolge solltest du die Schritte der Anleitung nummeriert haben. Die Passivformen im Text sind markiert, die Er-Form und die Verben im Präteritum sind durchgestrichen.

1 Zuerst wird aus dem Tonpapier ein Quadrat mit einer Seitenlänge von 15 cm ausgeschnitten.

6 Zum Schluss wird die Perle auf die Nadel geschoben und dann wird das Windrad auf den Zweig gesteckt.

2 Als Nächstes zeichnete er mit dem Lineal zwischen den Ecken zwei Diagonalen.

4 Anschließend markierte er links von den Einschnitten in den Ecken je einen Punkt, durch den später die Nadel gestochen wird.

5 Danach werden die markierten Ecken zur Mitte gefaltet. Dabei werden die Spitzen übereinandergelegt. Jetzt wird mit der Nadel durch alle vier Spitzen gestochen.

3 Dann schnitt er genau 7 cm entlang jeder Diagonalen.

4 b. *Diese Passivformen hast du bestimmt verwendet:* werden gezeichnet, wird markiert, wird geschnitten

5 *Die Lösung besteht aus den Ergebnissen zu den Aufgaben 2 bis 4. Deine neuen Sätze mit den Passivformen sehen so aus:*

2 Als nächstes werden mit dem Lineal zwischen den Ecken zwei Diagonalen gezeichnet.

3 Dann wird genau 7 cm entlang jeder Diagonale geschnitten.

4 Anschließend wird links von den Einschnitten in den Ecken je ein Punkt markiert, durch den später die Nadel gestochen wird.

Versuche beschreiben – Auswertung	
37–50 Punkte	Du hast schon viel gelernt. Weiter so!
23–36 Punkte	Du kannst es sicher noch besser. Übe weiter.
0–22 Punkte	Arbeite die Seiten 22 bis 27 noch einmal durch.

1 *Folgende Angaben hast du bestimmt angekreuzt und so ergänzt:*
Gruß: Mit freundlichen Grüßen, **Datum:** 20.05.2010,
Betreff: Entfernung der Musikanlagen aus den Klassen,
Stadt: 33188 Großdorf

2 a. *Diese Formulierungen solltest du markiert und so verbessert haben:*
Hallöchen: Sehr geehrter; voll relax: entspannt

3 *Die Behauptungen sind markiert, die Begründungen unterstrichen. Der Pfeil zeigt an, wo die eingekreiste Begründung stehen sollte:*
Sie haben uns aufgefordert, die Musikanlagen aus unseren Klassen zu entfernen, da diese das soziale Leben in der Schule beeinträchtigten.
Im Schülerrat stimmte die große Mehrheit gegen Ihre Maßnahme.
Wir meinen, dass die Musikanlagen das soziale Leben fördern, weil dadurch alle die Lieblingsmusik der Stärksten in voller Lautstärke hören müssen.
Unser wichtigstes Argument ist, dass die Musikanlagen gut für unsere Bildung sind, weil wir in der großen Pause häufig Nachrichten hören. Ein weiteres Argument ist, dass wir mit Musik die Hausaufgaben nachmittags erfolgreicher erledigen, weil wir uns voll relax besser konzentrieren können.
Wir sind daher der Meinung, dass die Musikanlagen für das Lernen und für das soziale Leben wichtig sind und bitten Sie, Ihre Entscheidung zu überdenken.

4 a. *Dieses Argument hast du bestimmt gestrichen:*
weil dadurch alle die Lieblingsmusik der Stärksten in voller Lautstärke hören müssen.

b. *Dieses Argument könntest du gefunden haben:*
weil dadurch alle dieselbe Musik hören und sich dann darüber unterhalten können.

5

Adrian Klasing (Schülersprecher)   20.05.2010
Wagenstraße 27
33188 Großdorf

An die
Schulleitung der Realschule Großdorf
Herrn Hagen
Große Straße 57
33188 Großdorf

Entfernung der Musikanlage aus den Klassen

Sehr geehrter Herr Hagen,

Sie haben uns aufgefordert, die Musikanlagen aus unseren Klassen zu entfernen, da diese das soziale Leben in der Schule beeinträchtigten.
Im Schülerrat stimmte die große Mehrheit gegen Ihre Maßnahme. Wir meinen, dass die Musikanlagen das soziale Leben fördern, weil dadurch alle dieselbe Musik hören und sich dann darüber unterhalten können.
Ein weiteres Argument ist, dass wir mit Musik die Hausaufgaben nachmittags erfolgreicher erledigen, weil wir uns entspannt besser konzentrieren können. Unser wichtigstes Argument ist, dass die Musikanlagen gut für unsere Bildung sind, weil wir in der großen Pause häufig Nachrichten hören. Wir sind daher der Meinung, dass die Musikanlagen für das Lernen und für das soziale Leben wichtig sind und bitten Sie, Ihre Entscheidung zu überdenken.

Mit freundlichen Grüßen

Adrian Klasing

Briefe überarbeiten, Stellung nehmen – Auswertung	
30–40 Punkte	Du hast schon viel gelernt. Weiter so!
18–29 Punkte	Du kannst es sicher noch besser. Übe weiter.
0–17 Punkte	Arbeite die Seiten 28 bis 33 noch einmal durch.

Der Kompetenztest – Gesamtauswertung	
192–265 Punkte	Du hast schon viel gelernt. Weiter so!
117–191 Punkte	Du kannst es sicher noch besser. Übe weiter.
0–116 Punkte	Probiere es noch einmal.

In der 7 b wird ein anderer Arbeitsauftrag erteilt:

Ihr habt im Unterricht Argumente für und gegen die Nutzung von Sonnen-
energie gesammelt. Nimm Stellung zu Veras Aussage:
„Die stärkere Nutzung der Sonnenenergie ist wichtig für unsere Umwelt."
– Entscheide dich zuerst für einen Standpunkt.
– Entkräfte zunächst ein Argument der Gegenmeinung.
– Führe drei Argumente an, die deine Meinung stützen.
– Veranschauliche deine Argumente mit Beispielen.
– Schreibe deine Stellungnahme.

4 Lies den Arbeitsauftrag genau.
a. Markiere alle Aufforderungsverben (Operatoren).
b. Was bedeutet der Operator „entkräfte"? Kreuze die richtige Aussage an.

☐ Ein Gegenargument nennen und begründen, warum es nicht überzeugend ist.
☐ Ein Gegenargument nennen und begründen, warum es überzeugend ist.

5 Was sollst du tun?
Kreuze an, welche der Aussagen richtig und welche falsch sind.

	richtig	falsch
A Ich muss für Veras Aussage sein.	☐	☒
B Ich muss gegen Veras Aussage sein.	☐	☐
C Ich darf auswählen, ob ich Veras Aussage unterstütze oder nicht.	☐	☐
D Ich muss drei Argumente anführen, die meine Meinung stützen.	☐	☐
E Das am schwierigsten zu erklärende Argument führe ich am Schluss an.	☐	☐
F Ich muss ein Argument finden, mit dem die Gegenmeinung vertreten wird.	☐	☐
G Ich muss begründen, warum das Gegenargument nicht überzeugend ist.	☐	☐

6 Schreibe in dein Heft, was du der Reihe nach tun sollst.
Nutze dabei deine Ergebnisse zu den Aufgaben 4 und 5.
Du kannst die Wörter und Wortgruppen neben Aufgabe 3 verwenden.

> **Starthilfe**
> Zuerst entscheide ich mich
> …

**Wenn du die Arbeitsaufträge der Klassen 7 a und 7 b vergleichst,
stellst du Unterschiede fest.**

7 Welche vier Teilaufgaben sind in den Arbeitaufträgen auf den Seiten 8 und 9
oben unterschiedlich?
Ergänze zwei weitere Teilaufgaben in der Tabelle und kreuze an.

Ich soll …	Klasse 7 a	Klasse 7 b
Ich soll zuerst drei vorgegebene Argumente untersuchen.	×	
Ich soll ein in der Aufgabe vorgegebenes Argument nutzen.		

Sachtexte erschließen und zusammenfassen

Den Inhalt dieses Zeitschriftentextes sollst du zusammenfassen.
Dafür musst du zuerst den Text genau lesen und verstehen.

➤ Die Arbeitstechnik „Der Textknacker" findest du in der vorderen Klappe.

mehr zum Textknacker
➤ S. 4–7

1 Lies den Text mithilfe des Textknackers. Sieh dir zuerst die Bilder neben dem Text an. Schreibe zu jedem Bild Stichworte auf.

2 Lies die Überschrift und betrachte den Text als Ganzes. Worum geht es vermutlich in dem Text? Schreibe einen Satz auf.

Vor dem Lesen

Der Text berichtet vermutlich darüber, wie

_____

3 Überfliege den Text. Was fällt dir auf? Was kennst du schon? Markiere mit dem Bleistift Inhalte, zu denen du schon etwas weißt.

Den Text überfliegen

Zug um Zug: Wie die Menschen schwimmen lernten
Sina Löschke

Goethes Schwimmerlebnis

Ferien, Sommersonne, die Gipfel der Alpen vor der Nase und dazu ein kristall-klarer **Bergsee** in der Schweiz: Welcher Wanderer käme da nicht auf die Idee, Rucksack und Kleidung fallen zu lassen, sich **kopfüber in die Fluten** zu stürzen und wie ein Fisch durch das Wasser zu gleiten? Der **Dichter Johann Wolfgang**
5 **von Goethe** tat genau das. Splitterfasernackt sprangen er und seine beiden Reisebegleiter während einer Bergtour im **Sommer 1775** ins **kühle Nass**. Die jungen Männer juchzten lauthals und tobten so ausgelassen, dass sie den ersten **Stein** gar nicht fliegen sahen. Gefährlich nah schlug er neben ihnen ins Wasser. Gefolgt von einem zweiten, einem dritten … Wer die **Angreifer**
10 waren, ist bis heute ungeklärt. Wahrscheinlich Bergbauern, die mit ihrer Attacke auf die drei Nackedeis ihrer Empörung Ausdruck verliehen.

Schwimmen lernen macht Spaß – das Lachen dieser Mädchen beweist es!

_____

In freier **Natur** zu **baden**, dazu noch unbekleidet, war für die Schweizer damals kein Freizeitspaß – sondern **Sünde**! Seen, Flüsse und Meere galten als Teufels-zeug und Brutstätte tödlicher Krankheiten. Man munkelte, in ihrer dunklen Tiefe
15 würden Monster hausen. Ein **Aberglaube**, den vor allem die Kirchenoberhäupter verbreiteten. **Priester predigten** seit dem **Mittelalter**, die Menschen brauchten **nicht schwimmen** zu **lernen**. **Gott** halte sie im Notfall über Wasser – sie müssten nur fest genug daran glauben. Viele Fischer und Seeleute **bezahlten** diesen **Irrglauben mit dem Leben**.

_____

20 Italiener, Franzosen, Deutsche: Alle Menschen dieser Völker waren damals Nichtschwimmer. Komisch, wenn man bedenkt, dass sich schon die **Steinzeitmenschen** wie Robben im Wasser tummelten. Das beweisen über 10 000 Jahre alte Höhlenzeichnungen. Die Schwimmtechnik hatten sich die Jäger und Sammler von den Tieren abgeguckt. Ihr Hundepaddeln sah zwar
25 nicht elegant aus, es genügte unseren Vorfahren jedoch, um sich bei Gefahr ans andere Ufer zu retten.

Felszeichnungen wie diese aus der Wüste Sahara beweisen, dass Menschen schon vor über 10 000 Jahren schwimmen konnten.

☐

Schon bei **den alten Griechen** war Wasser mehr als nur ein „Lebensretter".
Für sie hatte es magische Eigenschaften. So soll es eine Quelle gegeben haben,
deren Wasser wahnsinnig machte, wenn man davon trank. Auf der Insel Lefkada[1]
30 stürzten sich regelmäßig unglücklich Verliebte von einer Klippe ins Meer.
Der Sprung galt als einziges Mittel gegen den Herzschmerz – kostete dafür
einige Waghalsige aber auch das Leben. Um die Unfallzahl zu senken, band man
den Springern später lebende Vögel an den Leib: in der Hoffnung, deren Geflatter
würde den Aufprall aufs Wasser dämpfen.

☐

35 Über diese Schnapsidee haben **die Römer** vermutlich bloß gelacht. Statt
sich den Hals zu brechen, lümmelten sie lieber im Pool herum. Allein in Rom
gab es mehr als 800 Badeanstalten, in denen allerdings eher geplanscht als
geschwommen wurde: Beim Kraulen ließ es sich nämlich nicht so gut plaudern.
Schwimmen konnten die meisten Badegäste trotzdem, denn spätestens
40 in der Armee lernte jeder Legionär[2], sich über Wasser zu halten – selbst
in Kampfausrüstung.

Das römische Bad (Roman Baths)
in der englischen Stadt Bath.
Es wurde zuerst von
den römischen Eroberern
über heiße Quellen gebaut.

☐

Um ihren Schützlingen die ersten Armzüge zu erleichtern, bastelten die
römischen Bademeister ein Hilfsmittel, das es immer noch gibt: den Schwimmring. Das römische Modell bestand aus Kork, hielt den Anfänger aber genauso
45 gut über Wasser wie die modernen „Schaumstoffnudeln" oder Schwimmbretter,
mit denen Kinder heute schwimmen lernen. Mit einem selbst gebauten Korkring
hatte sich auch Goethe das Schwimmen beigebracht. Der Dichterfürst trainierte
jeden Tag in der Ilm, einem Fluss in Thüringen. Und das nicht nur im Sommer,
sondern bis weit in den Winter hinein.

☐

50 Hätte Goethe seinen Sturkopf damals nicht durchgesetzt, wäre Schwimmen
wohl gar nicht – oder erst viel später – in Mode gekommen. Tausende Deutsche
nahmen sich gegen **Ende des 18. Jahrhunderts** den Dichter zum Vorbild
und tauchten ins nasse Element ab. Ärzte verschrieben ihren Patienten sogar
kalte Flussbäder, weil der berühmte Goethe sie empfohlen hatte. Eine Welle
55 der Wasserfreude schwappte bald über Europa. In Großbritannien gründeten
Sportbegeisterte die ersten Schwimmvereine. An den Küsten der Nord- und
Ostsee verwandelten sich verschlafene Fischerdörfer in Seebäder mit Strand-
körben und Spaziermeile.

☐

Sorgenfalten bekommen Bademeister **heute** nur angesichts der Tatsache,
60 dass jedes fünfte Kind in Deutschland nicht schwimmen kann. Wie wäre es
deshalb mit einem Ferienschwimmkurs? Wer nämlich seine Angst vor
dem Wasser verliert, wird genauso begeistert seine Bahnen ziehen, wie es früher
Goethe getan hat. Und keine Sorge: Steine schmeißt schon lange
niemand mehr.

Aus der Zeitschrift GEOlino Nr. 8, 2007

Solche Freudensprünge ins tiefe
Wasser sollten nur Schwimmer
wagen, denn Nichtschwimmer
riskieren dabei ihr Leben!

1 die Insel Lefkada: eine griechische Insel im Mittelmeer, eine der Ionischen Inseln.
2 der Legionär: ein Soldat einer römischen Heereseinheit, der Legion.

Die Zusammenfassung vorbereiten

Zuerst musst du deinen Arbeitsauftrag genau verstehen.

Eine Aufgabe genau verstehen
➤ S. 8–9

Dein Arbeitsauftrag

Schreibe eine Zusammenfassung des Textes „Zug um Zug: Wie die Menschen schwimmen lernten" über die Geschichte des Schwimmens.
Lies den Text dafür genau. Schreibe dir dabei wichtige Informationen auf.

1 a. Lies deinen Arbeitsauftrag genau.
b. Lies die Arbeitstechnik „Texte zusammenfassen" unten.
c. Schreibe in dein Heft, was du in welcher Reihenfolge tun sollst.
Die Wörter in der Randspalte helfen dir, die Reihenfolge zu verdeutlichen.

zuerst, dabei, dann

Arbeitstechnik

Texte zusammenfassen
In einer Zusammenfassung gibst du die wichtigsten Inhalte eines Textes wieder.
- Nenne im ersten Teil den **Titel**, den **Autor**, das **Thema** und die **Textsorte** und wenn möglich die **Fundstelle**. Gib also auch an, um was **für einen Text** usw. es sich handelt, z. B. Sachtext, Zeitschriftentext, Reportage, Leserbrief, Lexikonartikel …, und wo der Text erschienen ist, z. B.: Zeitung, Internet, Buch …
- Gib im zweiten Teil **nur die wichtigsten Informationen** in wenigen Sätzen mit deinen eigenen Worten wieder.
- Schreibe im **Präsens**. Wenn Geschehnisse **vor** anderen stattgefunden haben, verwendest du das **Perfekt**.
- **Vermeide wörtliche Rede** oder ersetze sie durch **indirekte Rede** mit dem Konjunktiv.

Beim genauen Lesen findest du alle wichtigen Informationen für deinen Arbeitsauftrag: eine Zusammenfassung schreiben.

Beim genauen Lesen

2 a. Nummeriere die Absätze.
b. Was erfährst du in den einzelnen Absätzen?
Schreibe über jeden Absatz eine passende Überschrift.
Du kannst die folgenden Wortgruppen verwenden.

Absätze

Schwimmen in der Steinzeit, die Sorge der Schwimmmeister,
Goethes Schwimmerlebnis, das abergläubische Mittelalter,
Hilfsmittel zum Schwimmen, das Schwimmen bei den Griechen,
die Römer und das Schwimmen, das Schwimmen wird zur Sportart

3 Schreibe Erklärungen für die folgenden Wörter in dein Heft.
Nutze dafür die Fußnoten im Text oder schlage die Wörter nach.
Tipp: Manche Wörter kannst du dir aus dem Zusammenhang erklären.

Worterklärungen

Starthilfe

splitterfasernackt:
vollkommen nackt, …

splitterfasernackt (Z. 5), hausen (Z. 15), die Insel Lefkada (Z. 29),
der Legionär (Z. 40), der Kork (Z. 44), der Patient (Z. 53)

Die Bilder am Rand können dir helfen, den Text besser zu verstehen.   Bilder

4 Schreibe zu jedem Bild einen Satz auf.
Tipp: Die Bildunterschriften und die Wörter aus Aufgabe 4 helfen dir.

Das erste Bild zeigt drei Mädchen mit Schwimmbrettern.

_____

_____

_____

_____

_____

Z 5 Welche zusätzlichen Informationen zum Text könnten die Bilder geben?
Schreibe zu jedem Bild einen weiteren Satz.
Die folgenden Wortgruppen helfen dir.

Das Bild mit dem lachenden Mädchen zeigt, dass schwimmen lernen Spaß

*macht.*_____

_____

_____

_____

_____

_____

> ... ~~Spaß macht,~~
> ... entspannend ist,
> ... gefährlich sein kann,
> ... Schwimmtechniken genutzt haben

Mit einer Zeitleiste werden im Text beschriebene Zeiträume übersichtlich.

6 Finde die folgenden sieben Zeitangaben im Text.
Notiere zu jeder Zeitangabe den Absatz und die Zeilenangabe.

Steinzeitmenschen (_3_ . Absatz, Zeile _21_), Sommer 1775 (____. Absatz, Zeile ____),

Mittelalter (____. Absatz, Zeile ____), alte Griechen (____. Absatz, Zeile ____),

Römer (____. Absatz, Zeile ____), heute (____. Absatz, Zeile ____),

Ende des 18. Jahrhunderts (____. Absatz, Zeile ____)

Z 7 Ordne die Zeitangaben richtig in die folgende Zeitleiste ein.
Tipp: Die alten Griechen gab es vor den Römern und das Mittelalter begann
nach den Römern.

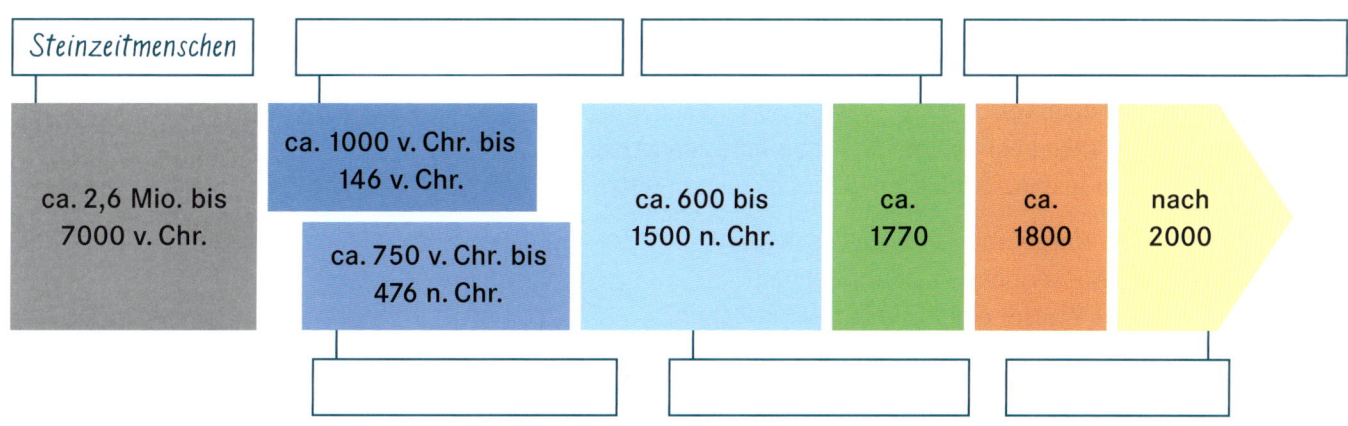

Mit Schlüsselwörtern arbeiten

Schlüsselwörter helfen dir dabei, einen Text zusammenzufassen.
Du musst allerdings die richtigen Schlüsselwörter auswählen.

Merkwissen

Schlüsselwörter
Für den Inhalt eines Textes besonders wichtige Wörter sind Schlüsselwörter.
Achtung: Je nachdem, unter welcher Fragestellung du einen Text liest, kannst du unterschiedliche Schlüsselwörter finden.
Schlüsselwörter können **Zahlen**, **einzelne Wörter** oder **Wortgruppen** sein.
Mithilfe von Schlüsselwörtern kannst du **Inhalte zusammenfassen**.

Manchmal sind Schlüsselwörter bereits im Text hervorgehoben.

1 Schreibe die Schlüsselwörter aus dem ersten Absatz in dein Heft.

➤ Der Text beginnt auf Seite 10.

2 **a.** Schreibe die Schlüsselwörter aus dem zweiten Absatz in dein Heft.
b. Verwende die Schlüsselwörter für eine Zusammenfassung.
Ergänze dazu den folgenden Lückentext. Schreibe in dein Heft.
Tipp: Manchmal musst du die Reihenfolge und die Schreibung der Schlüsselwörter ändern.

Das ▮ in freier ▮ wird zu dieser Zeit noch als eine ▮ angesehen. Gewässer gelten als Teufelszeug. Dieser ▮ ist bereits im ▮ verbreitet. ▮ **predigen**, dass die Menschen **nicht** ▮ **lernen** müssen, da ▮ sie im Notfall über Wasser halte. Durch diesen ▮ kommen viele Seeleute ums ▮.

Starthilfe

Das Baden in freier Natur
…

Es kann leicht passieren, dass du zu viele Schlüsselwörter markierst.

3 **a.** Kürze die markierten Textstellen im folgenden Beispiel.
Streiche dazu weniger wichtige Wörter mit Bleistift durch.
b. Schreibe deine Schlüsselwörter zum dritten Absatz am Rand auf.
Tipp: Wähle sieben Schlüsselwörter (oder Wortgruppen) aus.

~~Italiener, Franzosen, Deutsche~~: Alle Menschen dieser Völker waren damals Nichtschwimmer. Komisch, wenn man bedenkt, dass sich schon die Steinzeitmenschen wie Robben im Wasser tummelten. Das beweisen über 8 000 Jahre alte Höhlenzeichnungen. Die Schwimmtechnik hatten sich die Jäger und Sammler von den Tieren abgeguckt. Ihr Hundepaddeln sah zwar nicht elegant aus, es genügte unseren Vorfahren jedoch, um sich bei Gefahr ans andere Ufer zu retten.

Fragen können dir beim Finden von Schlüsselwörtern helfen.

4 **a.** Beantworte die folgenden Fragen zum vierten Absatz.
Schreibe in dein Heft.
Tipp: Die Fragen beantworten sich zum Teil gegenseitig.
b. Markiere im Text die Schlüsselwörter aus deinen Antworten.

a) Wann hatte Wasser magische Eigenschaften?
b) Was hatte Wasser bei den alten Griechen?
c) Was soll das Wasser einer Quelle bewirkt haben?
d) Wo haben sich unglücklich Verliebte ins Meer gestürzt?
e) Was haben unglücklich Verliebte auf der Insel Lefkada getan?
f) Als Mittel für was hat der Sprung gegolten?

Starthilfe

a) bei den alten Griechen
…

5 Ermittle die Schlüsselwörter im fünften Absatz durch Fragen.
  a. Schreibe die Fragen und die Antworten in dein Heft.
    Du kannst dazu die Wörter vom Rand verwenden.
  b. Markiere deine Schlüsselwörter im Text.

Starthilfe

> Wer hat vermutlich über diese Idee gelacht?
> Die Römer.
> ...

Wer hat ... gelacht?
Was haben ... getan?
Wie viele ...?
Wo hat es ... gegeben?
Was konnte ...?
Wer hat ... gelernt?
Wo haben ... gelernt?

Häufig gibt es mehrere Schlüsselwörter mit einer ähnlichen Bedeutung.

6 Beantworte die Fragen zum sechsten Absatz.

  a) Welche drei Gegenstände werden zum Schwimmenlernen verwendet?

  Schwimmring aus Kork, _____

  _____

  b) Was haben diese Gegenstände gemeinsam? Kreuze an.

  Sie sind ☐ Werkzeuge ☐ Hilfsmittel ☐ Spielzeuge.

7 Markiere deine Schlüsselwörter zum sechsten Absatz im Text.
  Verwende dazu vor allem deine Ergebnisse aus Aufgabe 6.

8 **a.** Beantworte die folgenden Fragen zum siebten Absatz im Text.
    Achtung: Drei der Fragen verlangen jeweils zwei Antworten.
  b. Wähle **sieben** Schlüsselwörter (oder Wortgruppen)
    zum siebten Absatz aus deinen Antworten aus.
  c. Markiere im Text die Schlüsselwörter aus deinen Antworten.

  a) **Wer** wurde Ende des 18. Jahrhunderts zum Vorbild und **für wen**?
  b) **Was** schwappte bald darauf über Europa?
  c) **Was** wurde in dieser Zeit gegründet und **wo**?
  d) **Wo** und **woraus** entstanden Seebäder?

9 Markiere im achten Absatz selbstständig Schlüsselwörter.
  – Du kannst zunächst mit Bleistift markieren.
  – Du kannst Fragen stellen und beantworten.

Schlüsselwörter können in einer Zusammenfassung neu formuliert werden.

Z **10** Finde für die folgenden Schlüsselwörter neue Formulierungen.
  Schreibe auf die Linien.

Starthilfe

> ins kühle Nass:
> ins kalte Wasser,
> ...

ins kühle Nass (Z. 6),
Herzschmerz (Z. 31),
mit dem Leben bezahlen
(Z. 18–19),
wie Robben im Wasser
(Z. 21–22)

_____

_____

_____

_____

_____

Die Zusammenfassung schreiben

Mit den Schlüsselwörtern bereitest du deine Zusammenfassung vor.

Nach dem Lesen

1 Lege in deinem Heft eine Tabelle für deine Zusammenfassung an.
So kannst du alle wichtigen Informationen für deine Zusammenfassung
übersichtlich ordnen.
- **a.** Schreibe in die erste Spalte Nummer und Überschrift des Absatzes.
- **b.** Schreibe in die zweite Spalte die Zeilenangaben.
- **c.** Schreibe deine Schlüsselwörter in die dritte Spalte.

Zeitschriftentext „Zug um Zug: Wie die Menschen schwimmen lernten"		
Absatz	**Zeilen**	**Schlüsselwörter**
1. Goethes Schwimmerlebnis	1–11	Dichter, Johann Wolfgang von Goethe, Sommer 1775, splitterfasernackt, …
…	…	…

Starthilfe

**In der Einleitung einer Zusammenfassung nennst du kurz
das Thema und machst alle nötigen Angaben zum Text.**

2 **a.** Lies in der Arbeitstechnik auf Seite 12 nach.
b. Ergänze die folgende Einleitung. Die Wörter am Rand helfen dir.
Tipp: Verwende dazu auch die Wörter deiner Tabelle aus Aufgabe 1.

Zusammenfassung *des Zeitschriftentextes* „_____

_____ "

Der Text über _____ stammt

aus _____

und wurde von _____ geschrieben.

~~Zeitschriftentextes,~~
der Zeitschrift GEOlino
Nr. 8, 2007, Zug um Zug:
Wie die Menschen
schwimmen lernten,
Sina Löschke,
die Geschichte
des Schwimmens

In einer Zusammenfassung musst du Informationen richtig wiedergeben.

3 Die folgende Zusammenfassung des ersten Absatzes enthält falsche
Angaben. Streiche die falschen Angaben und schreibe die richtigen Wörter
unter den Text.
Tipp: Der Absatz enthält genau vier falsche Angaben.

Der Text berichtet von dem ~~Richter~~ Johann Wolfgang von Goethe, der
im Sommer 1975 nackt mit seinen Reisebegleitern in einem Schweizer Freibad
badet. Dabei bewerfen unbekannte Angreifer die Männer mit Äpfeln.

Dichter, _____

Deine Zusammenfassung musst du im Präsens schreiben.

4 Diese Zusammenfassung zum zweiten Absatz steht in der falschen Zeit.
Streiche falsche Zeitformen und schreibe die richtigen Formen unter den Text.
Tipp: Der Absatz enthält fünf falsche Zeitformen.

Das Baden in freier Natur ~~war~~ zu dieser Zeit noch Sünde. Gewässer galten
als Teufelszeug. Dieser Aberglaube war seit dem Mittelalter weit verbreitet.
Priester predigten, dass die Menschen nicht schwimmen lernen müssen,
da Gott sie im Notfall über Wasser halte. Durch diesen Irrglauben kamen
viele Seeleute ums Leben.

ist, _____

Eine Zusammenfassung darf nur die wichtigsten Informationen enthalten.

5 Ergänze die folgende Zusammenfassung des dritten und vierten Absatzes.
Verwende dazu deine Schlüsselwörter aus der Tabelle von Seite 16.
Schreibe in dein Heft.

Starthilfe
Viele Völker sind
zu dieser Zeit …

Viele ▉ sind zu dieser Zeit ▉. Doch bereits die ▉ tummeln sich
wie die ▉. Ihre ▉ schauen sie sich von den ▉ ab. Damit ▉ sie sich
bei ▉ ans Ufer.
Bei den ▉ hat das Wasser ▉. Auf der Insel ▉ stürzen sich ▉
von einer Klippe ▉. Sie glauben, dies sei ein Mittel gegen ▉.

In einer Zusammenfassung schreibst du mit eigenen Worten. Deshalb darf kein ganzer Satz aus dem Text in deiner Zusammenfassung stehen.

6 Der folgende zusammenfassende Satz zum fünften Absatz enthält wörtlich
einen ganzen Satz aus dem Text.
a. Welche drei Wörter des Satzes sind für deine Zusammenfassung wichtig?
Kreise sie ein.
b. Formuliere den Satz neu und schreibe ihn in dein Heft.
Du kannst die Wörter vom Rand verwenden.

Das Schwimmen lernen
die Römer …,
Außerdem lernt …,
In der Armee …

Schwimmen können die meisten Badegäste trotzdem, denn spätestens
in der Armee lernt jeder Legionär, sich über Wasser zu halten – selbst
in Kampfausrüstung.

7 Fasse den sechsten Abschnitt mithilfe deiner Schlüsselwörter zusammen.
Formuliere mit eigenen Worten und in ganzen Sätzen. Schreibe in dein Heft.
Du kannst auch Wörter vom Rand verwenden.

Römerzeit,
Schwimmring aus Kork,
Hilfsmittel, …

8 Fasse die letzten beiden Absätze zusammen. Schreibe in dein Heft.

9 Schreibe die Zusammenfassung des Textes in ganzen Sätzen in dein Heft.
– Nutze dazu die Ergebnisse der Aufgaben 1 bis 8.
– Beachte die Arbeitstechnik auf Seite 12.
  Achte besonders darauf, dass du Informationen genau wiedergibst.
– Halte dich an die Reihenfolge der Informationen im Text.
– Formuliere mit eigenen Worten.
  Es darf kein ganzer Satz aus dem Text in deiner Zusammenfassung stehen.

Starthilfe
Der Text berichtet zuerst
von dem Dichter Johann
Wolfgang von Goethe, der …

10 Überprüfe deine Zusammenfassung mit der folgenden Checkliste.

Checkliste: Texte zusammenfassen	ja	nein
Habe ich im ersten Teil den **Titel**, den **Autor**, das **Thema** und die **Textsorte** genannt?	☐	☐
Habe ich im zweiten Teil **nur die wichtigsten Informationen** in wenigen Sätzen wiedergegeben?	☐	☐
Habe ich im **Präsens** geschrieben?	☐	☐
Habe ich, wenn nötig, das **Perfekt** verwendet?	☐	☐
Habe ich **wörtliche Rede vermieden** oder durch **indirekte Rede** mit dem Konjunktiv ersetzt?	☐	☐

Eine Zusammenfassung überarbeiten

Den folgenden Anfang einer Zusammenfassung kannst du überarbeiten.

Zusammenfassung des Zeitschriftentextes
„Zug um Zug: Wie die Menschen schwimmen lernten"

Der Text über die Geschichte des Schwimmens stammt aus der Zeitschrift GEOlino, Nr. 8.

Im Sommer ~~1776~~ badet der Dichter Johann Wolfgang von Goethe nackt mit seinen Reisebegleitern in einem deutschen Bergsee. Dabei bewerfen unbekannte
5 Verteidiger die Männer mit Steinen.

Das Baden in freier Natur war zu dieser Zeit noch als eine Sünde angesehen worden. Gewässer hatten als Teufelszeug gegolten. Dieser Aberglaube war bereits im Mittelalter weit verbreitet gewesen. Priester hatten gepredigt, dass die Menschen nicht schwimmen lernen müssen, da Gott sie im Notfall über Wasser
10 halte. Viele Fischer und Seeleute bezahlten diesen Irrglauben mit dem Leben.

Zu dieser Zeit sind viele Völker ~~Nichtschwimer.~~ Aber bereits die Steinzeitmenschen haben sich wie die Roben im Waser getummelt. Die Schwimtechnik des „Hundepadelns" haben sie sich von den Tieren abgeschaut.

Achtung: Fehler!

wird angesehen,

_____

_____

_____

_____

_____

Checkliste
➤ S. 17

1 In der Einleitung fehlen zwei wichtige Angaben.
Schreibe die beiden Angaben auf die Linien. Die Fragen am Rand helfen dir.

_____ _____

2 Der zweite Absatz enthält drei sachliche Fehler.
Die Fragewörter am Rand helfen dir, die Fehler zu finden.
   a. Finde die drei Fehler und streiche sie durch.
   b. Schreibe die richtigen Angaben auf die folgenden Linien.

_____ _____ _____

> Wann?
> Wo?
> Wer?

3 Im dritten Absatz wurde ein Satz aus dem Text wörtlich übernommen.
   a. Finde die wörtliche Übernahme und streiche sie durch.
   b. Schreibe den Satz in eigenen Worten auf.
      Du kannst die Wörter vom Rand verwenden.

_____

_____

> sterben,
> ums Leben kommen,
> sein Leben lassen

4 Viele Sätze im dritten Absatz stehen im Plusquamperfekt.
Diese Sätze müssen im Präsens stehen.
   a. Streiche alle Plusquamperfektformen im dritten Absatz durch.
   b. Schreibe dafür passende Präsensformen auf die Linien neben dem Text.

> Präsensformen:
> ~~wird angesehen,~~
> ist verbreitet, gelten,
> predigen, bezahlen, ist

5 Im letzten Absatz der Zusammenfassung gibt es fünf Rechtschreibfehler.
   a. Streiche die falsch geschriebenen Wörter durch.
   b. Schreibe die Wörter richtig auf die folgenden Linien.
   c. Welche Rechtschreibhilfe hilft, diese Fehler zu vermeiden? Kreuze an.

mehr zu Rechtschreibhilfen
im Wissenswerten ➤ S. 94

   Nichtschwimmer _____ _____

_____ _____

☐ Gliedern
☐ Verlängern
☐ Ableiten

6 Schreibe die überarbeitete Teilzusammenfassung in dein Heft.

Z Weiterführendes: Eine Grafik erschließen

Anton schwimmt in der Jugendabteilung der DLRG[1]. Er hat eine Grafik zum Thema gefunden. Beim Abschreiben hat er drei Zahlen vergessen.

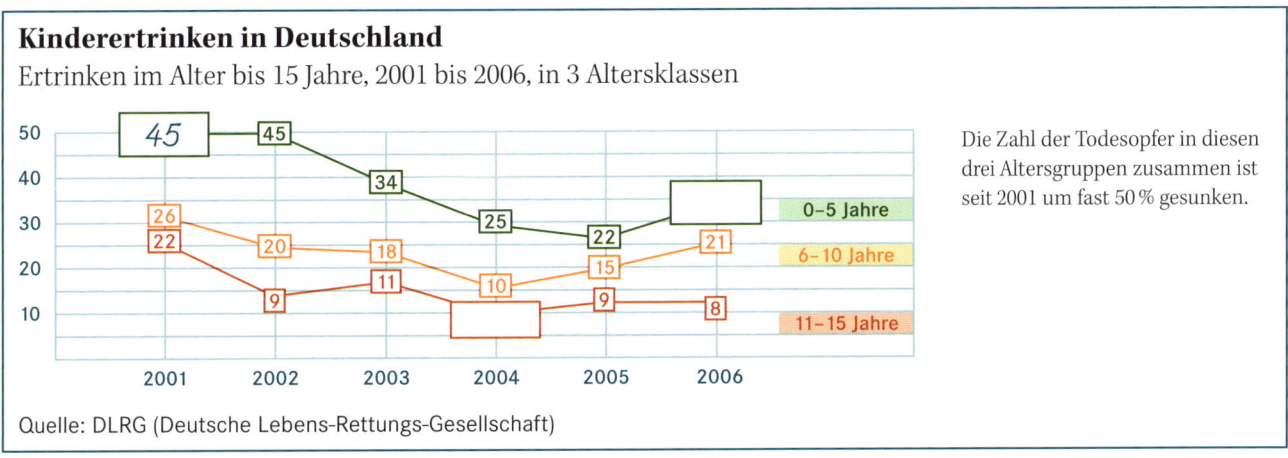

Kinderertrinken in Deutschland
Ertrinken im Alter bis 15 Jahre, 2001 bis 2006, in 3 Altersklassen

Die Zahl der Todesopfer in diesen drei Altersgruppen zusammen ist seit 2001 um fast 50 % gesunken.

Quelle: DLRG (Deutsche Lebens-Rettungs-Gesellschaft)

1 Ergänze die Zahlen vom Rand in den Lücken der Grafik.

8, ~~45,~~ 29

2 Was kann man an den Zahlen der Grafik ablesen?
Kreuze zwei richtige Antworten an.

☐ Wie viele Kinder pro Jahr in Deutschland schwimmen lernen.
☐ Wie viele Kinder pro Jahr in Deutschland ertrunken sind.
☐ Die Zahl der Todesopfer ist in den Jahren 2001 bis 2006 gesunken.
☐ Die Zahl der Todesopfer ist in den Jahren 2001 bis 2006 angestiegen.

3 a. Um was für eine Grafik handelt es sich oben?
Kreuze an.

Kreisdiagramm ☐   Kurvendiagramm ☐

4 In welchem Jahr sind die wenigsten Kinder ertrunken? Ergänze den Satz.
Tipp: Addiere dazu die Angaben zu den drei Altersklassen für jedes Jahr.

Im Jahr _____ sind zum Glück nur _____ Kinder ertrunken.

5 a. Lies die Aussage neben der Grafik. Sie ist nicht genau.

b. Welche Prozentzahl ist genauer? Kreuze an.   ☐ 40 %   ☐ 60 %
Tipp: Addiere jeweils die Zahlen für 2001 und für 2006.

6 Fasse die Aussagen der Grafik in einem kurzen Text zusammen.
Ergänze dazu den folgenden Lückentext. Schreibe in dein Heft.
Verwende deine Ergebnisse aus den Aufgaben 1 bis 5.
Du kannst auch die Angaben vom Rand verwenden.

Die Grafik mit der Überschrift ▮ stammt von der ▮. Sie stellt in Form eines ▮ dar, wie viele ▮ in den Jahren ▮ ertrunken sind.
An der Grafik kann man ablesen, dass die Zahl der Todesopfer von ▮ bis 2006 abgenommen hat. So sind im Jahr 2006 ▮ Kinder weniger ertrunken als im Jahr 2001. Die Zahl der Todesopfer ist damit in diesen Jahren um fast ▮ gesunken. Es ist jedoch beunruhigend, dass die Zahl der ertrunkenen Kinder seit ▮ wieder angestiegen ist.

DLRG, 2001 bis 2006,
Kinder, 2001, 35,
„Kinderertrinken in
Deutschland", 2005,
Kurvendiagramms, 40 %

[1] DLRG: Deutsche Lebens-Rettungs-Gesellschaft.

Dein Arbeitsauftrag

Schreibe zu dem Text „Im Winter fit machen für die nächste Badesaison"
eine Zusammenfassung. Nutze für die Zusammenfassung auch Informationen
aus der Grafik.

Dienstag, 13. Oktober 2009

Im Winter fit machen für die nächste Badesaison Martin Janssen

Bad Nenndorf. **Winterzeit** ist Ausbildungszeit. Mit diesem Motto wirbt
die Deutsche Lebens-Rettungs-Gesellschaft (DLRG) bei Eltern, in Kindergärten
und Schulen für eine frühzeitige **Schwimmausbildung der Kinder**. Sicher
schwimmen zu können, ist noch immer das **beste Mittel**, den **Ertrinkungs-**
5 **fällen** bei Kindern im Vor- und Grundschulalter **vorzubeugen**.
Nach Auffassung des größten privaten und ehrenamtlichen Anbieters
von Schwimmlehrgängen in Deutschland verfügen die meisten Hallenbäder
über gute und sichere Rahmenbedingungen für die ersten Schwimmversuche.
Allein im vergangenen Jahr haben über 250 000 Kinder, Jugendliche und
10 Erwachsene bei den Ausbildern der DLRG in über 2 200 örtlichen und
regionalen Gliederungen das Schwimmen und Rettungsschwimmen gelernt.
Die meisten Kurse und Prüfungen finden dabei in der kalten Jahreszeit statt.
Denn wer im Winter das Schwimmen lernt oder sein Können verbessert, ist
für die kommende Badesaison gut vorbereitet. Dann macht auch das Baden
15 mehr Spaß. Die Mitarbeiter der DLRG raten daher den Eltern, ihren Kindern
zu Weihnachten einen Gutschein für einen Schwimmkurs zu schenken.
Kinder können bereits im Vorschulalter ab etwa fünf Jahren mit der Anfängerschwimmausbildung beginnen. Am Ende der Ausbildung steht das beliebte
Seepferdchen, das Jahr für Jahr über 30 000 Kinder erwerben. Eltern sollten aber
20 wissen, dass die Kinder mit dem Seepferdchen noch keine sicheren Schwimmer
sind und sie deshalb im und am Wasser weiter beaufsichtigt werden müssen.
Mit Beginn der Schulzeit sollten Mädchen und Jungen das Jugendschwimm-
abzeichen ablegen, der erste Schritt zu einem sicheren Schwimmer. Auch
Wissenschaftler verschiedener Disziplinen stimmen mit der DLRG überein, dass
25 die qualifizierte Schwimmausbildung bereits in der ersten Grundschulklasse
beginnen sollte. Wer seinen Nachwuchs bei der DLRG für einen Schwimmkurs
anmelden möchte, dem reicht in aller Regel der Blick ins örtliche Telefonbuch,
denn die Lebensretter sind fast überall in der Nähe.

Die Orte des Schwimmenlernens
Auf die Frage
„Wo hast du schwimmen gelernt?"
antworteten …

- ■ Könner
- ■ Fortgeschrittene
- ■ Anfänger
- ■ Unerfahrene

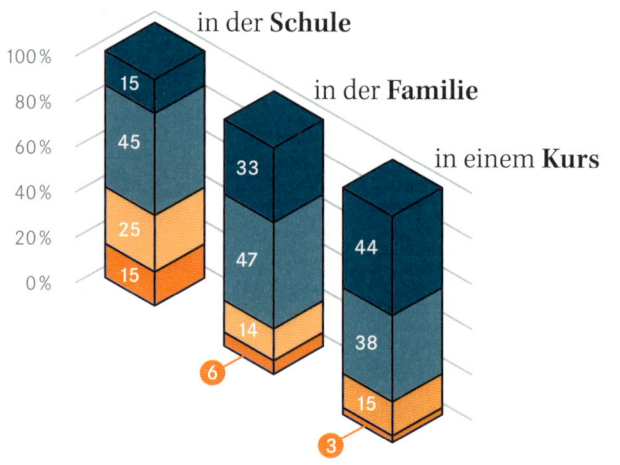

in der **Schule**
in der **Familie**
in einem **Kurs**

100 %
80 %
60 %
40 %
20 %
0 %

15
45
25
15

33
47
14
6

44
38
15
3

1 Um was für eine Grafik handelt es sich? Kreuze an.

☐ Kreisdiagramm ☐ Kurvendiagramm ☐ Säulendiagramm

2 Worum geht es in der Grafik? Schreibe einen Satz auf.

_____

_____

3 Beantworte die folgenden Fragen zu der Grafik. Trage die Zahlen am Rand ein.

a) Wie viel Prozent der Teilnehmer an Kursen bleiben Unerfahrene oder Anfänger?

a) _____ %

b) Wie viel Prozent der Teilnehmer am Schulschwimmen bleiben Unerfahrene oder Anfänger?

b) _____ %

c) Wie viel Prozent der Teilnehmer an Kursen werden Könner?

c) _____ %

d) Wie viel Prozent der Teilnehmer am Schulschwimmen werden Könner?

d) _____ %

e) Wie viel Prozent derjenigen, die in der Familie schwimmen lernen, werden Könner?

e) _____ %

4 Wo lernt man am besten schwimmen?
Schreibe die Antwort in einem ganzen Satz in dein Heft.

5 Löse jetzt deinen Arbeitsauftrag von Seite 20.
Überprüfe dein Ergebnis mit der Checkliste von Seite 17.

Überarbeite die folgende Teilzusammenfassung zu dem Text
auf den Seiten 10 bis 11.

**Zusammenfassung des Zeitschriftentextes
„Zug um Zug: Wie die Menschen schwimmen lernten"**

Der Zeitschriftentext stammt aus der Zeitschrift GEOlino, 2007.
Der Dichter Johann Wolfgang von Goethe badete im Herbst 1775 nackt
mit seinen Reisebegleitern in einem Schweizer Freibad. Dabei bewarfen
unbekannte Angreifer die Männer mit Steinen. Das Baden in freier Natur wurde
zu dieser Zeit noch als eine Sünde angesehen. Gewässer galten als Teufelszeug.
Dieser Aberglaube war im Mittelalter weit verbreitet. Priester predigten, dass
die Menschen nicht schwimmen lernen müssen, da Gott sie im Notfall über
Wasser halte. Durch diesen Irrglauben kamen viele Seeleute ums Leben.

_____
_____
_____
_____
_____
_____
_____

6 In der Einleitung fehlt eine Angabe und eine andere Angabe ist unvollständig.
Finde die Angaben auf Seite 10 und schreibe sie auf.

_____   _____

7 Die Zusammenfassung enthält zwei sachliche Fehler.
a. Finde die zwei Fehler in den ersten drei Zeilen und streiche sie durch.
b. Schreibe die richtigen Angaben von Seite 10 auf die Linien.

_____   _____

8 Die Zusammenfassung steht noch nicht im Präsens.
Schreibe für die durchgestrichenen Präteritumformen
passende Präsensformen auf die Linien am Rand.

9 Schreibe die überarbeitete Teilzusammenfassung in dein Heft.

Gesamtpunktzahl:

Punkte

☐ /3 Punkte
☐ /3 Punkte
☐ /10 Punkte
☐ /3 Punkte
☐ /50 Punkte
☐ /2 Punkte
☐ /2 Punkte
☐ /7 Punkte
☐ /15 Punkte
☐ /95 Punkte

Einen Versuch beschreiben

Versuche beschreibst du genau und erklärst das Ergebnis.

Einen Versuch beschreiben
– Wähle eine treffende **Überschrift** aus. Häufig ist das die Versuchsfrage.
– Beschreibe in einem **Einleitungssatz, was** du mit dem Versuch **herausfinden** oder untersuchen möchtest.
– Nenne alle **Materialien**, die du für den Versuch benötigst.
– **Beschreibe** den **Aufbau** und die **Durchführung** des Versuchs sowie die **Beobachtungen genau**. Beachte dabei die Reihenfolge.
– Formuliere und erkläre das **Ergebnis** des Versuchs.
Eine Versuchsbeschreibung wird im **Präsens** geschrieben.
Sie kann in der **unpersönlichen Form** mit **man** oder im **Passiv** stehen.

Dein Arbeitsauftrag

Verfasse zu den Bildern eine Versuchsbeschreibung in der **man-Form**. Berücksichtige dabei folgende Punkte:
– Nenne das Ziel des Versuchs in einem Satz.
– Beschreibe genau die Materialien, den Versuchsaufbau und die Beobachtungen bei der Durchführung des Versuchs.
– Formuliere das Versuchsergebnis und erkläre es. Überarbeite deine Beschreibung mithilfe einer Checkliste.

Eine Aufgabe genau verstehen
➤ S. 8–9

Versuchsfrage: Kann man Wasser mit Sonnenenergie reinigen?

1 Die Materialien
2 3 4 Der Versuchsaufbau
5 Der Versuch
6 Das Ergebnis

nach kurzer Zeit   etwas später

1 **a.** Lies die Arbeitstechnik und den Arbeitsauftrag genau.
b. Schreibe in dein Heft, was du tun sollst.
Du kannst die Wörter und Wortgruppen vom Rand verwenden.

Zuerst nenne ich ...
Danach beschreibe ich ...
Dann formuliere ich ...
Zum Schluss erkläre ich ...

Die Versuchsbeschreibung planst und schreibst du in sechs Schritten.

Schritte 1 und 2: Die Überschrift und die Einleitung schreiben

2 Schreibe eine passende Überschrift auf die Linie.
Verwende die Versuchsfrage aus der Klassenarbeit oder
formuliere eine eigene Überschrift mit Wörtern vom Rand.

_____

3 Beschreibe im Einleitungssatz, was man mit dem Versuch herausfinden
oder untersuchen möchte. Verwende dazu Wörter aus der Versuchsfrage.

Mit dem Versuch untersucht man, ob _____

_____

Schritt 3: Die Materialien aufzählen

4 Schreibe alle Materialien auf, die man für den Versuch benötigt.

Für den Versuch benötigt man eine große Glasschüssel, _____

_____

_____

Schritt 4: Den Versuchsaufbau beschreiben

5 Welche Stichworte gehören zu welcher Abbildung?
Ergänze die Nummern.

2	Glasschüssel, etwas Wasser, viel Salz und Pfeffer, die Flüssigkeit
	Wasserglas in die Mitte der Schüssel, Thermometer innen am Schüsselrand
	mit durchhängender Frischhaltefolie, kleinen Kieselstein, genau über dem Wasserglas, zweites Thermometer außen an der Schüssel

6 Beschreibe den Versuchsaufbau genau und in ganzen Sätzen im Heft.
Du kannst die Wörter vom Rand verwenden.

> **Starthilfe**
> Zuerst füllt man in die Glasschüssel etwas Wasser ...

Schritt 5: Die Versuchsdurchführung beschreiben

7 **a.** Sieh dir die Bilder 5 und 6 noch einmal an.
b. Beschreibe den Vorgang auf Bild 5 besonders genau.
Ergänze den folgenden Text. Schreibe in dein Heft.
Du kannst die Wörter und Wortgruppen vom Rand verwenden.

Nach kurzer Zeit erkennt man auf den beiden ▉▉, dass die Temperatur
in der Schüssel ▉▉ ist als ▉▉ der Schüssel. Etwas später erkennt man,
dass ▉▉ ▉▉ von innen beschlägt und sich ▉▉ an ihrer Unterseite bilden.
Man sieht, dass die Wassertropfen in der Mitte unter dem ▉▉ zusammenlaufen und in ▉▉ ▉▉ fallen. Nach einigen ▉▉ hat sich so viel sauberes ▉▉
in dem Wasserglas gesammelt, dass man einen ▉▉ trinken kann.

Randspalten:

Wasserreinigung, Wasser, Sonnenlicht, Sonnenenergie, Sonnenwärme, Sonnenkraft, herstellen, reinigen

füllt man, streut man, mischt man, stellt man (2 x), befestigt man (2 x), deckt man ab, legt man

zunächst, zuerst, danach, später, nun, gleichzeitig, dann, zum Schluss, zuletzt, außerdem

das Wasserglas, Stunden, außerhalb, Kieselstein, Wasser, Thermometern, Schluck, die Frischhaltefolie, höher, Wassertropfen

Schritt 6: Das Versuchsergebnis formulieren und erklären

8 Formuliere das Ergebnis des Versuchs.
Ergänze dazu den folgenden Text mit den Wörtern vom Rand.

Der Versuch _____, dass man mit _____ aus

_____ Wasser _____ Trinkwasser

_____ kann.

herstellen,
ungenießbarem,
Sonnenenergie,
sauberes, zeigt

9 Erkläre das Ergebnis des Versuchs.
Ergänze dazu den folgenden Text mit den Wörtern vom Rand.

Die Sonnenenergie erwärmt das _____ in der abgedeckten

_____, sodass es _____. Die Wasserteilchen können

nicht aus der Schüssel _____. Weil die Außentemperatur

_____ ist als unter der _____, kondensieren die Wasser-

teilchen an der Folie als _____. Diese

sammeln sich unter dem Kieselstein und _____ in das daruntergestellte

_____ .

fallen, Schüssel,
Wasserglas, Wasser,
niedriger,
Wassertropfen,
verdunstet, Folie,
entweichen

10 **a.** Schreibe die vollständige Versuchsbeschreibung als Ergebnis
des Arbeitsauftrags in dein Heft.
– Verwende dabei deine Ergebnisse zu den Aufgaben 2 bis 9.
– Beachte die sechs Schritte und die Arbeitstechnik auf Seite 22.
– Bearbeite jeden Schritt in einem eigenen Absatz.
– Schreibe die Versuchsbeschreibung in der **man-Form**.
Tipp: Die Erklärung des Ergebnisses steht nicht in der **man-Form**.
Du kannst dich an Aufgabe 9 orientieren.
b. Überarbeite deine Versuchsbeschreibung mithilfe der Checkliste.

Starthilfe

Kann man Wasser mit Sonnenenergie reinigen?
Mit dem Versuch wird untersucht, ob man ...

Checkliste: Versuchsbeschreibung	ja	nein
Habe ich eine **Überschrift** und einen **Einleitungssatz** formuliert?	☐	☐
Habe ich alle **Materialien** vollständig aufgeschrieben?	☐	☐
Habe ich den **Versuchsaufbau** genau und in der richtigen Reihenfolge beschrieben?	☐	☐
Habe ich die **Durchführung** und das **Ergebnis** genau beschrieben?	☐	☐
Habe ich das **Versuchsergebnis** verständlich erklärt?	☐	☐
Habe ich **abwechslungsreiche Satzanfänge** verwendet?	☐	☐
Habe ich im **Präsens** geschrieben?	☐	☐
Habe ich die **man-Form** (oder das **Passiv**) verwendet?	☐	☐
Ist meine Versuchsbeschreibung so genau, dass man den Versuch ohne die Bilder durchführen kann?	☐	☐

Z 11 Erkläre das Wort „Kondensation" mithilfe des Textes aus Aufgabe 9.
Du kannst dabei die Wörter und Wortgruppen vom Rand verwenden.

Starthilfe

Der Begriff „Kondensation" bezeichnet einen Vorgang, bei dem ...

Wasserdampf,
durch Abkühlung an
einer kalten Fläche
oder kalten Luftschicht,
Wassertropfen

Die Versuchsbeschreibung im Passiv schreiben

mehr zum Passiv
➤ S. 74

> **Merkwissen**
>
> Das **Passiv** beschreibt, was mit einer Person oder einem Gegenstand
> getan wird. Die **Tätigkeit ist wichtig**, nicht, wer sie ausführt.
> Das Passiv wird z. B. in Versuchsbeschreibungen verwendet.
> **Passiv:** Der Versuchsaufbau **wird** in die Sonne **gestellt**.

1 a. Welcher der beiden folgenden Sätze steht im Passiv? Kreuze an.
   b. Markiere in dem Satz die Form von **werden** und das **Verb**.

☐ Durch die Sonnenenergie wird das Wasser in der Schüssel erwärmt.
☐ Die Sonnenenergie erwärmt das Wasser in der Schüssel.

2 Überarbeite die folgende Versuchsbeschreibung. Verwende das Passiv.
   a. Ergänze auf den Linien passende Passivformen vom Rand.
   b. Viele Sätze stehen in der **Ich-Form**.
      – Streiche **ich** und die dazugehörigen Verbformen durch.
      – Schreibe dafür passende Passivformen an den Rand.
   c. Markiere alle bereits vorhandenen Passivformen im Text.

> gereinigt werden,
> werden benötigt,
> wird untersucht

Überschrift: Kann Wasser mit Sonnenenergie gereinigt werden ?

Einleitung: Mit dem Versuch _____ _____ , ob Wasser mit

Sonnenenergie _____ _____ kann.

Materialien: Für den Versuch _____ diese Materialien _____ :
Wasser, eine große Glasschüssel, Salz, Pfeffer, Frischhaltefolie, ein kleiner
5 Kieselstein, ein kleines Wasserglas, zwei Thermometer und zwei Saughaken.

Versuchsaufbau: Zuerst ~~fülle ich~~ in die Glasschüssel etwas Wasser und ~~streue~~
viel Salz und Pfeffer ~~hinein~~. Dann mische ich die Flüssigkeit. Danach stelle ich
das Wasserglas in die Mitte und befestige ein Thermometer mit Saughaken
innen am Schüsselrand. Nun wird die Schüssel mit einer leicht durchhängenden
10 Frischhaltefolie abgedeckt und ich lege in die Mitte genau über dem Wasserglas
einen kleinen Kieselstein. Dann stelle ich den Versuchsaufbau in die Sonne.
Zum Schluss lege ich ein zweites Thermometer neben die Schüssel.

wird gefüllt ...

hineingestreut

_____

_____

_____

Versuchsdurchführung: Nach kurzer Zeit wird auf den beiden Thermometern
beobachtet, dass die Temperatur in der Schüssel höher ist als außerhalb der
15 Schüssel. Etwas später wird beobachtet, dass die Folie von innen beschlägt
und sich Wassertropfen an ihrer Unterseite bilden. Es ist zu erkennen, dass
die Wassertropfen unter dem Kieselstein zusammenlaufen und in das Wasserglas fallen. Nach einigen Stunden hat sich so viel Wasser in dem Wasserglas
gesammelt, dass ein Schluck getrunken werden kann.

20 **Ergebnis:** Mit dem Versuch zeige ich, dass mit Sonnenenergie aus
ungenießbarem Wasser sauberes Trinkwasser hergestellt werden kann.

Erklärung: Mit Sonnenenergie erwärme ich das Wasser in der abgedeckten
Schüssel, sodass es verdunstet. Die Wasserteilchen können wegen der Folie
nicht aus der Schüssel entweichen. Weil die Außentemperatur niedriger ist als
25 unter der Folie, kondensieren die Wasserteilchen an der Folie zu Wassertropfen.
Diese sammeln sich unter dem Kieselstein und fallen in das Wasserglas.

_____

_____

3 Schreibe die vollständige Versuchsbeschreibung im Passiv in dein Heft.
   Überprüfe die Versuchsbeschreibung mit der Checkliste auf Seite 24.

Das kann ich! – Versuche beschreiben

1 Kreuze die richtigen Antworten an.
Achtung: Es können mehrere Antworten richtig sein.

☐ a) Eine Versuchsbeschreibung wird im **Passiv** geschrieben.

☐ b) Eine Versuchsbeschreibung wird in der **Ich-Form** geschrieben.

☐ c) Eine Versuchsbeschreibung wird in der **man-Form** geschrieben.

☐ d) Eine Versuchsbeschreibung wird in der **Er-/Sie-Form** geschrieben.

2 **a.** Ergänze auf den Linien hinten passende Verben vom Rand.
b. Ergänze bei einem Schritt vorne die richtige Bezeichnung.
c. Bringe die Schritte in die richtige Reihenfolge. Nummeriere sie.

~~formulieren,~~
wählen,
stellen,
nennen,
erklären,
beschreiben

Schritte der Versuchsbeschreibung

____ Das Ergebnis _formulieren_ und _____

4 + 5 Den Versuchsaufbau und die Durchführung _____

____ Die Materialien _____

_1_ Die Überschrift _____

____ In der _____ die Versuchsfrage _____

3 **a.** Schreibe die folgenden Sätze in der **man-Form** in dein Heft.
b. Schreibe die gleichen Sätze im **Passiv** in dein Heft.
Die benötigten Verbformen findest du am Rand.

Ich lege zuerst sämtliche Materialien auf den Tisch.
Dann baue ich den Versuch genau nach der Anleitung auf.
Nun beobachte ich, was passiert.
Am Schluss notiere ich das Versuchsergebnis.

wird (3x),
werden,
beobachtet,
gelegt,
notiert,
gebaut

4 Vervollständige die folgende Checkliste.
Du benötigst sie für Aufgabe 6 auf Seite 27.

Checkliste: Versuchsbeschreibung	ja	nein
Habe ich eine **Überschrift** und einen **Einleitungssatz** formuliert?	☐	☐
Habe ich alle _____ vollständig aufgeschrieben?	☐	☐
Habe ich den _____ genau und in der richtigen Reihenfolge beschrieben?	☐	☐
Habe ich die **Durchführung** und das **Ergebnis** genau beschrieben?	☐	☐
Habe ich das _____ verständlich erklärt?	☐	☐
Habe ich **abwechslungsreiche** _____ verwendet?	☐	☐
Habe ich im **Präsens** geschrieben?	☐	☐
Habe ich die _____ oder das **Passiv** verwendet?	☐	☐
Ist meine Versuchsbeschreibung so genau, dass man den Versuch ohne die Bilder durchführen kann?	☐	☐

Carina hat aus Salzwasser erfolgreich Trinkwasser hergestellt.
Du überarbeitest ihre Versuchsbeschreibung.

Wie ich Salzwasser genießbar machte

Für diesen Versuch benötigt man folgende Materialien:
einen Wasserkessel mit Pfeife, einen Handschuh-Topflappen, ein Pfund Salz.

Ich füllte etwa einen halben Liter Wasser in einen Kessel. Dann fügt man viel
Salz hinzu. Dann probierte ich die Mischung. Sie schmeckt unerträglich salzig.
5 Dann setzt man den Deckel auf den Wasserkessel und bringt das Salzwasser
zum Kochen. Dann streifte ich einen Handschuh-Topflappen über die Hand.
Das ist wichtig, weil der Dampf sehr heiß ist. Dann stellte ich ein Glas unter
die Tülle des Wasserkessels.
Das Ergebnis ist leicht zu erklären, denn beim Kochen verdampft nur das Wasser
10 und nicht das Salz. Das Salz bleibt im Kessel.
Sobald das Wasser kocht und aus der Tülle Dampf austritt, hielt ich einen Löffel
in den Dampf. Man kann beobachten, dass der Dampf sofort kondensiert und
sich am Löffel Wassertropfen bilden, die dann in das Glas tropfen. Ich probierte
einen kleinen Schluck Wasser aus dem Glas. Dadurch stellt man als Ergebnis
15 fest, ob die Entsalzung funktioniert hat.

Achtung: Fehler!

5 **a.** Sieh die Bilder an und lies Carinas Versuchsbeschreibung. /2 Punkte
b. Welche Materialien fehlen? Schreibe sie auf.

6 **a.** Prüfe, welcher der sechs Schritte einer Versuchsbeschreibung fehlt. /2 Punkte
b. Schreibe für diesen Schritt einen Satz in dein Heft.

7 **a.** Ein Schritt der Versuchsbeschreibung steht an der falschen Stelle. /2 Punkte
b. Wohin gehören die beiden Sätze? Zeichne einen Pfeil an den Rand.

8 **a.** Ein Satzanfang wiederholt sich fünfmal. /4 Punkte
Streiche diesen Satzanfang viermal durch.
b. Schreibe dafür abwechslungsreiche Satzanfänge an den Rand.

9 Carina hat an vielen Stellen das **Präteritum** in der **Ich-Form** verwendet. /12 Punkte
Markiere **ich** und alle **Verbformen im Präteritum**.

10 **a.** Überarbeite die Versuchsbeschreibung. Schreibe in dein Heft. /12 Punkte
– Verwende deine Ergebnisse aus den Aufgaben 5 bis 8. /12 Punkte
– Ersetze alle markierten Verben durch die **man-Form im Präsens**.
b. Überprüfe dein Ergebnis mit der Checkliste auf Seite 26. /9 Punkte

Gesamtpunktzahl dieser Seite: /55 Punkte
Gesamtpunktzahl vorheriger Seite: /25 Punkte
Versuche beschreiben – Gesamtpunktzahl: /80 Punkte

Stellung nehmen

Zu dem folgenden Thema nimmst du in einem Brief Stellung.

Anne Helling
Gemeinschaftsschule Süsel
Am Schulzentrum 3
23456 Süsel

Süsel, 20. 5. 2010

Eltern und Schüler/Schülerinnen
der Klasse 7 a
Gemeinschaftsschule Süsel

Elektronische Geräte auf der Klassenfahrt

Liebe Eltern, liebe Schülerinnen und Schüler,

nach eingehender Diskussion mit den beteiligten Lehrkräften haben
wir beschlossen, für die anstehende Klassenfahrt ein Verbot der Nutzung
von elektronischen Geräten zu verhängen, da der Gebrauch von Handys,
5 MP3-Playern und Spielkonsolen das soziale Leben auf einer Klassenfahrt
beeinträchtigt. Nach Erfahrung vieler Lehrkräfte sind die Schülerinnen
und Schüler auf der Klassenfahrt zunehmend durch Anrufe, SMS-Schreiben
und Musikhören abgelenkt. Des Weiteren gab es in der Vergangenheit
bereits Fälle von Handymobbing und auch Diebstahl der Geräte.

10 Ich hoffe auf Ihr bzw. euer Verständnis und verbleibe
mit freundlichen Grüßen

Anne Helling
Klassenlehrerin

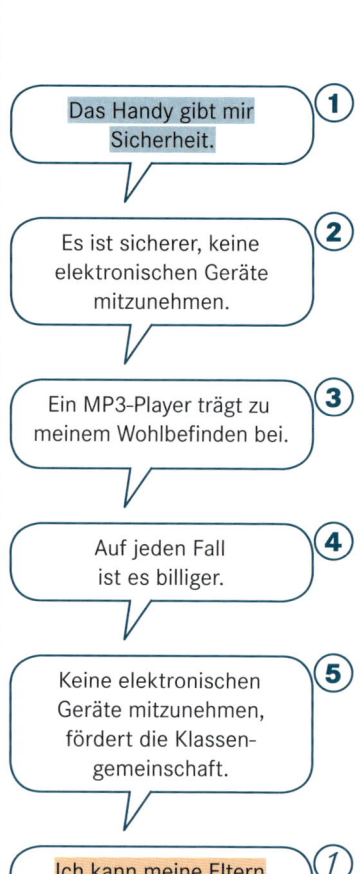

1 Lies den Brief genau. Beantworte die folgenden Fragen in deinem Heft.
A Wer hat den Brief geschrieben?
B An wen richtet sich der Brief?
C Was wird auf der Klassenfahrt verboten?

In dem Brief gibt es eine Behauptung und Argumente.

> **Merkwissen**
>
> Du kannst **andere überzeugen**, wenn du deinen Standpunkt
> (deine Meinung) mit Argumenten begründest.
> **Behauptung (Meinung):** MP3-Player stören die Klassengemeinschaft.
> **Argument (Begründung):** Man hört Musik, statt sich zu unterhalten.

2 **a.** Lies das Merkwissen.
b. Markiere in dem Brief die **Behauptung** der Klassenlehrerin blau.
c. Markiere in dem Brief die **Argumente** rot.
d. Schreibe die Behauptung und die Argumente in dein Heft.

Auf dem Schulhof gibt es unterschiedliche Meinungen zu dem Brief.

3 **a.** Lies die Sprechblasen am Rand.
b. Welche zwei Sprechblasen gehören jeweils inhaltlich zusammen?
Nummeriere jeweils die zweite Sprechblase mit der gleichen Zahl.
c. Markiere Sprechblasen mit **Behauptungen** blau.
d. Markiere Sprechblasen mit **Argumenten** rot.

Argumente kannst du nach Pro (für) und Kontra (gegen) ordnen.

4 **a.** Ordne die Argumente aus den Sprechblasen nach Pro (für ein Verbot) und Kontra (gegen ein Verbot). Übernimm die Tabelle in dein Heft. Schreibe dabei Behauptung und Argument (Begründung) zusammen auf.

b. Ergänze in beiden Spalten der Tabelle jeweils ein eigenes Argument.

Starthilfe

Pro (für ein Verbot)	Kontra (gegen ein Verbot)
– Es ist sicherer, keine elektronischen Geräte mitzunehmen. Man muss nicht ständig auf sie aufpassen. – ...	– ... – ...

Bevor du eine eigene Stellungnahme schreibst, musst du deinen Arbeitsauftrag genau verstehen.

Dein Arbeitsauftrag

Schreibe eine Stellungnahme in Form eines Briefes zu der Frage: Sollten elektronische Geräte auf Klassenfahrt verboten werden?
– Entscheide dich für einen Standpunkt und begründe ihn mit drei Argumenten.
– Verwende mindestens ein Argument aus dem Brief oder aus den Sprechblasen von Seite 28.
– Adressiere deinen Brief an die Klassenlehrerin der Klasse 7a.

5 **a.** Lies deinen Arbeitsauftrag und die Arbeitstechnik genau.

b. Kreuze zu den folgenden Fragen die jeweils richtige Antwort an.

A Zu welchem Thema sollst du Stellung nehmen?
☐ Ein Verbot von elektronischen Geräten im Unterricht.
☐ Ein Verbot von elektronischen Geräten auf Klassenfahrten.

B Was bedeutet „eine Stellungnahme schreiben"?
☐ Ich begründe mehrere Argumente mit meiner Meinung.
☐ Ich begründe meinen Standpunkt mit mehreren Argumenten.

C In welcher Form sollst du die Stellungnahme schreiben?
☐ E-Mail   ☐ Brief   ☐ Zeitungsartikel

6 Schreibe in dein Heft, was du tun sollst.
Verwende dazu deine Antworten aus Aufgabe 5 c.
Die Fragen am Rand helfen dir.

Arbeitstechnik

Eine Stellungnahme schreiben
In einer Stellungnahme begründest du deinen Standpunkt mit Argumenten. Die Stellungnahme besteht aus einer Einleitung, einem Hauptteil und einem Schluss.
– Beschreibe in der **Einleitung**, zu welcher Angelegenheit oder Frage du Stellung nimmst.
– Begründe im **Hauptteil** deinen Standpunkt mit Argumenten. Führe mindestens drei Argumente an. Dein stärkstes Argument solltest du zuletzt anführen. Du kannst deine Argumente mit Beispielen veranschaulichen.
– Fasse deinen Standpunkt am **Schluss** noch einmal zusammen.

> Was sollst du schreiben?
> Welche Form sollst du wählen?
> Zu welchem Thema sollst du schreiben?
> Wofür sollst du dich entscheiden?
> Womit sollst du etwas begründen?
> Was sollst du dazu verwenden?
> An wen sollst du deine Arbeit adressieren?

In einem Brief Stellung nehmen

Du hast dich für oder gegen ein Verbot von elektronischen Geräten auf Klassenfahrten entschieden.

1 Gib in der **Einleitung** deiner Stellungnahme das Thema an.
Ergänze passende Wörter oder Wortgruppen vom Rand.

Auf der _Klassenfahrt_ der Klasse 7a sollen _____

(nicht) verboten werden, weil sie _____

_____ .

~~Klassenfahrt,~~
beeinträchtigen,
nur Handys und
Spielkonsolen,
elektronische Geräte,
die Lehrkräfte,
das soziale Leben

Behauptungen und Argumente sollst du sprachlich sinnvoll verbinden.

2 Verbinde die Argumente **A** und **B** jeweils sinnvoll. Schreibe in dein Heft.
Verwende folgende Konjunktionen: **denn, weil, deswegen, daher, da**.

- **A** Ohne Handy ist es billiger. Die Telefonkosten sind hoch,
  wenn man immer zu Hause anruft.

- **B** Das Handy gibt mir Sicherheit. Ich kann meine Freunde und Eltern anrufen.

mehr zu Konjunktionen
➤ S. 80–81

Starthilfe

Ohne Handy ist es billiger,
da …

3 Schreibe den **Hauptteil** deiner Stellungnahme in dein Heft.
- Begründe deinen Standpunkt mit mindestens drei Argumenten.
- Du kannst Argumente aus dem Brief und aus den Sprechblasen verwenden.
- Führe dein stärkstes Argument zum Schluss an.
Du kannst die Wortgruppen vom Rand verwenden.

Starthilfe

Ich bin gegen/für das Verbot und werde meinen Standpunkt näher erläutern.
Erstens …

Ich finde, dass …
Aus meiner Erfahrung …
Ich glaube nicht, dass …
Meiner Meinung nach …
Ich denke, dass …
Meiner Ansicht nach …
Ein weiteres Argument
dafür/dagegen ist …

4 Schreibe den **Schluss** deiner Stellungnahme.
Du kannst den folgenden Lückentext verwenden oder die Wörter
und Wortgruppen vom Rand. Schreibe in dein Heft.

Die angeführten ▮ machen meinen ▮ deutlich, dass es (nicht) sinnvoll ist,
▮ auf der Klassenfahrt der Klasse 7 a zu ▮ .

Abschließend möchte
ich festhalten, dass …
Zum Schluss stelle ich
fest, dass …

Deine Stellungnahme richtest du in einem Brief an die Klassenlehrerin.

5 Ergänze den ersten Satz des Briefes mit passenden Wortgruppen.

erhalten und gelesen, zur Kenntnis genommen, nicht gelesen

Sehr geehrte Frau Helling,

ich habe Ihren Brief _____ .

Die Arbeitstechnik
„Einen offiziellen Brief
schreiben" findest du auf
der hinteren Klappe.

6 **a.** Beschrifte einen Briefbogen mit einem vollständigen Briefkopf.
- Verwende das aktuelle Datum und deine Adresse als Absender.
- Übernimm Empfängeradresse und Betreff aus dem Brief auf Seite 28.
b. Beginne den Brief mit der Anrede und dem Satz aus Aufgabe 5.
c. Schreibe deine Stellungnahme aus den Aufgaben 1 bis 4 darunter.
d. Beende deinen Brief mit der Grußformel und der Unterschrift.
e. Prüfe, ob du das Anredepronomen **Sie (Ihr, Ihre)** großgeschrieben hast.
f. Überprüfe deinen Brief mit der Checkliste von Seite 31 unten.

Eine Stellungnahme (Brief) überarbeiten

Die Klasse 7 b ist für ein Verbot von elektronischen Geräten auf ihrer Klassenfahrt. Ihr Brief an den Klassenlehrer muss überarbeitet werden.

Jonna, Carl, Thea, Per usw.   30. 5. 2010

An Jens-Peter Lustig

23456 Süsel

Hallöchen Herr Lustig,

wir finden es gut, dass elektronische Geräte auf der Klassenfahrt der Klasse 7 a verboten sind. Das Mitnehmen von Handys usw. finden wir auch schlecht, wegen unsozial. Wenn keiner elektronische Geräte dabei hat, wird auch niemand mehr dafür gedisst, dass er sich keinen MP3-Player oder keine Spielkonsole nicht besorgen kann. Und man muss keine Muffe mehr haben, dass man heimlich fotografiert wird.
Wir möchten, dass auf unserer nächsten Klassenfahrt dieses Zeug ebenfalls verboten wird.

Ihre Klasse 7b

Klasse 7b

(Adresse fehlt)

1 a. Lies den Brief und achte dabei auf die markierten Fehler.
   b. Welche Angaben fehlen an den rot markierten Stellen? Kreuze an.

☐ Anrede ☐ Gruß ☐ Adresse ☐ Straße ☐ Betreff ☐ Ort ☐ Datum

2 Ersetze die blau markierten Stellen durch bessere Formulierungen.
Schreibe Vorschläge auf die Linien daneben.
Die Wörter und Wortgruppen am Rand helfen dir.

> weil es … ist, ausgelacht, verspottet, sich leisten können, Angst, Sorge, sehr geehrter

3 a. Markiere im Brief drei Argumente rot.
   b. Überarbeite die drei Argumente. Formuliere die Begründungen neu.
      Verwende keine Umgangssprache. Schreibe in dein Heft.

4 a. Überarbeite den Brief vollständig. Schreibe auf einen Briefbogen.
   b. Überprüfe dein Ergebnis mit der Checkliste.

Checkliste: In einem Brief Stellung nehmen	ja	nein
Habe ich die Adressen von **Absender** und **Empfänger** genannt?	☐	☐
Habe ich **Ort**, **Datum** und **Anrede** verwendet?	☐	☐
Habe ich einen **Betreff** eingefügt?	☐	☐
Habe ich den **Grund** oder den **Anlass** des Briefes genannt?	☐	☐
Habe ich **meinen Standpunkt** geäußert?	☐	☐
Habe ich mindestens **drei Argumente** angeführt?	☐	☐
Steht mein **wichtigstes Argument** am **Schluss**?	☐	☐
Habe ich am Ende meinen **Standpunkt** zusammengefasst?	☐	☐
Endet mein Brief mit der **Grußformel** und meiner **Unterschrift**?	☐	☐
Habe ich die **Rechtschreibung** überprüft?	☐	☐

Das kann ich! – Stellung nehmen

Dein Arbeitsauftrag

Überzeuge die Parallelklasse 7 c von der Aktion „Keine Süßigkeiten auf der Klassenfahrt". Schreibe eine Stellungnahme in Form eines Briefes. Nutze dazu die Materialien auf dieser Seite.
- Begründe den vorgegebenen Standpunkt mit mindestens drei Argumenten. Dabei darfst du auch eigene Argumente verwenden.
- Beachte alle formalen Anforderungen an einen offiziellen Brief.
- Adressiere deinen Brief an die Klasse 7 c, Stadtparkschule Lübeck, Schulstr. 5, 56789 Lübeck.
- Verwende für den Absender die Anschrift deiner Schule.

Die Klasse 7 b plant eine Klassenfahrt ohne Süßigkeiten.
Sie möchte auch die Parallelklasse 7 c von ihrer Aktion überzeugen.

1 Lies den Handzettel der Klasse 7 b und den Zeitschriftenausschnitt.

Ohne Süßigkeiten geht's auch!

Beteiligt euch mit eurer Klasse an der Aktion „Eine Klassenfahrt ohne Süßigkeiten ist gesünder" und gewinnt einen von vielen tollen Preisen!
Warum ihr das tun solltet? Dafür gibt es viele Gründe!
- Ihr verringert die Gefahr von Karies und anderen Zahnkrankheiten.
5 - Ihr werdet nicht dicker.
- Zucker macht nur kurz satt.
- Ihr schärft euer Körperbewusstsein.
- Durch den Verzicht werdet ihr stark.
- Ihr spart Geld.
10 - Ihr könnt Müll vermeiden.
- Eine gesunde Ernährung ergänzt euer sportliches Programm.

Lecker, aber ungesund

Wer häufig Süßes isst oder auch salzige Snacks, kann gesundheitliche Probleme bekommen. Da Schokolade
5 und Kuchen nicht nur süß, sondern auch fett sind, Chips und andere Snacks teilweise n[…] fett, riskiert man Übergewicht. Die überwiegend gesättigten Fe[…]
10 säuren (ungesundes Fett), die darin enthalten sind, sind ungünstig für unsere Gesundhe[…] Außerdem liefern Süßigkeiten und Snacks niemals so viele
15 Vitamine und Mineralstoffe wie Gemüse, Obst und die übrigen Grundnahrungsmittel.

2 **a.** Markiere im Handzettel und im Zeitschriftenausschnitt je zwei überzeugende Argumente rot.
b. Ergänze die folgenden Sätze mit je einem Argument.

Eine Klassenfahrt ohne Süßigkeiten ist gut, da _____

_____

Außerdem _____

_____

Auf Süßigkeiten zu verzichten hat auch den Vorteil, dass _____

_____

Mithilfe deiner Ergebnisse bearbeitest du den Arbeitsauftrag.

3 Lies den Arbeitsauftrag oben genau, bevor du anfängst zu arbeiten.
Tipp: Notiere zuerst Argumente und schreibe dann die Stellungnahme vor. Schreibe danach den ganzen Brief ordentlich auf einen Briefbogen.

/4 Pu[…]

/6 Pu[…]

/34 Pu[…]

Gesamtpunktzahl dieser Seite: ☐ /44 Pu[…]

Einige Schüler sind mit der Aktion nicht einverstanden.
Du überarbeitest ihren Antwortbrief.

Max Falck (Klassensprecher)
Klasse 7 c der Stadtparkschule
Schulstr. 5
56789 Lübeck

Moin Klasse 7 b,

wir wollen mit euch auf Klassenfahrt. Aber wir möchten da doch Süßigkeiten essen, weil wir das zu Hause auch machen. Denn das trägt zu unserem Wohlbefinden bei. Außerdem sind wir alle schlank, und gemeinsam Süßigkeiten zu essen, macht Spaß!

CU
Max, Klasse 7c

4 **a.** Markiere in dem Brief vier **Argumente** rot.
    b. Ergänze den folgenden Satz mit einem eigenen Argument.

Ich bin der Meinung, dass Süßigkeiten auf der Klassenfahrt erlaubt sein

sollten, da _____ .

/4 Punkte
/2 Punkte

5 Im Brief fehlen drei formale Angaben.
    a. Überprüfe alle Angaben vom Rand in dem Brief.
    b. Schreibe die fehlenden Angaben neben den Brief.

Absender, Datum,
Empfänger,
Betreff, Anrede,
Brieftext, Gruß,
Unterschrift

/3 Punkte

6 Zwei Stellen sind sehr umgangssprachlich formuliert. Markiere sie.

/2 Punkte

7 Schreibe den Brief neu in dein Heft.
    – Überarbeite dabei alle formalen Fehler aus den Aufgaben 5 und 6.
    – Ergänze dein eigenes Argument aus Aufgabe 4.

/ 10 Punkte

Bearbeite die folgenden Testaufgaben.

8 Ergänze die Lücken.

In einer Stellungnahme kann ich andere von meinem _____

überzeugen, indem ich gute _____ anführe.

/2 Punkte

9 Für welche Teile einer Stellungnahme treffen die folgenden Aussagen zu?
Ergänze die Wörter vom Rand auf den Linien.

1. Einleitung
2. Hauptteil
3. Schluss

Ich fasse meinen Standpunkt noch einmal zusammen. _____

Ich schreibe meine Argumente sinnvoll geordnet auf. _____

Ich schreibe, auf welches Thema ich mich beziehe. _____

/3 Punkte

10 Welche Bestandteile gehören zu einem offiziellen Brief?
Markiere die richtigen Bestandteile, streiche die falschen durch.

Bestandteile eines offiziellen Briefes: Unterschrift, Sticker, Empfänger, Zeichnung, Ort und Datum, Einleitung, Uhrzeit, Schluss, Grußformel, Anrede, Hauptteil, Foto vom Absender, Absender, Betreff

/ 10 Punkte

Gesamtpunktzahl dieser Seite:
Gesamtpunktzahl vorheriger Seite:
Stellung nehmen – Gesamtpunktzahl:

/36 Punkte
/44 Punkte
/80 Punkte

Zu Prosatexten schreiben

Zu dem folgenden Text schreibst du eine Inhaltsangabe, beschreibst eine Figur und erläuterst eine Textstelle. Dazu musst du zuerst den Text genau lesen und verstehen.

dein Arbeitsauftrag zu der Erzählung ➤ S. 36

➤ Die Arbeitstechnik „Der Textknacker" findest du in der vorderen Klappe.

1 **a.** Lies den Text mithilfe des Textknackers.
b. Schreibe in dein Heft, was dir die Überschrift verrät.

Der Boxring   Klaus Kordon

Ich war in der Nachkriegszeit Kind. Die Straße, in der ich aufwuchs, war nicht so ausgebombt wie die Nachbarstraßen. Wir hatten Glück gehabt. Gleich gegenüber der Kneipe aber, die meine Mutter bewirtschaftete, lag der Nordmarkplatz. Und daneben eine große Ruine.

5 In dieser Ruine trieben wir Kinder uns herum, bauten Höhlen aus den herumliegenden Ziegelsteinen, deckten sie mit Blech ab und verkrochen uns darin, um in kleinen Friedenspfeifen trockenes Laub zu qualmen. Die Ruine war unser Abenteuerspielplatz. Nur Weniges konnte uns fortlocken. Eines Sommers jedoch hämmerten auf dem Nordmarkplatz mehrere fünfzehn- bis achtzehn-

10 jährige Jungen vier verrostete Eisenstangen im Viereck in die Erde und spannten von Stange zu Stange ein Seil. Ein Boxring entstand. Und von nun an trafen sich die Jungen dort, um mit selbst gefertigten Boxhandschuhen aufeinander einzuschlagen. Andere Jungen spielten Publikum, feuerten die Boxer an, rauchten und lachten und riefen den Mädchen nach.

15 Meine Freunde und ich, wir bewunderten die großen Jungen, und einer fiel uns besonders auf; einer, der gar nicht boxen konnte: Harry! Harry war ziemlich dünn und bewegte sich sehr steif, und immer wenn er an der Reihe war, die Boxhandschuhe anzuziehen, dauerte es keine zwei Minuten, und er lag am Boden. Die großen Jungen, die den Ring umstanden, lachten dann jedes Mal. „Mensch,

20 Harry! Lass es lieber sein. Du schaffst es nie."
Ein anderer, viel besserer Boxer wurde Sharkie gerufen. Weil er einen schiefen Mund hatte. Shark ist englisch und bedeutet Haifisch und ganz sicher war Sharkie der talentierteste der Jungen. Immer wieder zogen seine Gegner mit einem blauen Auge, einer blutenden Nase oder aufgeplatzten Lippen ab.

25 Die meisten Jungen traten deshalb nicht gern gegen Sharkie an.
Nur Harry opferte sich jedes Mal neu.
Er tat mir leid, aber ich verstand ihn nicht: Wie konnte er sich nur immer wieder freiwillig verprügeln lassen!
Dann tauchte eines Tages ein plattnasiger älterer Mann am Boxring auf:

30 Alfredo Schulze, einst ein stadtbekannter Boxer. Schulze begann, die Jungen zu trainieren. Sie lernten bei ihm Deckung, Clinch und Beinarbeit, und jeden zweiten Sonntag veranstalteten sie Meisterschaften, die bald in der ganzen Gegend bekannt waren. Wer einigermaßen in Boxringnähe stehen wollte, musste früh dort sein. Meine Freunde und ich waren immer die Ersten und

35 konnten bald voraussagen, wer wen schlagen würde. Und natürlich war es Sharkie, der alle zwei Wochen Nordmarkplatz-Meister wurde.
Meine Sympathie jedoch galt Harry, der so gut wie gar keine Chance hatte, doch am eifrigsten trainierte, immer wieder zu den Kämpfen antrat, schlimme Prügel bezog und von den Mädchen im Publikum ausgelacht wurde. Alfredo Schulze

40 sagte zu Harry: „Junge, lass es sein! Hast einfach kein Talent, bist viel zu steif."
Harry zog nur die Stirn kraus und ging. Und war am nächsten Kampftag wieder da … Und bezog erneut Prügel. Ich wünschte Harry so sehr, dass er auch mal gewann. Wenigstens ein einziges Mal.

Eines Abends, es war noch hell, kam ich dann von einem Freund und musste
45 über den Nordmarkplatz. Es war kein Kampftag, dennoch hörte ich aus einer
dunklen Ecke zwischen Bäumen und Sträuchern ein Prusten und Schnauben
und immer wieder dumpfe Schläge. Neugierig spähte ich durch die Büsche –
und da sah ich ihn: Harry! Er hatte einen mit Lumpen vollgestopften Rucksack
über den Ast eines Baumes gehängt und trommelte heftig auf ihn ein.
50 Seine wuchtigen Schläge ließen den Ersatz-Punchingball pendeln und tanzen.
Still setzte ich mich ins Gras und sah zu. Noch hatte Harry mich nicht bemerkt.
Erst als er ermattet die Arme sinken ließ, machte ich mich bemerkbar.
„Trainierst du jetzt allein?", fragte ich.
Harry fuhr herum und war sehr verlegen. Doch dann ließ er sich neben mich

55 ins Gras fallen und atmete tief durch. „Das mache ich, um meine Kondition
zu verbessern. Mir fehlt da noch 'ne ganze Menge." Es war das erste Mal, dass
ich Gelegenheit hatte, mit einem der Boxer zu reden. „Willst wohl auch mal
gewinnen?", fragte ich und musste daran denken, wie sehr ich mir das wünschte.
Er setzte sich auf und fuhr sich mit der Hand durch das nass geschwitzte Haar.
60 „Ja", sagte er dann. „Eigentlich schon. Aber in der Hauptsache will ich mich
selbst besiegen ... Kann's nicht mehr hören, wenn alle sagen: Du schaffst das nie,
du bist zu steif." Ich schwieg. Sich selbst besiegen? Konnte einer so etwas denn
überhaupt schaffen?
Harry stand auf, nahm sein Hemd von den Büschen und zog es über. „Und
65 außerdem", sagte er dabei, „macht mir das Boxen viel zu viel Spaß, um so einfach
damit aufzuhören." Er lächelte. „Hast richtig gehört, obwohl ich immer verliere,
macht es mir Spaß."
Der Sommer ging vorüber und nicht ein einziges Mal habe ich Harry siegen
sehen. Und im Herbst zog es Alfredo Schulze zu einem richtigen Boxklub. Er
70 wollte dort als Trainer arbeiten und sagte, wer es ernst mit dem Boxen meine,
der solle mitgehen. Es gingen aber nur zwei Jungen mit. Der eine von den beiden
war Harry. „Junge, das bringt doch nichts", sagte Schulze. Harry erwiderte nur,
wenn er nicht störe, würde er gern mittrainieren.
Ich begriff nicht, weshalb nicht auch Sharkie zum Boxklub ging. Vielleicht
75 würde er dort ja wirklich „eine große Nummer" werden, wie Alfredo Schulze
es ihm prophezeit hatte, wenn er nur tüchtig genug trainierte. Sharkie und
die meisten anderen Jungen aber hatten inzwischen vom Boxen die Nase voll.
Sharkie glaubte wohl, genügend bestaunt und bewundert worden zu sein.
Und im Boxklub hätte er nicht mehr rauchen dürfen.
80 Trafen die großen Jungen sich jetzt auf dem Nordmarkplatz, lungerten sie nur
noch herum, spielten Fußball, rauchten oder verspotteten Vorübergehende.
Das war nicht mehr interessant.
Es muss so etwa vier, fünf Jahre später gewesen sein, da las ich eines Tages
in der Sportzeitung einen Bericht über die Berliner Boxmeisterschaften und

85 glaubte, meinen Augen nicht trauen zu dürfen. Stand da doch, dass Harry Lange
aus dem Stadtteil Prenzlauer Berg Meister im Bantamgewicht[1] geworden war.
Harry Lange? War das mein Harry? Der steife Harry? Der untalentierte Harry?
Es konnte ja noch mehr Boxer mit diesem Namen geben. Doch da, ein Foto,
ein Gruppenbild aller Meister – und der Boxer ganz links, das war eindeutig
90 mein Harry!
Lange starrte ich das Foto an, noch zweimal las ich den Bericht, doch nichts
änderte sich: Der steife Harry, er hatte es tatsächlich geschafft – er hatte sich
selbst besiegt!

---

1 das Bantamgewicht: eine Gewichtsklasse beim Boxen, in der die Boxer bis 54 kg wiegen.

Bevor du arbeitest, musst du deinen Arbeitsauftrag genau verstehen.

Dein Arbeitsauftrag

– Schreibe eine Inhaltsangabe zu „Der Boxring". Berücksichtige dabei,
wer die Geschehnisse erzählt und wie der Erzähler über Harry denkt.
Lies zuvor den Text genau und achte auf die Handlungsbausteine.
– Beschreibe die Hauptfigur. Untersuche, was du über ihr Verhalten
und ihre Gefühle im Text erfährst.
– **Zusatzaufgabe:** „Sich selbst besiegen? Konnte einer so etwas denn
überhaupt schaffen?" Finde diese Textstelle. Was bedeuten diese Fragen?
Beantworte die Fragen mit Zitaten.

Eine Aufgabe genau verstehen
➤ S. 8–9

2 **a.** Lies den Arbeitsauftrag genau. Markiere die Aufforderungsverben oben.
b. Welche Sätze stimmen mit dem Arbeitsauftrag überein? Kreuze an.

		richtig	falsch
A	Ich soll eine Inhaltsangabe zu der Erzählung schreiben.	☒	☐
B	Ich soll die Handlung lebendig nacherzählen.	☐	☐
C	Ich soll eine bestimmte Textstelle finden.	☐	☐
D	Ich soll auf die Handlungsbausteine achten.	☐	☐
E	Ich soll alle Figuren genau beschreiben.	☐	☐
F	Ich soll eine Frage der Hauptfigur mit Zitaten aus dem Text beantworten.	☐	☐
G	Ich soll auch den Erzähler und seine Haltung zu Harry berücksichtigen.	☐	☐
H	Ich soll den Text genau lesen.	☐	☐
I	Ich soll die Geschichte frei interpretieren.	☐	☐
J	Ich soll die Hauptfigur beschreiben.	☐	☐
K	Ich soll das Verhalten und die Gefühle der Hauptfigur untersuchen.	☐	☐

3 Schreibe für alle drei Aufgaben des Arbeitsauftrags in dein Heft, was genau
du tun sollst. Nutze deine Ergebnisse aus Aufgabe 2 b. Verwende dabei
Wörter vom Rand, die die Reihenfolge verdeutlichen.

> zuerst, dann, dabei,
> als Nächstes, dazu,
> zum Schluss

4 Um welches Thema geht es im Erzähltext? Kreuze die richtige Antwort an.

		richtig	falsch
A	Im Text geht es um einen jungen Boxer namens Harry, der trotz vieler Misserfolge seinen Traum verwirklicht.	☐	☐
B	Die Geschichte handelt von einem Jungen namens Sharkie, der in der Nachkriegszeit der beste Boxer Berlins ist.	☐	☐
C	Thema des Textes ist ein Trainer, der talentierte Boxer in einen Klub aufnimmt und ihnen eine Zukunft gibt.	☐	☐

Die Handlungsbausteine helfen dir, den Inhalt genau zu erfassen.

5 **a.** Lies den Text noch einmal genau und achte auf die Handlungsbausteine.
b. Schreibe zu den Handlungsbausteinen Stichwörter auf.

_____

_____

_____

_____

_____

_____

> Hauptfigur
> und Situation

> Wunsch

> Hindernis

> Reaktion

> Ende

6 **a.** Ergänze in der folgenden Tabelle fehlende Fragen und Antworten.
b. Nutze dafür deine Arbeitsergebnisse aus Aufgabe 5.
c. Ergänze Zeilenangaben zu den Antworten.

Handlungs-bausteine	Fragen	Antworten
Hauptperson und Situation	Wer ist die Hauptperson? Wann und wo spielt die Handlung? *Wie ist die Situation am Anfang?*	Harry, 15–18 Jahre alt (Zeilen 9–10 / Zeilen 14–15) _____ (Zeile 1 / Zeile 9 / Zeilen 84–86) Harry kann nicht boxen und verliert jeden Kampf. (Zeilen _____)
Wunsch	_____ _____ ?	Harry möchte gewinnen und sich selbst besiegen. (Zeilen _____)
Hindernis	Welches Hindernis muss Harry überwinden, um sein Ziel zu erreichen?	Harry hat kein Talent und ist viel zu steif. (Zeile _____)
Reaktion	Wie reagiert Harry darauf, dass er zum Boxen untalentiert ist?	_____ _____ _____ _____ _____ (Zeilen 45–50, Zeile 68, Zeilen 71–73)
Ende	_____ _____ ?	Harry wird Berliner Meister im Bantamgewicht. (Zeilen _____)

Auch der Erzähler ist eine wichtige Figur in dieser Geschichte.
Du musst ihn deshalb in der Inhaltsangabe berücksichtigen.

7 Was erfährst du über den Ich-Erzähler?
a. Lies im Text noch einmal die Zeilen 1 bis 15.
b. Kreuze zwei richtige Aussagen an.

☐ Der Ich-Erzähler ist in der Nachkriegszeit ein Kind.
☐ Der Ich-Erzähler ist einer der Jungen, die auf dem Nordmarkplatz boxen.
☐ Der Ich-Erzähler ist einer der kleinen Jungen, die den Boxern zusehen.

8 Was denkt der Ich-Erzähler über Harry?
a. Finde die folgenden Textstellen und ergänze die Zeilenangaben.
b. Beschreibe die Gedanken in der **Er-Form** und **im Präsens**.
    Schreibe in dein Heft. Verwende die Wortgruppen vom Rand.

> Der Ich-Erzähler
> versteht nicht, warum …
> Er findet … sympathisch.
> Er wünscht Harry …

„Er tat mir leid, aber ich verstand ihn nicht: Wie konnte er sich nur immer

wieder freiwillig verprügeln lassen!" (Zeile _____)

„Meine Sympathie jedoch galt Harry" (Zeile _____)

„Ich wünschte Harry so sehr, dass er auch mal gewann." (Zeile _____)

Eine Inhaltsangabe schreiben

Eine Inhaltsangabe schreiben
Eine **Inhaltsangabe** informiert **kurz** über den wesentlichen Inhalt eines Textes.
– In der **Einleitung** nennst du Autor, Titel, Textsorte und Thema.
– Im **Hauptteil** fasst du die wichtigsten Ereignisse der Handlung mithilfe der Handlungsbausteine zusammen.
Schreibe **sachlich** (ohne ausschmückende Elemente) und ersetze wörtliche Rede durch **indirekte Rede** mit dem Konjunktiv.
Schreibe im **Präsens**. Wenn Geschehnisse **vor** anderen stattgefunden haben, verwendest du das **Perfekt**.

1 a. Lies die Arbeitstechnik „Eine Inhaltsangabe schreiben".
   b. Was musst du bei einer Inhaltsangabe beachten? Schreibe in dein Heft.
      Verwende dazu die Satzanfänge vom Rand.

> Ich nenne in
> der Einleitung …,
> Ich gebe nur …,
> Ich schreibe im …,
> Ich verwende …,
> Ich vermeide …

2 Kreuze an, zu welcher Textsorte der Text „Der Boxring" gehört.
   Du brauchst diese Angabe für deinen Einleitungssatz.

   ☐ eine Sportlerbiografie   ☐ eine Erzählung
   ☐ ein Roman   ☐ eine Zeitungsreportage

3 Ergänze die folgende Einleitung. Schreibe in dein Heft.

Die ▆ „Der Boxring" von ▆ handelt von einem Jungen namens ▆, der beim ▆ immer verliert, am Ende jedoch ▆ im Bantamgewicht wird.

Wörtliche Rede musst du als indirekte Rede wiedergeben.

mehr zum Konjunktiv
und zur indirekten Rede
➤ S. 72–73

4 Ergänze die folgenden Sätze in der indirekten Rede mit dem Konjunktiv.
   Verwende das Personalpronomen „er" und eine Verbform vom Rand.

Er: „Ich bin nicht gut genug." *Er meint, er sei nicht gut genug.*

Sie: „Du schaffst das schon." *Sie antwortet,* _____

Er: „Kann ich gewinnen?" *Er fragt, ob* _____

Sie: „Du hast gut trainiert." *Sie sagt,* _____

> Konjunktivformen:
> ~~sei,~~
> könne,
> habe,
> schaffe

5 a. Finde die Textstellen und ergänze die Zeilenangaben.
   b. Kreuze an, wer die wörtliche Rede spricht.

Zeilen	Textstellen mit wörtlicher Rede	Harry	Ich-Erzähler	Zuschauer	Alfredo Schulze
19–20	„Mensch, Harry! Lass es lieber sein. Du schaffst es nie."			✕	
	„Junge, lass es sein! Hast einfach kein Talent, bist viel zu steif."				
	„Willst wohl auch mal gewinnen?"				
	„Eigentlich schon. Aber in der Hauptsache will ich mich selbst besiegen […]"				

6 Ergänze den folgenden Lückentext in indirekter Rede.
a. Ersetze die Infinitive in Klammern durch den Konjunktiv.
b. Schreibe auf die übrigen Linien, von wem die Aussagen stammen.
   Verwende deine Antworten aus Aufgabe 5 b.

Die Zuschauer rufen Harry immer wieder zu, er *schaffe* (schaffen) es nie.

Auch _____ sagt, Harry

_____ (haben) kein Talent, er _____ (sein) viel zu

steif. Als der _____ Harry beim Trainieren trifft, fragt er

ihn, ob er auch mal gewinnen _____ (wollen).

_____ antwortet, er _____ (wünschen) sich

vor allem, sich selbst zu besiegen.

die Zuschauer,
Harry,
Ich-Erzähler,
Alfredo Schulze

**Du kannst wörtliche Rede
auch mit eigenen Worten wiedergeben.**

7 Die folgenden Zitate wurden in eigenen Worten wiedergegeben.
Welche Formulierungen (A, B oder C) sind gelungen?
a. Lies zuerst die Textstelle noch einmal im Zusammenhang.
b. Streiche insgesamt drei ungeeignete Sätze (A, B oder C) weg.

„Junge, das bringt doch nichts", sagte Schulze (Zeile 72).
A Alfredo Schulze ist dafür, dass Harry in den Boxklub wechselt.
B Alfredo Schulze will auf keinen Fall, dass Harry in den Boxklub geht.
C Alfredo Schulze sieht keinen Sinn darin, dass Harry in den Boxklub will.

„Hast richtig gehört, obwohl ich immer verliere, macht es mir Spaß."
(Zeilen 66–67)
A Obwohl Harry immer verliert, hat er Spaß am Boxen.
B Obwohl es ihm Spaß macht, will Harry mit dem Boxen aufhören.
C Trotz seiner Niederlagen hat Harry Freude am Boxen.

8 Beschreibe am Schluss deiner Inhaltsangabe, wie die Geschichte endet.
Du kannst die Wortgruppen vom Rand verwenden.

… Jahre später …,
Am Ende wird Harry …,
Harry gelingt es, …

Die Inhaltsangabe schreibst du noch einmal vollständig auf.

9 a. Schreibe die vollständige Inhaltsangabe in dein Heft.
   – Beachte dabei alle Vorgaben des Arbeitsauftrags auf Seite 36.
   – Nutze die Ergebnisse deiner Untersuchungen am Text.
   – Verwende deine Einleitung aus Aufgabe 3.
   – Schreibe im Präsens und verwende indirekte Rede.
b. Überarbeite deine Inhaltsangabe mit der folgenden Checkliste.

Starthilfe

**Inhaltsangabe zu
„Der Boxring"**
Die Erzählung „Der Boxring"
von Klaus Kordon handelt
von …

Checkliste: Inhaltsangabe	ja	nein
Habe ich in der **Einleitung** Autor, Titel, Textsorte und Thema genannt?	☐	☐
Habe ich im **Hauptteil** die wichtigsten Ereignisse der Handlung mithilfe der Handlungsbausteine zusammengefasst?	☐	☐
Habe ich **wörtliche Rede** durch **indirekte Rede** oder eigene Worte ersetzt?	☐	☐
Habe ich im **Präsens** geschrieben?	☐	☐

Eine literarische Figur beschreiben

Dein Arbeitsauftrag

Beschreibe die Hauptfigur. Untersuche, was du über ihr Verhalten und ihre Gefühle im Text erfährst.

1 **a.** Lies noch einmal den Arbeitsauftrag. Markiere die Aufforderungsverben.
b. Lies die Arbeitstechnik „Eine literarische Figur beschreiben".
c. Was genau sollst du tun? Schreibe in dein Heft.
Du kannst die Wortgruppen vom Rand verwenden.

> Ich soll ... beschreiben.
> Dazu untersuche ich ...,
> In der Einleitung ...,
> Im Hauptteil ...,
> Zum Schluss ...,
> Ich belege ...

Arbeitstechnik

Eine literarische Figur beschreiben
- Schreibe in die **Einleitung wichtige Angaben** zur Figur. (Alter, Beruf, ...)
- Im Hauptteil beschreibst du:
  - alle **äußeren Merkmale** (Aussehen, Haltung, Bewegung, Sprache, ...),
  - alle **inneren Merkmale** (Charakter, Gefühle, Stärken, Verhalten, ...),
  - das **Verhältnis zu anderen Figuren**.
- Beschreibe zum **Schluss**, ob sich die Figur mit der Zeit **verändert**.
  Du kannst dabei auch ein **eigenes Urteil** über die Figur abgeben.
  Belege deine Aussagen mit **Textstellen** (Zeilenangaben) oder **Zitaten**.
  Schreibe im **Präsens**.

2 Welche wichtigen Angaben zur Hauptfigur gibt es im Text? Ergänze.

Name: _Harry Lange_   Alter: _____

Wohnort: _____

3 Welche Angaben zu Harrys **äußeren Merkmalen** findest du im Text?
a. Lies noch einmal die Zeilen 16–20. Markiere die passende Stelle im Text.
b. Schreibe die Angaben auf die Linie.

_____

4 Was erfährst du über Harrys **innere Merkmale**?
a. Finde die folgende Textstelle und ergänze die Zeilenangabe.
b. Beschreibe Harrys Wesen anhand des Zitats.
Schreibe in dein Heft. Du kannst die Adjektive vom Rand verwenden.

> willensstark, mutig, ausdauernd, trotzig, zielstrebig, ehrgeizig, merkwürdig

„Harry zog nur die Stirn kraus und ging. Und am nächsten Kampftag war

er wieder da ... Und bezog erneut Prügel." (Zeilen _____)

Starthilfe
Harry ist willensstark, denn er geht zu jedem Kampf.
...

In einer Figurenbeschreibung kannst du Zitate verwenden.

5 **a.** Lies die Information zu Zitaten am Rand.
b. Markiere im Satz **A** die Kennzeichen des Zitats.
c. Markiere das passende Zitat zu Satz **B** im Text.
Ergänze das Zitat auf den Linien.

Zitate
Ein Zitat ist eine **wortwörtliche** Wiedergabe einer Textstelle. Das Zitat wird mit einem Doppelpunkt vom eigenen Text abgetrennt und in Anführungszeichen gesetzt. Dahinter folgt eine Zeilenangabe in Klammern.

A Harry hat keine Angst vor Sharkie: „Nur Harry opferte sich jedes Mal neu." (Zeile 26)

B Harry boxt einfach gerne: _„Hast richtig gehört, obwohl ich immer verliere,_

_____

_____

6 Was sagen oder denken die anderen Figuren über Harry?

    a. Finde die Zitate im Text. Ergänze die Zeilenangaben.

    b. Ordne den Zitaten die passende Figur oder Gruppe vom Rand zu.

    c. Was sagen die Zitate über die Figur Harry aus? Schreibe in dein Heft.

Zuschauer
Ich-Erzähler
Alfredo Schulze

_____ „Meine Sympathie jedoch galt Harry" (Zeile____)

_____ „Mensch, Harry! Lass es lieber sein.
                             Du schaffst es nie." (Zeile____)

_____ „Junge, lass es sein! Hast einfach
                             kein Talent, bist viel zu steif." (Zeile____)

7 Schreibe den Schluss deiner Figurenbeschreibung in zwei bis drei Sätzen. Beschreibe, ob sich Harry am Ende der Geschichte verändert.

Starthilfe

Aus dem steifen, untalentierten Verlierer wird am Ende nach …

8 **a.** Schreibe die vollständige Figurenbeschreibung auf. Nutze deine Ergebnisse aus den Aufgaben 2 bis 7.

    b. Überprüfe deine Figurenbeschreibung mit der Checkliste.

Checkliste: Figurenbeschreibung	ja	nein
Besteht meine Figurenbeschreibung aus **Einleitung, Hauptteil, Schluss**?	☐	☐
Habe ich in der Einleitung **wichtige Angaben** zur Figur gemacht?	☐	☐
Habe ich im Hauptteil die **äußeren** und **inneren Merkmale** der Figur beschrieben?	☐	☐
Habe ich zum Schluss **Veränderungen** der Figur beschrieben?	☐	☐
Habe ich ein **eigenes Urteil** über die Figur abgegeben?	☐	☐
Habe ich im **Präsens** geschrieben?	☐	☐

Z Weiterführendes: Eine Textstelle deuten

In der Zusatzaufgabe beantwortest du eine Frage mithilfe von Zitaten.

Dein Arbeitsauftrag

Zusatzaufgabe: „Sich selbst besiegen? Konnte einer so etwas denn überhaupt schaffen?" Finde diese Textstelle. Was bedeuten diese Fragen? Beantworte die Fragen mit Zitaten.

1 **a.** Schreibe zu der Textstelle die Zeilenangabe auf. _____

    b. Was bedeutet für Harry, sich selbst zu besiegen? Kreuze an.

    ☐ Er will boxen, obwohl er untalentiert ist.   ☐ Er will unbedingt gewinnen.

2 Wer ist im Text der Meinung, dass Harry es nie schaffen kann? Beantworte die Frage in deinem Heft.

3 Finde im Text Zitate zu den folgenden Aussagen. Notiere die Zeilenangaben.

    – Harry lässt sich nicht entmutigen: „…" (Zeilen _41–42_)

    – Harry trainiert sehr viel: „…" (Zeilen_____)

4 Schreibe die Lösung der Zusatzaufgabe in dein Heft. Verwende deine Ergebnisse aus den Aufgaben 1 bis 3.

Starthilfe

Der Ich-Erzähler stellt sich die Frage: „Sich selbst besiegen? Konnte einer so etwas denn überhaupt schaffen?" (Zeilen 62–63)

Harry möchte …, aber …
Harry ist entschlossen, …
Es gelingt ihm, weil …
Am Ende …

Dein Arbeitsauftrag

Untersuche den Text „Der Wahnsinnstyp oder: Während sie schläft".
– Schreibe mithilfe der Handlungsbausteine eine Inhaltsangabe des Textes.
  Berücksichtige dabei, wer die Geschehnisse erzählt.
– Beschreibe die Hauptfigur. Untersuche ihr Verhalten, ihre Gefühle und
  ihren Sprachgebrauch. Belege deine Ergebnisse mit geeigneten Textstellen.
– „Das Schlimmste ist nämlich nicht, dass ich in Gegenwart von so einem
  voll süßen Jungen keinen zusammenhängenden Satz rausbringe […]"
  Wie sollte man in so einer Situation besser reagieren?
Beantworte die Frage mit Zitaten aus dem Text.

Der Wahnsinnstyp oder: Während sie schläft Katja Reider

Verdammt, jetzt ist mein Fuß eingeschlafen! Kein Wunder! Seit über einer Stunde
sitze ich hier eingepfercht und bewegungslos wie ein hypnotisiertes Kaninchen
auf meinem Fensterplatz in diesem sogenannten Großraumwagen. Rechts von
mir ein verfetteter Anzugträger, der die Zeitung mit den großen Buchstaben
5 liest, vor mir ein Tisch, den die Welt nicht braucht. Und gegenüber? Gegenüber
… sitzt ER!

Er war mir schon von weitem aufgefallen. Vorhin, als ich mich mit Sack und
Pack durch den schmalen Gang des Wagens schob. Selbst auf gute acht
Meter Entfernung hatte mich sein Blick derartig verwirrt, dass ich prompt
10 meine Platznummer vergaß.
Ah, da: Nr. 95, Fensterplatz mit Tisch. Diesen bescheuerten Platz hätte ich mir
selbst nie und nimmer reserviert! Den hatte ich natürlich Mama zu verdanken.
(„Ist doch praktisch, da kannst du schön dein Brot auspacken und dein Buch
ablegen.")
15 Vor allem, Mama, kann ich mir den Jungen gegenüber angucken! Das heißt,
ich könnte ihn angucken, wenn ich mich mal trauen würde, endlich von meinem
Buch aufzuschauen. Seit über einer Stunde hocke ich hier und bin zur Salzsäule
erstarrt. Das heißt, einmal hab ich was gesagt. Gleich zu Anfang, da hab ich
meine Platzkarte in die Runde gehalten und „Nummer 95 – ist das hier?"
20 gepiepst, so als könnte ich nicht lesen. Oder als müsste ich meinen Anspruch
auf den Platz gegenüber von diesem Wahnsinnstyp quasi öffentlich nachweisen.
Seitdem bin ich in der Versenkung meines Fensterplatzes verschwunden.
Ach ja, ich glaube, das Schlimmste habe ich noch gar nicht erwähnt.
Das Schlimmste ist nämlich nicht, dass ich in Gegenwart von so einem voll
25 süßen Jungen keinen zusammenhängenden Satz mehr rausbringe – nein,
das Schlimmste ist, dass der Wahnsinnstyp nicht alleine ist! Neben ihm
sitzt ein Mädchen, vielleicht ein bisschen älter als ich, seine Freundin, klar.
Ihr Kopf mit den langen blonden Haaren lehnt an seiner Schulter, ihr Atem
geht ganz ruhig, nicht mal ihre Wimpern flattern. Sie schläft tief und fest.
30 Schon die ganze Zeit. Und das bei dem Lärmpegel hier!
Bestimmt sind die beiden schon eine Weile zusammen. Ich glaube, wenn man
sich erst kurze Zeit kennt, döst man neben so einem tollen Typ nicht einfach ein.
Dazu ist doch sicher alles viel zu aufregend und zu kribbelig! Also, jedenfalls
schläft man neben so einem Wahnsinnstyp nicht ein! Ich zumindest hätte
35 auch viel zu viel Angst, dass mir der Sabber aus dem Mund läuft oder dass
ich schnarche oder dass ich mit halb offenem Mund einen voll doofen Eindruck
mache. All diese Ängste hat die Freundin von dem Wuschelkopf offensichtlich
nicht. Braucht sie auch nicht. Sie sieht im Schlaf aus wie ein Engel. Leider.

Nein, wirklich, ich kann beim besten Willen nichts Hässliches an ihr finden.

40 Die beiden passen super zusammen.

Der Wahnsinnstyp sitzt ganz ruhig da und liest konzentriert in seinem Buch. Schade, ich kann den Titel nicht genau erkennen! Ich glaube aber, es ist irgendwas mit Außerirdischen. Jungs lesen ja oft so komische Sachen.

Oh, jetzt streicht er seine dunklen Locken nach hinten, um danach nur noch

45 verwuschelter auszusehen. Echt, voll süß! Ich seufze. Anscheinend zu laut. Er schaut plötzlich von seinem Buch auf, genau in meine Augen. Keine Zeit mehr wegzusehen. Himmel, was hat der für Augen! Grün mit kleinen braunen Sprengseln drin. Jetzt grinst er leicht. Oh, Grübchen hat er auch … nicht auszuhalten! Echt, bei Grübchen werde ich schwach.

50 Könnte ich jetzt nicht irgendwas sagen? Ich meine, irgendwas Lockeres, wahnsinnig Lustiges, das ihm in null Komma nichts deutlich macht, was für eine Ausnahmeerscheinung ihm hier gegenübersitzt? – Pustekuchen. Mein Kopf ist hohl wie eine Kokosnuss. Der Moment ist vorbei. Der Junge wendet sich ab und greift wieder nach seinem Buch. Er bewegt sich dabei ganz

55 vorsichtig, um das schlafende Mädchen an seiner Schulter nicht zu stören. Rücksichtsvoll ist er also auch noch. Unglaublich.

Das Leben ist ungerecht. Wo sind wir eigentlich? Der Anzugträger ist in Bielefeld ausgestiegen und der Schaffner – nee; Zugbegleiter heißen die ja inzwischen – hat gerade den nächsten Bahnhof angekündigt. Schon quietschen die Bremsen.

60 Ich sehe raus auf den Bahnsteig. Ah ja, das hier muss Wuppertal sein. Der zugbegleitende Schaffner pfeift. Die letzten Leute drängen zur Tür. „Au Scheiße!" Wie von der Tarantel gestochen schießt das blonde Mädchen von gegenüber urplötzlich von ihrem Sitz hoch, greift ihren Rucksack und stürmt grußlos den Gang hinunter. Der Wahnsinnstyp blickt kaum von

65 seinem Buch auf.

WAS?! Jetzt kapiere ich überhaupt nichts mehr! Wieso bleibt denn der Typ hier seelenruhig sitzen? Träumt der, oder was? – Anscheinend mache ich ein derart dämliches Gesicht, dass der Lockenkopf Mitleid mit mir bekommt. Jedenfalls sagt er plötzlich: „Ich kannte sie gar nicht." „Hä?", krächze ich verständnislos.

70 Lieber Himmel, kann ich bitte, bitte bald einen normalen Satz sprechen? Seltsam, jetzt wirkt der Junge auch irgendwie verunsichert. So als frage er sich plötzlich, ob mich diese Info überhaupt interessiert. „Das Mädchen!", fügt er erklärend hinzu. „Die Blonde, die hier … äh … geschlafen hat." Er zeigt auf seine linke Schulter, als gäbe es im Zug noch hundert andere schlafende Blondinen,

75 die gemeint sein könnten. „Sie hat mir beim Einsteigen in Berlin nur kurz gesagt, dass sie letzte Nacht kaum geschlafen hat, und dann war sie auch schon eingepennt."

„Ach so, klar." Ich grinse und nicke dazu wie ein Hund mit Wackelkopf. „Ist ja verrückt." Okay, ganz ruhig bleiben! Das war schon fast ein ganzer Satz.

80 Ich werde besser …

Der Junge klappt sein Buch zu – er klappt sein Buch zu!!! Er will mit mir reden!!! – und lächelt. „Ich fahre nach Bonn, und du?" „Ich auch. Ich fahre auch nach Bonn."

Wuppertal – Bonn, genaue Fahrzeit mit dem ICE 640 Johannes Brahms:

85 eine Stunde, zwei Minuten. 62 Minuten, um den Wahnsinnstyp zu erobern. 62 Minuten! Das schaffe ich!!

1 Lies den Arbeitsauftrag genau und bearbeite ihn.

Z **2** Der „Wahnsinnstyp" findet die Ich-Erzählerin interessant. Aber an seiner Schulter schläft bereits das unbekannte Mädchen. Erzähle die Geschichte aus der Sicht des Jungen. Schreibe in dein Heft.

/50 Punkte

/30 Punkte

Gesamtpunktzahl: /80 Punkte

Rechtschreibhilfen

Entwickle dein Rechtschreibgespür!
Lass Rechtschreibzweifel zu!
Ein Rechtschreibzweifel ist keine Schwäche, sondern eine Stärke.
Denn: Wenn du an einer Schreibung zweifelst, bist du auf der richtigen
Spur. Du spürst: Hier muss ich eine Entscheidung treffen.
Rechtschreibhilfen helfen dir, richtige Entscheidungen zu treffen.

Das Ableiten

> **Merkwissen**
>
> **ä/äu** oder **e/eu**?
> Findest du ein verwandtes Wort mit **a/au**, dann schreibe **ä/äu**.
> kr**ä**ftig – die Kr**a**ft, kr**a**ftvoll   das Geb**äu**de – der B**au**, b**au**en
>   ? **ä**! ← **a**   ? **äu**! ← **au**

1 Schreibe in die Lücken ein verwandtes Wort mit **a** oder **au**.

das **Säckchen** kommt von ___*Sack*___ also __*ä*__

die **Fähre** kommt von _____ also _____

die **Fäuste** kommt von _____ also _____

säubern kommt von _____ also _____

2 Lies den folgenden Text.

Meine St█rken

Neulich kam eine Berufsberaterin in die Klasse 7 b. Sie fragte die Schülerinnen
und Schüler, was sie werden wollen, und alle waren sich einig: Millionäre.
Sie l█chelte und meinte: „Jeder tr█mt davon, reich zu werden. Aber es werden
eben doch mehr Leute B█cker als Millionäre. Die Arbeit sollte Freude machen
5 und zu eurer Begabung passen. Manche Jugendliche können gut z█hlen und
haben keine Angst vor Zahlen. Andere haben sehr geschickte H█nde.
Mit einem sogenannten grünen Daumen kann man besonders in G█rtnereien
beruflich aufblühen. Wer sich gern unterh█lt, dem macht vielleicht der Beruf
des Verk█fers Spaß. Wer gern aufr█mt und Ordnung h█lt, hat in vielen
10 Berufen gute Chancen – diese eher seltene Begabung wird immer gebraucht.“
Was kannst du besonders gut? Entdecke deine St█rken!

3 **a.** Entscheide die Schreibung der blau gedruckten Wörter.
   Leite sie dazu von einem verwandten Wort ab.
   b. Schreibe die blau gedruckten Wörter richtig auf die Linien.
   Ergänze in Klammern das verwandte Wort mit **a** oder **au**.

Stärken (stark), _____

_____

_____

4 **a.** Schreibe den Text aus Aufgabe 2 in dein Heft ab.
   b. Markiere die Wörter, bei denen du **ä** oder **äu** abgeleitet hast.

5 a. Ordne die folgenden Wörter in einer Tabelle in deinem Heft.
Ergänze bei den Nomen die Artikel.

b. Markiere **ä** oder **äu**.

Lärm, März, spät, Mädchen, Schädel, täuschen, jäten, sägen, Träne,
abwärts, fähig, ungefähr, Geschäft, schräg, Käse, Gerät, dämmern

Merkwörter mit ä/äu		
Nomen	Verben	Sonstige Wörter
der Lärm, …	täuschen, …	fähig, …

6 Wähle drei Merkwörter aus. Schreibe mit jedem Wort einen
Satz in dein Heft.

Ich bin fähig, die Aufgabe
zu lösen …

Mit Wortfamilien üben

1 Welche Wörter gehören zu welcher Wortfamilie?
Markiere in den Wörtern alle Wortstämme der Wortfamilien vom Rand.
Verwende möglichst für jede Wortfamilie eine eigene Farbe.
Achtung: Zwei Wörter gehören sogar zu zwei der Wortfamilien.

Die Wortfamilien:
stellen
fahren
fehlen

das Fahrrad, verfehlen, der Fahrfehler, die Erfahrung, die Stelle, abstellen,
befehlen, die Gefahr, die Bestellung, fahrbar, herstellen, die Fahrerin,
die Umstellung, die Stellung, feststellen, verfahren, die Einstellung, fehlerhaft,
ausfahren, fehlerlos, vorstellen, fahrbereit, stellenweise, der Fehler, gefahrlos,
zweistellig, fehlbar, die Einfahrt, abfahren, die Fehlbestellung

2 a. Ordne die Wörter aus Aufgabe 1 nach Wortfamilien in einer Tabelle.

b. Markiere jeweils den Wortstamm der Wortfamilie.

Wortfamilien		
stellen	fahren	fehlen
die Stelle, …	das Fahrrad, …	verfehlen, …

3 a. Ordne die Wörter der Wortfamilie **stellen** nach Wortarten.
Trage die Wörter aus Aufgabe 1 in die richtigen Spalten der Tabelle ein.

b. Ordne auch die Wortfamilien **fahren** und **fehlen** nach Wortarten.
Schreibe in dein Heft.

Wortfamilie „stellen"		
Nomen	**Verben**	**Sonstige Wörter**
die Stelle,	stellen,	stellenweise,

4 **a.** Schreibe zu jeder Wortfamilie aus Aufgabe 7 zwei Sätze in dein Heft.
b. Markiere den Wortstamm der Wortfamilie in deinen Sätzen.

Starthilfe

Ich fahre mit dem Fahrrad zur Schule …

5 Finde im folgenden Text Wörter aus den Wortfamilien vom Rand.
a. Markiere bei 11 Wörtern den Wortstamm.
b. Schreibe die Wörter jeder Wortfamilie geordnet in dein Heft.
Markiere auch in deinem Heft bei jedem Wort den Wortstamm.

Starthilfe

Wortfamilie passen: passt, …

Das passt!

Mesut soll vorführen, wie man ohne Führung gleich große Papierstreifen schneidet. Er wählt zunächst das passende Papier. Mit viel Gefühl macht er aus dem Papier einen Stoß. Es muss alles passen. Dann führt er die Schere zum Schnitt. Er muss das Gleiche mehrmals durchführen. Natürlich muss er dabei auf seine Finger aufpassen, denn eine Schere im Finger fühlt sich nicht gut an! Tim hat die Stunde leider verpasst. Er hätte dabei etwas lernen können.

Die Wortfamilien:

passen
führen
fühlen

6 Schreibe den Text aus Aufgabe 5 in dein Heft ab.

7 Bilde neue Verben zur Wortfamilie **gehen**. Schreibe auf die Linien.

um + gehen = umgehen _____

_____

_____

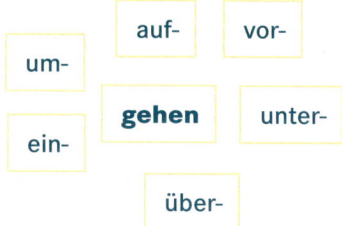

auf- vor-
um-
gehen unter-
ein-
über-

8 **a.** Ordne die folgenden Wortfamilien in den Säulen.
– Markiere zuerst in allen Wörtern die Wortstämme.
– Verbinde dann jeweils drei Wörter einer Wortfamilie mit Linien.
b. Schreibe über die drei Säulen, zu welcher Wortart die Wörter gehören.
c. Schreibe die Wortfamilien in dein Heft.

Starthilfe

gehen: aufgehen, Umgehung, …

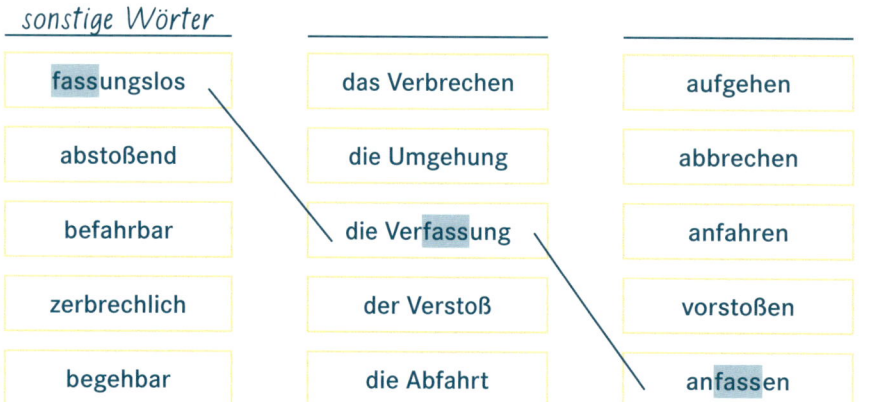

sonstige Wörter _____ _____

fassungslos	das Verbrechen	aufgehen
abstoßend	die Umgehung	abbrechen
befahrbar	die Verfassung	anfahren
zerbrechlich	der Verstoß	vorstoßen
begehbar	die Abfahrt	anfassen

9 Markiere im Text alle Wörter der Wortfamilie **gehen**, **ging**, **gegangen**.

Die Kamele verlangsamten ihre Gangart. An der Tempelruine angekommen, unternahmen die Archäologen eine erste Begehung. Hinter einer Säule entdeckten sie einen Eingang zu einem Geheimgang. Sie gingen mit Lampen hinein. Nach einigen Metern gab eine Steinplatte unter den Füßen der vorausgehenden Archäologin nach. Kurz darauf hörten sie hinter sich lautes Getöse stürzender Steine und der Letzte der Gruppe entging nur knapp dem Schicksal, erschlagen zu werden. Sie waren in eine uralte Falle gegangen. Der Tag verging mit der Suche nach einem anderen Ausgang.

Das kann ich – Rechtschreibhilfen nutzen

1 Ergänze die folgende Rechtschreibhilfe.

Wenn ich unsicher bin, ob ein Wort mit ___ / ____ oder **e/eu** geschrieben

wird, wende ich das _____ an. Ich suche ein _____ Wort.

2 **a.** Ergänze die fehlenden Buchstaben. Wende dazu die Rechtschreibhilfe an.
  b. Schreibe das verwandte Wort auf die Linien dahinter.
  c. Schreibe das ergänzte Wort noch einmal auf die letzte Linie.

Er tr____gt die Welt auf den Schultern. _____ _____

Sie l____ft morgens vor der Schule. _____ _____

Diese B____me blühen im April. _____ _____

Der Sand gl____nzt in der Sonne. _____ _____

3 Ergänze den folgenden Text. Schreibe in dein Heft.

Im Gesch█ft

Das M█dchen sagt zu dem Verk█fer: „Ich h█tte gern einen Fisch, aber ohne Gr█ten bitte." Dieser guckt verst█ndnislos. „Haben wir nicht", antwortet er. „Schade, dann h█tte ich gern einen K█se." Da fragt der Verk█fer nach: „Sie wissen aber schon, dass dies ein Elektrofachgesch█ft ist?"

4 Ergänze die folgenden Merksätze.

Wörter, die miteinander verwandt sind, bilden eine _____ .

Viele dieser Wörter haben denselben _____ .

5 **a.** Markiere in den Wörtern am Rand den gemeinsamen Wortstamm.
  b. Ordne die Wörter in die Tabelle ein. Denke bei den Nomen an die Artikel.

Nomen	Verben	Sonstige Wörter

beabsichtigen,
sichtbar,
die Aussicht,
die Ansicht,
ersichtlich,
die Absicht,
unsichtbar,
das Gesicht,
die Besichtigung,
besichtigen

6 Markiere im folgenden Text neun Wörter aus der Wortfamilie **liegen, lag, gelegen**.

Er legte am Strand sein Liegetuch auf die Unterlage. Weil sein Magen knurrte, ging er zum Imbiss, um in der Auslage die Lage zu checken. Zu den Hotdogs gab es leckere eingelegte Gurken als Beilage. Das kam ihm gelegen und er nutzte die Gelegenheit sofort.

Gesamtpunktzahl:

Großschreibung

Aus Verben können Nomen werden.
Der Artikel **das** und die Wörter **beim**, **im**, **vom** und **zum** machen's!
Z. B.: arbeiten → **das** Arbeiten / **beim** Arbeiten / **im** Arbeiten /
vom Arbeiten / **zum** Arbeiten

1 Bilde Nomen. Verwende jedes Verb zweimal.

das		essen	das Essen, _____
beim	+	gehen	_____
im		sitzen	_____
vom		schwimmen	
zum		lesen	

Eine tolle Idee

Neulich kam mein Vater zu mir ins Zimmer und fand mich beim Basteln eines
Automodells. Er sagte: „Das sind aber kleine Teile! Da wird mir vom Zuschauen
ganz schwindelig. Macht dir das Spaß?" „Ich mache das gern", antwortete ich,
„lieber als viele andere Dinge. Das Umgraben im Garten ist mir zu anstrengend."
5 „Hauptsache, du hast noch Lust zum Lernen", meinte mein Vater, „denn ohne
gute Noten nützen dir deine anderen Talente nicht viel." „Wieso?", fragte ich.
„Na", erklärte er, „beim Arbeiten braucht man auch den Kopf, beispielsweise zum
Berechnen von Flächen, damit man weiß, wie viel Material man braucht. Stell
dir vor, ich bin beim Verputzen eines Hauses und hätte vorher nicht genügend
10 Material bestellt. Das wäre peinlich und teuer!" „Woher weißt du denn, wie viel
Material du zum Verputzen brauchst?", fragte ich. „Weißt du was?", sagte da mein
Vater, „in deinen Ferien nehme ich dich mal mit zur Arbeit und zeige dir einiges.
Das Erklären macht ohne praktische Anwendung nicht so viel Sinn. Außerdem
kannst du dir ein bisschen Geld verdienen – im Streichen von Fußleisten bist du
15 doch gut." „Das ist eine tolle Idee", meinte ich, „versprochen?" „Versprochen!"

2 **a.** Markiere alle Wortgruppen mit Verben, die zu Nomen geworden sind.
   b. Trage die nominalisierten Verben mit ihren Begleitern in die Tabelle ein.

das	beim	vom	zum
	beim Basteln		
		im	

3 Ergänze zwei passende Nominalisierungen aus Aufgabe 2.

Als er _____ _____ eines Automodells seine Finger mit Superkleber

zusammengeklebt hatte, trennte die Mutter die Finger vorsichtig mit einer

scharfen Klinge. Dem Vater wurde allein _____ _____ ganz anders.

4 Schreibe den Text aus Aufgabe 1 in dein Heft ab.

Zwischen **das**, **beim**, **im**, **vom** und **zum** und dem Nomen kann ein Adjektiv stehen. Die Großschreibung des Verbs bleibt.
Das Adjektiv wird natürlich kleingeschrieben, z. B.:
das Arbeiten ⟶ das fröhliche Arbeiten

5 **a.** Ergänze im Text passende Wortgruppen vom Rand.
Achte auf die Großschreibung der Verben.
b. Schreibe den Text in dein Heft.
c. Markiere die Wortgruppen mit den nominalisierten Verben in deinem Text.

fleißigen + lernen,
schnelle + gehen,
lauten + schreien,
leisen + flüstern,
heftigen + lachen

Mit lustigen Spielen vergnügten wir uns auf unserem letzten Klassenausflug.

Zuerst übten wir das _____ _____ und liefen dabei

um die Wette. Als wir uns im _____ _____ übten,

konnte niemand verstehen, was wir sagten. Die Ohren zuhalten mussten wir

5 uns beim _____ _____ . Diese Übung fand

unser Lehrer aber gar nicht gut, weil das die Tiere im Wald störe. Aber wir

fanden es so lustig, dass wir vom _____ _____

Bauchschmerzen bekamen. Heute müssen wir uns leider zu Hause beim

_____ _____ verausgaben,

10 weil wir morgen einen Test schreiben.

Aus Adjektiven können Nomen werden.
Die Wörter **etwas**, **nichts**, **viel** und **wenig** machen's!
alt ⟶ **etwas** Altes ⟶ **nichts** Altes ⟶ **viel** Altes ⟶ **wenig** Altes

6 Markiere im Text die nominalisierten Adjektive mit ihren Begleitern.

In unserer Erdkundestunde haben wir viel Neues über den Kreislauf des Wassers
erfahren. Etwas Interessantes stellte für unsere Klasse die Erkenntnis dar, dass
ein Teil des Regens aus Meerwasser entsteht. Wenig Erfreuliches berichtete
das Internet über das Wetter. Die Nachrichten bedeuteten nichts Gutes,
5 da die Bundesjugendspiele wegen starken Regens wohl ausfallen mussten.
Glücklicherweise hatten die Nachrichten wenig Verlässliches, denn es kam zu
einer Wetteränderung und die Spiele fanden statt. Bei dem Ereignis konnte man
zur Stärkung viel Köstliches kaufen, wie zum Beispiel belegte Brötchen mit Salat
und Gurkenscheiben. Wer gern etwas Warmes essen wollte, bestellte sich
10 gegrilltes Gemüse. Wer dagegen Süßigkeiten essen wollte, wurde enttäuscht.
Da sich unsere Schule an einem Projekt zur gesunden Ernährung beteiligt,
gab es nichts Süßes zu kaufen.

7 Schreibe aus dem Text von Aufgabe 6 die nominalisierten Adjektive
mit ihren Begleitern in die Tabelle.

etwas	nichts	viel	wenig
_____	_____	*viel Neues*	_____
_____	_____	_____	_____

8 Bilde Nomen mit den Adjektiven vom Rand.
Schreibe sie in die Tabelle.

gut, gesund, bunt

etwas	nichts	viel	wenig
etwas Gutes			

> **Merkwissen**
>
> Das starke Wort **im** kann aus Adjektiven Nomen machen
> (Nominalisierung), z. B.:
> **im** + **übrig** ⟶ Dazu möchte ich **im Übrigen** nichts mehr sagen.

9 Bilde Nomen. Schreibe auf die Linien.

im + (weiter, wesentlich, still, allgemein, übrig, grün) + -en

im Weiteren, _____

_____

_____

_____

10 Ergänze die Sätze mit passenden Wortgruppen aus Aufgabe 9.

Ich gehe (**allgemein**) *im Allgemeinen* gern zum Training.

Sie hat (**wesentlich**) _____ alles gesagt.

Er erklärt (**weiter**) _____, was geplant ist.

Ich hoffe (**still**) _____, dass wir gewinnen.

Ich freue mich (**übrig**) _____ über meine Note.

Am Wochenende zelten wir (**grün**) _____.

> **Merkwissen**
>
> Das musst du dir merken:
> **Adjektive** in **Eigennamen** schreibt man groß, z. B.:
> Familie Meier fährt in den **Bayerischen** Wald.

11 **a.** Markiere in den Eigennamen die großgeschriebenen Adjektive.
b. Ordne die Wortgruppen nach geografischen Eigennamen und
anderen Eigennamen. Schreibe in dein Heft.

die Sächsische Schweiz, das Technische Hilfswerk,
das Rote Kreuz, die Königliche Hoheit, das Rote Meer,
die Tschechische Republik, der Bayerische Wald,
die Gelben Seiten

Starthilfe

geografische Eigennamen	andere Eigennamen
die Sächsische Schweiz, …	das Technische Hilfswerk, …

Z 12 **a.** Suche die geografischen Eigennamen aus Aufgabe 11 im Atlas.
b. Schreibe zu jedem Eigennamen drei Nachbarn (Staaten oder Städte) auf.

Das kann ich – Großschreibung

1 Ergänze die beiden Merksätze zu nominalisierten Verben.

Aus Verben können _____ werden. Der Artikel _____ und die

Wörter _____, _____, _____ und _____ machen's!

2 Markiere die nominalisierten Verben mit ihren Begleitern im Text.

Mir fällt das Vorbereiten einer Klassenarbeit schwer. Zum Lernen fehlt mir
oft die Ruhe. Dabei könnte ich vom Üben sehr viel profitieren. Im Entspannen
bin ich leider nicht so gut. Nur beim Laufen kann ich richtig abschalten.

3 Entscheide die Groß- oder Kleinschreibung der Verben.
Schreibe den Text richtig in dein Heft.

Das VORBEREITEN einer Klassenarbeit MACHT mir große Mühe, weil
das PLANEN des Spickzettels viel Zeit ERFORDERT. Aber beim ÜBERLEGEN
fällt mir meistens ein, was wichtig sein könnte. Doch wenn das lange und
kleine SCHREIBEN beendet ist, DENKE ich manchmal darüber nach, ob ich
die Zeit nicht auch zum ÜBEN hätte VERWENDEN können. Den Spickzettel
BRAUCHE ich übrigens dann nie.

4 Ergänze die zwei Merksätze zu nominalisierten Adjektiven.

Aus Adjektiven können _____ werden. Die Wörter _____,

_____, _____ und _____ machen's!

Das starke Wort **im** kann aus _____ Nomen machen.

5 Ergänze die Sätze richtig mit den Wörtern aus den Klammern.

Bei dem Vortrag habe ich viel _____ erfahren. (interessant)

Auf dem Markt kann man viel _____ kaufen. (köstlich)

Für die Wanderung steckte ich mir etwas _____ ein. (süß)

Während der Klassenfahrt aßen wir viel _____. (gesund)

Wegen der Kälte wollte Jan etwas _____ essen. (warm)

Die Nachrichten meldeten nichts _____. (neu)

6 Markiere in den Eigennamen die großgeschriebenen Adjektive.

> der Große Wagen (ein Sternbild), die Ostfriesischen Inseln,
> der Thüringer Wald, der Fliegende Holländer (eine Oper),
> die Freie und Hansestadt Hamburg, die Holsteinische Schweiz,
> der Indische Ozean, die Sozialdemokratische Partei Deutschlands,
> das Kap der Guten Hoffnung

7 Schreibe die Wortgruppen aus Aufgabe 6 in dein Heft.

Gesamtpunktzahl:

Wochentage und Tageszeiten

Aus **Wochentagen** und **Tageszeiten** kann man zusammengesetzte
Nomen bilden, z. B.:
der Mittwoch + **der Morgen** = **der Mittwochmorgen**.

1 Setze die Wochentage und Tageszeiten zusammen.

der Montag + der Vormittag = am _Montagvormittag_

der Mittwoch + der Morgen = am _____

der Freitag + die Nacht = in der _____

2 **a.** Lies den folgenden Text.
b. Markiere die Zusammensetzungen aus Wochentag und Tageszeit.

Das Programm der Klassenfahrt – Teil 1

Am Montagmorgen wurde die Klasse 7 b mit einem Bus in die Jugendherberge
gebracht. Nachdem sich alle die Zimmer ausgesucht hatten, trug Maike
beim Essen das Programm vor: „Den Montagnachmittag können wir nutzen,
um das Gelände der Jugendherberge zu erkunden. Am Montagabend beziehen
wir die Betten, damit jeder ein sauberes Bett hat. Am Dienstagmorgen gibt es
die von Sahin, Tim, Fred und Kai geplante Stadtrallye. Den Dienstagnachmittag
nutzen wir für einen Besuch des Freibades und am Dienstagabend besprechen
wir die weitere Planung."

3 Ergänze die Zusammensetzungen aus dem Text.

am _Montagmorgen_   am _____

am _____   am _____

am _____   am _____

4 Ergänze in den Lücken Zusammensetzungen aus Wochentag und Tageszeit.
Die Wörter am Rand helfen dir.

Das Programm der Klassenfahrt – Teil 2

Am _Dienstagabend_ erläutert Mesut den Plan für die nächsten Tage:

„Für den _____ hat Herr Hagen

eine Überraschung geplant. Haltet euch ab 7 Uhr bereit! Nach dem Essen

gibt es am _____ Gemeinschaftsspiele.

Richtig spannend wird es danach in der _____

bei der Nachtwanderung! Am _____ müssen

wir packen, weil wir um 12 Uhr zu Hause sein wollen."

der Dienstag
+ der Abend,
der Mittwoch
+ der Morgen,
der Donnerstag
+ die Nacht,
der Freitag
+ Vormittag,
der Mittwoch
+ der Nachmittag

5 **a.** Schreibe die Texte aus den Aufgaben 2 und 4 in dein Heft.
b. Markiere die Zusammensetzungen aus Wochentag und Tageszeit.

Wochentage und Tageszeiten mit einem **s** am Ende sind **Adverbien**.
Sie werden **kleingeschrieben**, z. B.:
Ich mache **abends** meistens Hausaufgaben; nur **mittwochs** gehe ich
zum Sport.

6 Ergänze den Lückentext mit den Adverbien vom Rand.

Max: Kommst du am Dienstag zum Basketball?

Sascha: _____ gehe ich nach der Schule zum Gitarren-

unterricht. _____ mache ich meine Hausaufgaben.

Max: Und was machst du am Mittwoch?

Sascha: _____ bin ich immer im Skaterpark.

Max: Und am Sonntag?

Sascha: _____ fahren wir meist mit meiner Familie weg,

aber erst am Nachmittag, wir können uns also _____ treffen.

> dienstags,
> abends,
> mittwochs,
> sonntags,
> morgens

7 Bilde weitere Adverbien mit **s**.

der Montag – *montags*   der Vormittag – _____

der Donnerstag – _____   der Mittag – _____

der Freitag – _____   der Nachmittag – _____

der Samstag – _____   die Nacht – _____

Das kann ich! – Wochentage und Tageszeiten

Punkte

1 Ergänze die Merksätze.

A Aus **Wochentagen** und _____ kann man

zusammengesetzte _____ bilden.

☐ /4 Punkte

B _____ und Tageszeiten mit einem **s** am _____

sind _____. Sie werden **kleingeschrieben**.

☐ /6 Punkte

2 Entscheide die Schreibung. Schreibe auf die Linien.

A Am (**Samstag** + **Abend**) _____ sehe ich mir ein Fußballspiel an.

B Ich bin (**Morgen** + **s**) _____ manchmal noch sehr müde.

C Frank und Lukas gehen (**Mittwoch** + **s**) _____ zum Badminton.

D Wir probieren am (**Dienstag** + **Nachmittag**) _____
das Spiel aus.

E Was ist schöner, als (**Sonntag** + **Morgen** + **s**) _____
auszuschlafen?

☐ /10 Punkte

Gesamtpunktzahl: ☐ /20 Punkte

Getrenntschreibung

> Die Wortgruppe **Verb** + **Verb** wird in der Regel **getrennt** geschrieben,
> z. B.: Ich will endlich **schwimmen lernen**.

1 Markiere im Text alle Wortgruppen aus **Verb** + **Verb**.

Familienausflug im Herbst

„Habt ihr meinen Stein springen sehen?", fragte Tom stolz. Die Familie rastete
gerade bei ihrem Sonntagsspaziergang an einem Badesee. „Ich will jetzt gleich
baden gehen", sagte Toms neunjährige Schwester Anna. „Das wirst du schön
bleiben lassen im Oktober!", meinte der Vater und schlug vor: „Ihr könntet
5 euren Drachen steigen lassen. Ich habe ihn eingepackt." Anna begann sofort,
den Drachen auszupacken. Plötzlich schimpfte sie: „Vati muss immer etwas
zu Hause liegen lassen – die Anleitung fehlt." Tom wollte witzig sein und meinte:
„Ist doch egal. Du müsstest sowieso erst noch lesen lernen." Sekunden später
konnte man Tom schreien hören und ganz erstaunlich schnell rennen sehen,
10 nachdem Anna ihm eine Stange des Drachens in den Allerwertesten gestoßen
hatte. Anna lief ihrem Bruder hinterher und rief: „Du wirst mich jetzt richtig
kennen lernen!" „Könnt ihr das bitte sein lassen?", bat die Mutter und schlug
zur Versöhnung vor: „Wir könnten nachher noch unsere neuen Fahrräder
spazieren fahren und irgendwo essen gehen."

2 Schreibe die markierten Verbpaare aus dem Text auf die Linien.

springen sehen, _____

_____

_____

_____

3 **a.** Schreibe den Text aus Aufgabe 1 in dein Heft.
b. Markiere die Getrenntschreibung der Verbpaare.

4 Ergänze den Brief mit passenden Verbpaaren vom Rand.

spazieren geht,
kennen lernst,
sein lässt,
essen geht,
schneiden sieht

Hallo Lukas,

wenn mein Opa mit dem Hund _spazieren_ _geht_ , muss er beim Laufen

aufpassen. Meine Oma sieht nicht mehr so gut und Opa macht sich jedes Mal

Sorgen, wenn er sie Gemüse _____ _____ . Wenn Opa

manchmal mit Oma ins Restaurant _____ _____ , macht er das

auch, damit sie das Kochen _____ _____ . Ich erzähle dir ein wenig

von meinen Großeltern, damit du sie schon etwas _____ _____ ,

bevor wir bei ihnen im Garten zelten.

Viele Grüße

Paul

Wortgruppen mit **sein** schreibt man **getrennt**, egal, welches Wort vor **sein** steht, z. B.: **da sein**, **an sein**.

5 Markiere alle Verbindungen mit **sein** vom Rand im Text.

Allein sein? Nein, dabei sein!

Nach dem Unfall dachte Burak, es würde aus sein mit den Freunden vom Bolzplatz. Dass es mit dem Fußball vorbei sein würde, hatten die Ärzte ihm nach ein paar Tagen gesagt. Er müsse zufrieden sein, wenn er einigermaßen laufen könne, war die Meinung der Ärzte. Buraks Freunde waren anderer Meinung und beschlossen, Burak müsse bald zurück sein. Sie wollten mit ihm zusammen sein, weil er ihr Freund war. Zudem machte er die besten Sprüche. Später wunderten sich die Gegner oft, wie Burak trotz seines kaputten Beins auf dem Platz so gut sein konnte. Burak gab einfach alles, weil er dabei sein konnte.

allein sein,
aus sein,
gut sein,
vorbei sein,
zufrieden sein,
zurück sein,
zusammen sein,
dabei sein (2x)

6 **a.** Ergänze im Text Verbindungen mit **sein**. Schreibe in dein Heft.
b. Markiere die Wortgruppen mit **sein** in deinem Heft.

Ich will in der Schule ▮▮ und danach mit der Ausbildung schnell ▮▮ . Dann können meine Eltern mit mir ▮▮ . Danach wird es zwar auch mit dem Wohnen bei den Eltern ▮▮ , aber ich will bald aus meinem Kinderzimmer ▮▮ .

Z 7 Schreibe mit jeder Wortgruppe vom Rand neben Aufgabe 5 einen eigenen Satz in dein Heft.

Das kann ich! – Getrenntschreibung

Punkte

1 Ergänze die Merksätze.

Verbindungen aus **zwei Verben** schreibt man _____ .

Wortgruppen mit _____ schreibt man **getrennt**.

▢ /2 Punkte

2 **a.** Markiere im Text alle Verbindungen aus zwei Verben.
b. Schreibe den Text in dein Heft ab. Markiere die Verbpaare.

„Ihr werdet in dem Spiel baden gehen, wenn ihr ständig stehen bleibt", kritisierte uns der Trainer. „Ihr sollt hier nicht spazieren gehen. Die Zuschauer wollen euch rennen sehen. Oder könnt ihr sie nicht schreien hören?"

▢ /5 Punkte
▢ /5 Punkte

3 **a.** Ergänze im Text fünf verschiedene Verbindungen mit **sein**.
Du kannst die Wortgruppen vom Rand verwenden.
Tipp: Schreibe zuerst nur mit Bleistift.
b. Schreibe den Text in dein Heft ab.

dabei sein,
fertig sein,
da sein,
hier sein,
weg sein

Sahin: „Ich kann in dreißig Minuten _____ _____ – wartest du auf mich?"

Ahmed: „Da werde ich leider schon _____ _____ . Es tut mir leid."

Sahin: „Ich will aber unbedingt _____ _____ ."

Ahmed: „Dann musst du in zehn Minuten _____ _____ ."

Sahin: „Ich werde pünktlich _____ _____ . Ich gehe sofort los."

▢ /5 Punkte

▢ /5 Punkte

Gesamtpunktzahl: ▢ /22 Punkte

Fremdwörter auf -(t)ion und -ieren

Fremdwörter kann man oft an ihren **Endungen** (Suffixen) erkennen.
Die Nomen auf **-(t)ion** sind häufig mit Verben auf **-ieren** verwandt, z. B.:
die Addi**tion** / add**ieren**.
Tipp: Die Nomen auf **-(t)ion** haben alle den Artikel **die**.

1 **a.** Markiere im Text die Fremdwörter auf -tion rot (Nomen).
   b. Markiere im Text die Fremdwörter auf -ieren blau (Verben).

Eine tolle Klasse

„Zu dieser Leistung möchte ich euch gratulieren!", sagte Herr Hagen,
der Deutschlehrer der Klasse 7 a, als er den Schülerinnen und Schülern
den Deutschtest zurückgab. Auf diese Gratulation konnte die Klasse 7 a nur
mit Jubelgeschrei reagieren. Mit so einer überschwänglichen Reaktion hatte

5 Herr Hagen nicht gerechnet. Er freute sich und meinte: „Die Konjugation
der Verben und die Deklination der Nomen habt ihr sehr gut verstanden.
Es ist übrigens gar nicht so einfach, richtig zu konjugieren und zu deklinieren."
Beim nächsten Thema „Argumentation" wollten die Schülerinnen und Schüler
besonders gut aufpassen. Denn um Herrn Hagen davon zu überzeugen,
10 mit ihnen eine Klassenfahrt zu machen, würden sie gut argumentieren müssen.

2 Trage die markierten Nomen und Verben aus Aufgabe 1 in die Tabelle ein.

Nomen auf -(t)ion	Verben auf -ieren
die Gratulation,	gratulieren,

3 **a.** Schreibe alle Fremdwörter aus dem Text in eine Liste im Heft.
   b. Schreibe die Bedeutung dazu. Du kannst ein Wörterbuch
      und die folgenden Wörter verwenden.

beglückwünschen, eine Wirkung zeigen, der Glückwunsch,
Verben beugen, die Wirkung, Beugung von Verben,
Begründung (Beweisführung), Beugung von Nomen,
Nomen beugen, begründen (beweisen)

4 Ergänze die folgenden Sätze mit Fremdwörtern aus dem Text.
   Tipp: Du musst die Fremdwörter dabei konjugieren.

Alle haben die Nomen richtig _____ und die Verben

richtig _____. Dazu hat ihnen Herr Hagen _____.

5 Schreibe den Text aus Aufgabe 1 in dein Heft ab.

6 Schlage die Verben aus der Tabelle im Wörterbuch nach.
a. Schreibe die Bedeutung der Verben in die zweite Spalte.
b. Trage die verwandten Nomen auf **-tion** vom Rand
in die dritte Spalte ein.

~~die Kombination,~~
die Präsentation,
die Dekoration,
die Organisation

Verb auf -ieren	Bedeutung	Verwandtes Nomen auf -(t)ion
kombinieren	*verknüpfen, in Verbindung bringen*	*die Kombination*
organisieren		
präsentieren		
dekorieren		

Bei einigen verwandten Fremdwörtern unterscheidet sich ein Konsonant.

7 **a.** Markiere den Konsonanten vor der Endung **-ieren**.
b. Schreibe die Nomen auf **-(t)ion** vom Rand zu den passenden Verben.
c. Markiere den Konsonanten, der sich unterscheidet.
Achtung: Oft wird vor dem -(t)ion noch ein **a** eingeschoben.

~~die Aktion,~~
die Kommunikation,
die Fabrikation,
die Produktion

agieren – _die Aktion_ , fabrizieren – _____ ,

kommunizieren – _____ ,

produzieren – _____

Punkte

1 Schreibe zwei häufige Endungen von Fremdwörtern auf. _____ , _____

☐ /2 Punkte

2 Ergänze passende Verben auf **-ieren**.

Im Grammatiktest müsst ihr die Verben richtig _____

und die Nomen richtig _____ .

☐ /2 Punkte

3 Ergänze jeweils das Nomen auf **-(t)ion** oder das Verb auf **-ieren**.
Denke bei den Nomen an den Artikel.

____ _____ – argumentieren, die Dekoration – _____ ,

die Gratulation – _____ , die Information – _____ ,

____ _____ – kombinieren, die Präsentation – _____

☐ /6 Punkte

4 Ergänze den Text mit Verben vom Rand. Schreibe in dein Heft.

„Zu dem Verkaufserfolg im letzten Jahr können wir uns alle ▮ “, sagte
die Chefin der Modefirma. „Auf jeden Fall sollten wir die Hosen wieder
im Frühjahr auf der Modenschau ▮ “, meinte die Designerin.
„Um die Kunden zu überzeugen, müssen wir sie über die Produkte ▮ “,
ergänzte die Verkäuferin und meinte: „Es hilft uns, wenn viele Geschäfte
ihre Schaufenster mit unseren Produkten ▮ .“

informieren,
gratulieren,
dekorieren,
präsentieren

☐ /4 Punkte

Gesamtpunktzahl: ☐ /14 Punkte

Komma bei dass-Sätzen

Nach Verben des Sagens, Denkens und Meinens folgen oft **dass**-Sätze.
Der **dass**-Satz wird durch ein Komma vom Hauptsatz abgetrennt, z.B.:
Er hofft, **dass** seine Freunde auf ihn warten.

1 **a.** Unterstreiche die **dass**-Sätze (Nebensätze).
   b. Setze das fehlende Komma vor **dass**.
   c. Kreise **dass** ein und kennzeichne das Komma mit einem Pfeil.

Die Redaktion wusste , (dass) die letzte Schülerzeitung nicht gut ankam.

Sie dachten zunächst   dass es an den fehlenden Fotos lag. Aber dann

sahen sie ein   dass der Artikel über das Schulfest misslungen war.

2 **a.** Ergänze die folgenden Satzanfänge mit passenden **dass**-Sätzen vom Rand.
      Denke an das Komma vor dem **dass**-Satz.
   b. Markiere das Komma mit Blau und kreise **dass** ein.
   c. Schreibe die Sätze in dein Heft.

Sie freute sich , (dass) _____

Es tat ihm leid _____

Sie ahnten _____

… dass sie das Spiel verlieren würden.
… dass er an ihren Geburtstag gedacht hatte.
… dass er das Geschenk vergessen hatte.

3 **a.** Was wünschst du dir für die Zukunft?
      Schreibe einen eigenen **dass**-Satz in dein Heft.
   b. Markiere das Komma mit Blau und kreise **dass** ein.

Starthilfe

Ich wünsche mir, (dass) …

**Wenn du wiedergeben willst, was jemand gesagt hat,
kannst du dass-Sätze verwenden.**

4 **a.** Markiere das Verb in dem **dass**-Satz mit Rot.
   b. Markiere das Komma mit Blau und kreise **dass** ein.

Murat stellt fest: „Es ist viel zu heiß zum Lernen."
Murat stellt fest, dass es viel zu heiß zum Lernen ist.

5 **a.** Gib die folgenden Sätze mit wörtlicher Rede als **dass**-Sätze wieder.
      – Markiere zuerst das Verb in der wörtlichen Rede mit Rot.
      – Schreibe die Sätze als **dass**-Sätze auf die Linien.
      Du kannst die Wörter und Wortgruppen vom Rand verwenden.
   b. Markiere das Komma mit Blau, das Verb mit Rot und kreise **dass** ein.

~~sie~~, alle Fächer, die Schüler, für sie

Vadim meint: „Wir haben zu viele verschiedene Fächer an einem Tag."
Vadim meint, (dass) sie zu viele verschiedene Fächer an einem Tag haben.

Ines wendet ein: „Aber alle Fächer sind wichtig."

_____

Frau Özil stellt fest: „Sie denken über den Unterricht nach."

_____

Clarissa denkt: „Für mich ist nur Sport interessant."

_____

Der dass-Satz kann auch vor dem Hauptsatz stehen.

6 **a.** Unterstreiche die **dass**-Sätze.
b. Setze die fehlenden Kommas.
c. Kreise **dass** ein und markiere das Komma.

(Dass) es ein ganz besonderes Schulfest wird   glaubt Maike.

Dass dieses Vorhaben mit viel Arbeit verbunden ist   wissen die Schüler.

Dass das Fest allen gefällt   hoffen die Organisatoren.

7 **a.** Schreibe die folgenden Sätze neu in dein Heft.
Stelle dabei die **dass**-Sätze an den Anfang.
Tipp: Du musst das Verb in den Hauptsätzen umstellen.
b. Markiere im Heft das Komma mit Blau und kreise **dass** ein.

Starthilfe

(Dass) sie die Texte für die Schülerzeitung überarbeiten sollten, denkt Angela.
…

Angela denkt, dass sie die Texte für die Schülerzeitung überarbeiten sollten.
Serdar findet, dass dieser Vorschlag gut ist.
Aisha entgegnet, dass sie dann alle noch mehr Arbeit haben.
Dirk glaubt, dass es sich für ein befriedigendes Ergebnis lohnt.

Das kann ich! – Komma bei dass-Sätzen

Punkte

1 Ergänze die Merksätze.

Nach Verben des _____, _____ und

_____ folgen oft **dass**-Sätze.

Vor der Konjunktion _____ steht immer ein _____.

/5 Punkte

2 Gib die folgenden Sätze mit wörtlicher Rede als **dass**-Sätze wieder.
– Markiere zuerst das gebeugte Verb in der wörtlichen Rede mit Rot.
– Schreibe die Sätze als **dass**-Sätze auf die Linien.

Der Kapitän befahl: „Der Matrose soll an Bord kommen."

_____

Galileo Galilei bewies: „Die Erde ist rund."

_____

/4 Punkte

3 **a.** Unterstreiche die **dass**-Sätze.
b. Setze die fehlenden Kommas in dem Text.

Der Mannschaftsführer meint   dass die Mannschaft im Mittelfeld sehr
überlegen gespielt hat. Dass bei dieser Überlegenheit keine Tore gefallen
sind   kann er gar nicht verstehen. Der Stürmer klagt   dass der Schiedsrichter
keinen Elfmeter gegeben hat. Der Torwart behauptet   dass die Sonne zu tief
gestanden hat. Dass das Spiel mit 0 : 1 verloren ging   war also sehr unglücklich.
Der Trainer glaubt   dass beim Rückspiel alle Spieler so motiviert sein werden   dass die Mannschaft gewinnen wird.

/14 Punkte

4 Schreibe den Text aus Aufgabe 3 in dein Heft ab.

/7 Punkte

Gesamtpunktzahl: /30 Punkte

Komma bei Nebensätzen

Bei der Vorbereitung für ein Referat

Achtung: Fehler!

Adrian und Anna bereiten ein Referat über Menschenaffen vor. Sie wählen dieses Thema , (obwohl) sie wenig über Menschenaffen wissen. In der Bücherei suchen sie Sachbücher zu dem Thema   sodass sie eine große Auswahl an Texten haben. Sie überfliegen die Bilder und Texte   nachdem sie

5 genügend Bücher gesammelt haben. Sie freuen sich   als sie einen Bericht über die Schimpansenforscherin Jane Goodall finden.

Jane Goodall wurde als Forscherin sehr berühmt   weil sie das Verhalten von Schimpansen genau erforschte. Dabei entdeckte sie   dass Schimpansen Werkzeuge benutzen. Sie verwenden zum Beispiel Steine zum Aufschlagen

10 von Nüssen   wenn sie hungrig sind. Den Text über Jane Goodall wollen die beiden unbedingt für das Referat verwenden.

1 **a.** Kreise im Text sieben Konjunktionen aus dem Merkwissen ein.
   b. Unterstreiche die Nebensätze.
   c. Ergänze die fehlenden Kommas.
   d. Schreibe die Sätze mit den Konjunktionen der Reihe nach auf die Linien.
      Ergänze dabei die fehlenden Kommas.
   e. Markiere das Komma rot und die Konjunktion blau.

A *Sie wählen dieses Thema, obwohl sie wenig über Menschenaffen wissen.*

B _____

   _____

C _____

   _____

D _____

   _____

E _____

   _____

F _____

   _____

G _____

   _____

Steht der Nebensatz (NS) **vor** dem Hauptsatz (HS),
dann steht das Komma **zwischen zwei Verben**, z.B.:
<u>Als sie den Bericht über Jane Goodall **finden**</u> , **freuen** sie sich.
       NS   Verb   Verb   HS

2 **a.** Kreise in den Sätzen die Konjunktionen ein.

    b. Unterstreiche die Nebensätze.

    c. Markiere die beiden Verben.

    d. Setze das Komma zwischen die Verben.

(Dass) uns das Referat gut gelingt , hoffe ich.

Wenn uns die Lehrerin für das Referat lobt   freuen wir uns sehr.

Obwohl seine Eltern Tierpfleger sind   interessieren Frank Tiere nicht.

Achtung: Fehler!

Nebensätze (NS) können **vor** (Spitzenstellung) und
nach (Endstellung) **dem Hauptsatz (HS)** stehen.
Spitzenstellung: Weil wir Referate halten, bereiten wir uns gut vor.
                  NS   HS

Endstellung: Wir bereiten uns gut vor, **weil** wir Referate halten.
                  HS   NS

3 Wo stehen die Nebensätze im Text unter Aufgabe 1 auf Seite 60?
Ergänze die Lücken.

Die Nebensätze im Text unter Aufgabe 1 auf Seite 60 stehen _____

dem Hauptsatz, also in _____ .

Du kannst Spitzenstellung und Endstellung von Nebensätzen tauschen.

4 **a.** Schreibe die Satzgefüge aus Aufgabe 1 neu auf die Linien unten.
Stelle dabei den Nebensatz nach vorne, also in Spitzenstellung.
Achtung: Satz **B** kannst du nicht umstellen, weil **sodass** nicht
in Spitzenstellung verwendet wird.

    b. Kreise die Konjunktionen ein.

A (Obwohl) *sie wenig über Menschenaffen wissen, wählen sie dieses Thema.*

C _____

_____

D _____

_____

E _____

_____

F _____

_____

G _____

_____

Zeichensetzung bei wörtlicher Rede

1 Markiere die Anführungszeichen, Kommas und Doppelpunkte der wörtlichen Rede.

Das erfolgreiche Referat – Teil 1

Im Hauptteil des Referats berichtete Adrian: „Jane Goodall hat jahrelang mit Schimpansen gearbeitet." „Sie hat dabei viele wichtige Beobachtungen gemacht", ergänzte Anna. Sie erklärte weiter: „Jane Goodall hat zum Beispiel beobachtet, wie Schimpansen Werkzeuge verwenden." Dieser Teil des Referats kam besonders gut an, weil die beiden Referenten viele Bilder zeigten.

2 Ergänze fehlende Anführungszeichen, Kommas und Doppelpunkte.

Das erfolgreiche Referat – Teil 2

Nur einmal musste sich Adrian korrigieren : „ Das ist gar nicht das Bild mit den Termiten. Dies hier ist das richtige Bild.   Aber das war wirklich die einzige kleine Panne der Referenten.   Das war ein sehr gutes Referat   meinte Aljona. Als Begründung äußerte sie   Es hat Spaß gemacht, dem Vortrag zu folgen, da es zum Hauptteil passende Bilder gab.

Achtung: Fehler!

3 **a.** Schreibe den ganzen Text „Das erfolgreiche Referat" in dein Heft ab.
b. Markiere die Satzzeichen der wörtlichen Rede.

Z **4** Schreibe den ersten Teil des Textes ohne wörtliche Rede auf.
Ergänze dazu in den Lücken passende **dass**-Sätze. Denke an das Komma.

Komma bei dass-Sätzen
► S. 58-59

Im Hauptteil des Referats berichtete Adrian, *dass Jane Goodall jahrelang mit Schimpansen gearbeitet hat.*

Anna ergänzte _____

_____

Anna erklärte weiter _____

_____

_____

Das kann ich! – Zeichensetzung

1 Ergänze die Merksätze.

Die _____ **als**, **weil**, **wenn**, **obwohl**, **dass**, **sodass**,

solange und **nachdem** leiten _____ ein, die vom Hauptsatz

durch ein _____ getrennt werden.

Nebensätze (**NS**) können _____ (**Spitzenstellung**) und _____

(**Endstellung**) dem **Hauptsatz** (**HS**) stehen.

Steht der Nebensatz _____ dem Hauptsatz (Spitzenstellung), wird

das Komma **zwischen zwei** _____ gesetzt.

2 **a.** Kreise die Konjunktionen vom Rand in den folgenden Sätzen ein.

b. Setze die fehlenden Kommas.

c. Kreuze an, welche der Nebensätze in Spitzenstellung stehen.
Tipp: Du musst zwei Kreuze machen.

Achtung: Fehler!

Anna und Adrian bekamen viel Lob nachdem sie das Referat gehalten hatten.
Die Lehrerin bescheinigte den beiden dass ihr Referat gut gegliedert war.
Weil sie Bilder eingesetzt hatten blieben die Mitschüler aufmerksam.
Wenn sie das nächste Referat vorbereiten wollen sie auch Folien verwenden.
Adrian und Anna strengen sich an solange sie sich verbessern können.

☐ nachdem,
☐ dass,
☐ weil,
☐ wenn,
☐ solange

3 **a.** Schreibe die Satzgefüge aus Aufgabe 2 neu auf die Linien unten.
Tausche dabei die Stellung der Nebensätze.

b. Kreise die Konjunktionen ein.

A _____

_____

B _____

_____

C _____

_____

D _____

_____

E _____

_____

4 Ergänze die fehlenden Satzzeichen der wörtlichen Rede: Anführungszeichen,
Kommas und Doppelpunkte.

In der Pause fragte Adrian Anna Wollen wir das nächste Referat

auch zusammen halten? Sehr gerne antwortete sie darauf und

ergänzte Es hat viel Spaß gemacht, mit dir zu arbeiten.

Mit dir auch gab Adrian zurück.

Achtung: Fehler!

Gesamtpunktzahl:

Wortarten: Wiederholung

An dem folgenden Text zu der Erzählung „Der Boxer"
kannst du einige Wortarten üben, die du bereits kennst.

Alfredo Schulze hatte gerade **Mittag** gegessen. Mit einem heißen **Kaffee** saß er
noch an seinem **Tisch**. **Er** dachte an den hartnäckigen **Jungen** Harry, der seit
Monaten in den **Boxklub** zum täglichen **Training** kam.
Im Sommer hatte Alfredo die boxverrückten Jungs auf dem Nordmarkplatz mit
5 **ihrem** improvisierten Boxring entdeckt. Der beste Boxer wurde Sharkie genannt.
Harry war eindeutig der schlechteste Boxer der Gruppe gewesen. „Viel zu steif!",
hatte Alfredo immer gedacht: „Das wird nichts."
Jetzt war sich Alfredo gar nicht mehr sicher, ob dieser Sharkie noch eine **Chance**
gegen Harry hätte. Mit **seiner** schnellen Geraden war Harry inzwischen ein
10 unangenehmer **Gegner**. Und Harry hatte jetzt eine solide **Beinarbeit**, obwohl
er trotzdem steif wirkte. Das Erstaunliche an Harry war, wie viele harte **Schläge**
er einstecken konnte, ohne aufzugeben.

1 a. Markiere im Text vier hervorgehobene Personalpronomen blau.
b. Markiere im Text drei hervorgehobene Possessivpronomen gelb.

2 a. Ordne die hervorgehobenen Nomen nach Singular und Plural.
Schreibe sie mit Artikel in dein Heft.
b. Markiere im zweiten Absatz sechs weitere Nomen grün.
Schreibe auch diese sechs Nomen mit Artikel geordnet in dein Heft.

3 Ergänze passende Adjektive aus dem Text zu den Nomen.
Du kannst die Formen vom Rand verwenden.

ein ___*heißer*___ Kaffee – der _____ Junge –

die _____ Gerade – ein _____ Gegner –

die _____ Schläge

4 Welche zwei Adjektive im Text stehen im Superlativ?
a. Markiere sie im Text. Die Beispiele am Rand helfen dir.
b. Schreibe die beiden Wortgruppen mit dem Superlativ auf die Linien.

_____ _____ _____ , _____ _____ _____

5 Steigere die Adjektive in den Wortgruppen aus Aufgabe 3.
Schreibe den Komparativ und den Superlativ in dein Heft.
Tipp: Beim Superlativ musst du den bestimmten Artikel verwenden.

6 a. Markiere im Text alle Verbformen rot.
Tipp: Frage bei jedem Satz: „Was tut/tun?"
b. Überprüfe dein Ergebnis mithilfe der folgenden Liste von Verben.
Hast du jedes Verb so oft markiert wie angegeben? Hake ab.
c. Ein weiteres Verb steht im Infinitiv. Schreibe es auf die Linie.

essen (aß, gegessen) **(1)** ☑ , können (konnte) **(1)** ☐ , werden (wurde) **(2)** ☐ ,
denken (dachte, gedacht) **(2)** ☐ , sein (war, gewesen) **(5)** ☐ , wirken **(1)** ☐ ,
nennen (nannte, genannt) **(1)** ☐ , aufgeben **(1)** ☐ , kommen (kam) **(1)** ☐ ,
entdecken **(1)** ☐ , aufgeben **(1)** ☐ , haben (hatte, hätte) **(6)** ☐ ,
sitzen (saß, gesessen) **(1)** ☐ ,

_____ **(1)** ☐

Personalpronomen und
Possessivpronomen

Nomen

Adjektive

~~heißer~~, unangenehmer,
hartnäckige, harten,
schnelle

Beispiele für Superlative:
der **größte** Kampf,
der **kleinste** Boxer

Starthilfe

– ein heißerer Kaffee,
– der heißeste Kaffee,
– …

Verben

mehr zu Verben
➤ S. 68–75

Wortart: Pronomen

Mit den **Relativpronomen der/die/das, welcher/welche/welches** kann man **Nebensätze** einleiten.
Das Relativpronomen **bezieht sich auf ein Nomen** oder **Pronomen** zurück und steht nach einem **Komma**, z. B.:
Ich lese **das Buch, das** du mir geschenkt hast.

Relativpronomen können in den **vier Fällen** stehen.

Nominativ	der	die	das
Genitiv	dessen	deren	dessen
Dativ	dem	der	dem
Akkusativ	den	die	das

1 a. Lies das Merkwissen.
   b. Markiere in den vollständigen Sätzen unten das Relativpronomen.
   c. Auf welches Nomen oder Pronomen bezieht sich das Relativpronomen? Zeichne einen Pfeil.
   d. Ergänze auf den Linien Nebensätze mit Relativpronomen. Verwende die Relativpronomen vom Rand. Setze das Komma.

Ein Nachbar, der zufällig vorbeikam, sah ihn.

~~die,~~ den, der, dessen

Eine Nachbarin, *die zufällig* _____

Ich habe eine Freundin, deren Eltern Sportler sind.

Ich habe einen Freund _____

Er hatte einen Freund, dem er vertrauen konnte.

Sie hatte eine Freundin _____

Du kennst das Lied, das ich immer höre.

Du kennst den Song, _____

2 Schreibe zwei eigene Sätze mit Relativpronomen in dein Heft.

Mit den **Demonstrativpronomen dieser/diese/dieses, jener/jene/jenes** kann man auf etwas zeigen oder hinweisen, z. B.:
Sie mochte **dieses** Lied, weil es sie an **jenen** guten Tag erinnerte.

Dieses oder jenes gefällt mir nicht in meinem Zimmer. Ich könnte vielleicht ein Poster an diese Wand hängen – oder doch lieber an jene Wand? Soll ich diesen Rapper auswählen oder besser jenen Spieler, der das letzte Tor im Pokal geschossen hat? Diese Entscheidungen fallen mir wirklich schwer.

3 a. Markiere alle Demonstrativpronomen im Text oben.
   b. Ergänze Demonstrativpronomen vom Rand in den folgenden Sätzen.

~~diesem,~~ jenes, jenen, jenen, diesen

Sie sang ihren Hit. Mit _____*diesem*_____ Lied hatte sie _____ Wettbewerb

gewonnen, der in ganz Europa ausgestrahlt wurde.

_____ Tag heute vergesse ich genauso wenig wie _____ Tag,

als mein Fahrrad geklaut wurde – _____ Fahrrad, das ich erst kurz zuvor

zum Geburtstag bekommen hatte.

Z **4** Unterstreiche zwei Relativpronomen in den Sätzen unter Aufgabe 3.

Wortart: Adverb

Das Wunder in der zweiten Halbzeit

Es stand schlecht zu Beginn der zweiten Halbzeit, denn sie lagen mit 0:3 **hinten**.
Trotzdem scheute das Team keine Mühe, um **irgendwie vielleicht dennoch**
zu gewinnen. **Blindlings** streckte der Stürmer seinen Fuß **noch** in die etwas
missglückte Flanke und erwischte den Ball mit der Fußspitze. Der Ball prallte
5 vom Torwart gefaustet **links** zur Seite ab, wo sich ein Mitspieler **kopfüber** auf
den Ball stürzte und ihn **so** über die Linie drückte. **Endlich** gab es einen Grund
zum Jubeln. **Danach** lief das Team **plötzlich** zu Höchstform auf und nur
wenige Minuten später erfolgte **bereits** der Anschlusstreffer und es stand **nun**
immerhin 2:3. Alles, was **sonst** nur **selten** klappte, funktionierte **jetzt** und
10 es gab **haufenweise** Chancen. Die Bälle flogen **hin** und **her** und **überall**
stand ein Mitspieler bereit, um den nächsten Pass zu spielen.

Eigentlich war kurz vor Schluss _nur_ _noch_ ein Unentschieden möglich, doch

als plötzlich der Ausgleich fiel, dachten _____ alle an ein Wunder.

Kurz _____ eroberte der Stürmer den Ball und passte _____

15 weit nach _____, wo sein Mitspieler zum Spurt angesetzt hatte.

Dieser lief mit dem Ball von _____ auf den Strafraum zu und lupfte

den Ball über die verdutzten Verteidiger, schlug einen Haken _____

an ihnen vorbei und lupfte die Kugel _____ über den Torwart ins Tor.

_____ gewannen sie das Spiel. Es war _____ zu glauben.

Adverbien der Zeit
~~noch,~~ zuletzt, schließlich, danach, sofort

Adverbien des Ortes
vorne, rechts, links

Adverbien des Grundes
darum

Adverbien der Art und Weise
~~nur,~~ insgeheim, kaum

---

1 **a.** Ordne die blauen Adverbien aus dem ersten Absatz
des Textes in eine Tabelle im Heft.
Tipp: Du kannst in den Kästen unten nachschauen.
b. Ergänze im zweiten Absatz passende Adverbien.
Verwende dabei die passenden Adverbien vom Rand
neben dem Text.

Adverbien			
... der Zeit	... des Ortes	... des Grundes	... der Art und Weise
	hinten, ...	trotzdem, ...	irgendwie, ...

Adverbien der Zeit
vorher, heute, bereits, selten, zuerst, endlich, früher, niemals, schon, noch, bald, nun, schließlich, jetzt, manchmal, danach, plötzlich, sofort

Adverbien des Ortes
hier, da, vorne, hinten, überall, draußen, rechts, links, dort, her, hin, vorwärts, daneben, drüben, darunter, nirgendwo, oben, darin, aufwärts

Adverbien der Art und Weise
genauso, irgendwie, anders, kopfüber, so, sehr, haufenweise, sonst, vielleicht, blindlings, gern(e), leider, immerhin, doch, nur

Adverbien des Grundes
nämlich, deshalb, darum, deswegen, dann, dazu, dennoch, trotzdem, folglich, also, demzufolge, jedoch, dagegen, insofern

Punkte

1 **a.** Markiere in dem Text die Personalpronomen blau.
/2 Punkte
b. Markiere in dem Text die Possessivpronomen gelb.
/2 Punkte

Der Auftritt auf dem Schulfest

Die Tanz-AG der Klassen 7 a und 7 b hatte sich für die neue Show lange
vorbereitet. Alle trugen die schönen Kostüme, **die sie** mithilfe der netten Eltern
selbst geschneidert hatten. Auf der dunklen Bühne nahm jeder leise **seinen** Platz
ein, **der** mit leuchtendem Klebeband auf dem Boden markiert war. Bevor sich
5 der Vorhang öffnete, gingen auch im Zuschauerraum die Lichter aus. Der Start
lag in den Händen der Technik-Gruppe, **die ihn** punktgenau setzen sollte.
Während der Vorhang leise aufging, nickten sich die „Techniker" mit
konzentrierten Gesichtern zu und legten **ihre** Finger auf die richtigen Knöpfe.
Die Tänzerinnen und Tänzer warteten angespannt in der Dunkelheit. Grelles
10 Scheinwerferlicht, **das** von dröhnenden Bässen begleitet wurde, zuckte plötzlich
über die Bühne. Mit einem kurzen Schrei sprangen alle gleichzeitig in die Luft,
die wie durch einen Blitz zerrissen wurde. Der Tanz begann. Schon nach
der ersten Nummer spendete das Publikum tosenden Applaus, **der** gar nicht
mehr enden wollte. Die Show war der bisher größte Erfolg der Tanz-AG.

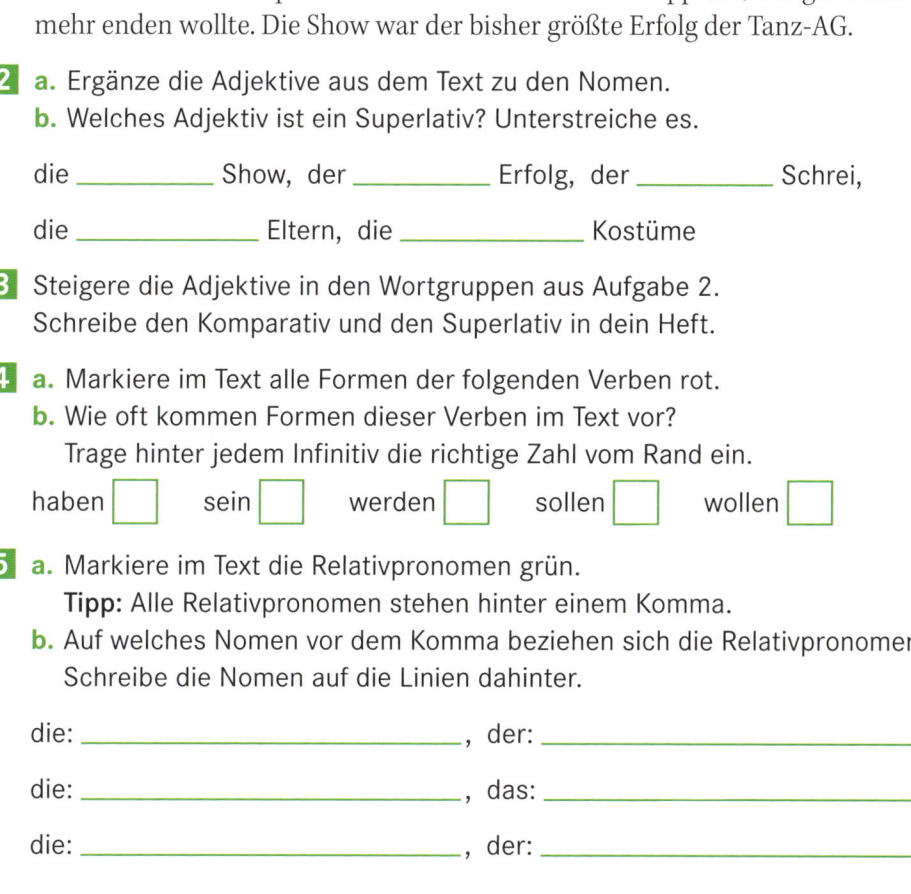

2 **a.** Ergänze die Adjektive aus dem Text zu den Nomen.
/5 Punkte
b. Welches Adjektiv ist ein Superlativ? Unterstreiche es.
/1 Punkt

die _____ Show, der _____ Erfolg, der _____ Schrei,

die _____ Eltern, die _____ Kostüme

3 Steigere die Adjektive in den Wortgruppen aus Aufgabe 2.
/9 Punkte
Schreibe den Komparativ und den Superlativ in dein Heft.

4 **a.** Markiere im Text alle Formen der folgenden Verben rot.
/8 Punkte
b. Wie oft kommen Formen dieser Verben im Text vor?
Trage hinter jedem Infinitiv die richtige Zahl vom Rand ein.

haben [ ]   sein [ ]   werden [ ]   sollen [ ]   wollen [ ]

> 2 (2 x)
> 1 (3 x)

5 **a.** Markiere im Text die Relativpronomen grün.
/6 Punkte
Tipp: Alle Relativpronomen stehen hinter einem Komma.
b. Auf welches Nomen vor dem Komma beziehen sich die Relativpronomen?
/6 Punkte
Schreibe die Nomen auf die Linien dahinter.

die: _____ , der: _____ ,

die: _____ , das: _____ ,

die: _____ , der: _____

6 Ordne die Adverbien vom Rand in die folgende Tabelle.
/16 Punkte

Adverbien			
der Zeit	des Ortes	des Grundes	der Art und Weise

> deshalb, endlich,
> rechts, halbwegs,
> jetzt, dienstags,
> irgendwie, vorne,
> kopfüber, darum,
> trotzdem, hier,
> dennoch, links,
> heute, vielleicht

Gesamtpunktzahl: /55 Punkte

Wortart: Verb

Wiederholung: Zeitformen der Verben

Die Entstehung der Steinkohle

Vor 360 bis 250 Millionen Jahren gab es noch keine Blütenpflanzen, keine Vögel und natürlich auch keine Menschen. Aber es wuchsen bereits riesige Urwälder, die unsere moderne technische Entwicklung ermöglicht haben. Denn die Urwälder wurden im Laufe der Zeit zu Gestein – zu Steinkohle.

5 Viele damalige Bäume, wie zum Beispiel der Schuppenbaum, hatten zwar eine sehr dicke Rinde, aber nur einen dünnen hölzernen Kern. Daher knickten sie leicht um und starben ab. So entstanden gewaltige Moore, die langsam absanken und von Sand- und Tonschichten überlagert wurden. Luftabschluss und der Druck der darüber lastenden Gesteinsmassen bewirkten, dass das Holz

10 vertorfte. Das heißt, dass der in den Pflanzen enthaltene Sauerstoff verbraucht ist und sich dadurch der Kohlenstoffanteil vergrößert hat. Aus dem Torf ist im Lauf von Jahrmillionen Braunkohle und daraus wiederum bei erhöhtem Druck und erhöhter Temperatur Steinkohle entstanden.
Steinkohle hat einen höheren Brennwert als Braunkohle, sie gilt daher als

15 wertvoller. Heute findet man Steinkohle zum Beispiel in dem sogenannten Nordwesteuropäischen Kohlegürtel, der sich von England über Nordfrankreich und Belgien bis in das Ruhrgebiet erstreckt. Ob die Menschheit noch lange Steinkohle abbauen wird, ist wegen der hohen Förderkosten fraglich.
Die größten Vorräte an Steinkohle lagern in den USA, in China und in Indien.

20 Wichtige Abbaugebiete in Europa liegen in Russland, Polen und der Ukraine.

1 **a.** Markiere die Verben im Text.
b. Ordne die Verben nach Zeiten in die folgende Tabelle ein.
Schreibe sie hinter die passenden Infinitive.

Verben im Präsens (8)		Verben im Perfekt (5)
heißen: es _heißt_ haben: sie _____		ermöglichen:
gelten: sie _____ finden: man _____		sie _haben_ _ermöglicht_ _____
sich erstrecken: er _____ _____ sein: es _____		überlagern:
lagern: sie _____ liegen: sie _____		sie _____ _____
Verben im Präteritum (10)		verbrauchen:
geben: es _gab_ wachsen: sie _____		er _____ _____
werden: sie _____ haben: sie _____		sich vergrößern:
umknicken: sie _____ _____		er _____ _____ _____
absterben: sie _____ _____		entstehen:
entstehen: sie _____		sie _____ _____
absinken: Moore, die _____		**Verbformen im Futur (1)**
bewirken: sie _____ vertorfen: es _____		abbauen: man _____

Das Perfekt

> Wenn man etwas **mündlich** erzählt, was schon vergangen ist, verwendet man meist das **Perfekt**.
> Viele Verben bilden das Perfekt mit **haben**, z. B.: Er **hat** gesprochen.
> Einige Verben bilden das Perfekt mit **sein**. Es sind vor allem Verben der Bewegung, z. B.: Sie **ist** gegangen.

Kevins Eltern sind zur Fußballweltmeisterschaft nach Südafrika geflogen.

1 **a.** Lies den folgenden Text.
b. Markiere alle Verbformen im Perfekt mit Blau.
c. In zwei Sätzen stehen die Verben nicht im Perfekt. Unterstreiche sie.

Kevin erzählt seinem Freund Valon am Telefon: „Meine Eltern haben in einem Preisausschreiben den ersten Preis gewonnen: Flug, Hotel und Eintrittskarten für einige Spiele der Fußballweltmeisterschaft! Sie sind vor 10 Tagen nach Südafrika geflogen. Dort sind sie zu einigen Spielen
5 der deutschen Mannschaft gegangen. Einmal haben sie sogar den National- spieler Özil getroffen, der hat gegen Australien ein tolles Spiel gemacht. Er hat meinen Eltern ein Autogramm gegeben. Mein Vater ist vor Freude in die Luft gesprungen. Ich habe mich natürlich auch sehr darüber gefreut. Gestern sind meine Eltern zurückgekommen, zwei Tage vor dem Endspiel. Das werden wir
10 natürlich gemeinsam am Bildschirm verfolgen."

2 **a.** Ergänze die Tabellen mit den Perfektformen aus dem Text.
b. Ergänze die Infinitive.

Perfekt mit **haben**	Infinitiv		Perfekt mit **sein**	Infinitiv
haben gewonnen	*gewinnen*		*sind geflogen*	*fliegen*

3 **a.** Ergänze die Lücken mit passenden Formen von **haben** und **sein**.
b. Markiere den zweiten Teil der Perfektform in den Sätzen.

Neulich __*hat*__ Deutschland gegen Argentinien gespielt.

Viele Fans _____ nach Südafrika geflogen.

Sie _____ ein tolles Spiel gesehen.

Nach dem Spiel _____ der Trainer ein Interview gegeben.

Er _____ vor die Presse getreten und _____ seine Mannschaft gelobt.

Am Ende des Turniers _____ alle Nationalmannschaften abgereist.

Z **4** Schreibe die folgenden Perfektformen mit ihren Infinitiven in dein Heft.

> **Perfektformen: ich habe geworfen, ich bin geschwommen, ich habe gedacht, ich habe gerochen, ich bin gestiegen, ich bin gegangen**

ich habe geworfen – werfen, ...

Das Präteritum

Wenn man **schriftlich** über etwas berichtet, was schon vergangen ist, verwendet man das **Präteritum**, z. B.:
Sie **fuhren** nach Hause.

Für die Schülerzeitung schreibt Kevin einen Artikel über das Spiel Deutschland – England bei der Fußballweltmeisterschaft 2010.

1 Markiere in Kevins Text alle Verbformen im Präteritum.
Die Infinitive zu den Verben findest du am Rand.

> geben (2x), scheitern, erzielen, schießen (2x), köpfen, geschehen, machen, springen, bleiben

Spielbericht WM 2010 Achtelfinale: Deutschland – England

In der ersten Halbzeit gab es die erste gute Möglichkeit für Deutschland bereits nach vier Minuten. Doch Özil scheiterte am englischen Torwart James. Nach 20 Minuten erzielte Klose das 1 : 0 und nach 32 Minuten schoss Podolski das umjubelte 2 : 0. Bereits fünf Minuten später köpfte der Engländer Upson den Anschlusstreffer zum 2 : 1. Dann geschah etwas, was dieses Spiel unvergesslich machte. Lampard schoss von der Strafraumgrenze, der Ball sprang von der Latte deutlich hinter die Torlinie und dann zurück ins Feld – doch der Schiedsrichter gab den Treffer fälschlicherweise nicht. So blieb es am Ende der ersten Halbzeit beim 2 : 1 für Deutschland.

2 Ergänze passende Präteritumformen vom Rand.
Tipp: Verwende ein trennbares Verb, wenn der Satz zwei Lücken hat.

> ~~kam~~, reichten, spielte, gab ... auf, fiel

Nach der Pause _kam_ England in der 52. Minute zu einer weiteren Chance.

Aber kurz darauf _____ die deutsche Elf wieder so gut wie am Anfang.

In der 67. Minute _____ dann das dritte Tor für die deutsche Mannschaft.

Nach dem 4 : 1 _____ die englische Mannschaft _____ .

Am Ende _____ sich die Spieler fair die Hände.

3 **a.** Trage zu den Verben aus Aufgabe 2 die Infinitive in die Tabelle ein.
Du findest die Infinitive am Rand.
b. Ergänze daneben zu den Personalpronomen passende Präteritumformen.
c. Markiere bei drei Verben den Vokal, der sich im Präteritum ändert.

> ~~kommen~~, spielen, reichen, fallen, aufgeben

Infinitiv	Präteritum Singular	Präteritum Plural
kommen	er _kam_	wir _kamen_
_____	du _____	ihr _____
_____	er _____	sie _____
_____	du _____	ihr _____
_____	ich _____	wir _____

Z **4** Schreibe zu den starken Verben Präteritum- und Perfektformen in dein Heft.

> nehmen: ich nahm, ich habe genommen, ...

Starke Verben: nehmen, können, sehen, schreiben, denken, müssen, dürfen, fahren, gehen, rennen, schwimmen, lesen, steigen, riechen

Das Plusquamperfekt

Das **Plusquamperfekt** verwendet man, wenn man ausdrücken will,
dass etwas **vor einem zurückliegenden Ereignis geschah**, z. B.:
Als sie uns einluden, **hatten** wir den Film schon **gesehen**.
Als wir ankamen, **waren** sie schon nach Hause **gegangen**.

Erinnerungen an ein Erlebnis auf der Klassenfahrt

Neulich trafen sich Melanie und Kevin in der Eisdiele. Sie schauten zusammen
Fotos von der Klassenfahrt auf Amrum an. Sie erinnerten sich daran, wie sie
sich angefreundet hatten. Die Fahrt hatte beiden viel Spaß gemacht. Besonders
lustig war der Abend gewesen, an dem die Jungs als Gespenster verkleidet
5 ins Mädchenzimmer gekommen waren.

___*War*___ das eine Enttäuschung gewesen, als sie nur leere Betten vorgefunden

_____! Sie _____ schon kehrtgemacht, _____ dann aber

geblieben, weil Kevin ein Geräusch gehört _____. Er _____ sofort mit

der Taschenlampe unter ein Bett geleuchtet. Und siehe da: Alle Mädchen

10 _____ sich im Zimmer versteckt! Melanie _____ sich mit Laken

verkleidet und _____ plötzlich aus dem Dunkeln erschienen. Kevin

_____ sich echt erschreckt! Jetzt lachten sie darüber.

1 **a.** Markiere im ersten Teil des Textes die Plusquamperfektformen.
    b. Ergänze die Plusquamperfektformen im zweiten Teil.

mit sein:	mit haben:
~~gewesen,~~	vorgefunden, verkleidet,
erschienen,	gehört, erschreckt,
geblieben	kehrtgemacht,
	versteckt, geleuchtet

2 **a.** An welchen zwei Orten spielt die Geschichte? Markiere sie im Text.
    b. Welche Zeitform wird jeweils zur Beschreibung des Geschehens
       verwendet? Schreibe die Orte zu der passenden Zeitform auf die Linien.
    c. Welche Ereignisse sind länger her? Kreuze an.

Präteritum: _____   Plusquamperfekt: _____

☐ Diese Ereignisse sind länger her.   ☐ Diese Ereignisse sind länger her.

3 Markiere das Plusquamperfekt.

Eine Klassenfahrt kann auch ganz schön anstrengend sein! Als der Bus losfahren
sollte, waren drei Schüler noch nicht angekommen, weil sie verschlafen hatten.
Dadurch dauerte die Fahrt länger, als viele erwartet hatten. Nachdem die Klasse
endlich die Jugendherberge erreicht hatte, waren viele Schüler sehr müde. Und
bevor die Lehrerin abends mit allen zum Strand gehen konnte, waren fünf von
ihnen schon eingeschlafen!

Der Konjunktiv in der indirekten Rede

Den Konjunktiv verwendest du z. B. in Inhaltsangaben und Berichten,
wenn du wörtliche Rede indirekt wiedergeben willst.

Merkwissen

Wenn du **wiedergeben** möchtest, was jemand gesagt hat, verwendest du
häufig die **indirekte Rede** mit dem **Konjunktiv**.

Wörtliche Rede: Der Trainer sagte: „Der Stürmer **hat** kein Foul begangen.
Die Rote Karte **ist** unberechtigt gewesen."
Indirekte Rede: Der Trainer sagte, der Stürmer **habe** kein Foul begangen.
Die Rote Karte **sei** unberechtigt gewesen.

Viele Verben bilden den Konjunktiv in der dritten Person Singular mit der
Endung -e: Er sagt: „Ich soll es tun und ich kann das auch, aber ich will
nicht." Er sagte, er soll**e** es tun und er könn**e** es auch, aber er woll**e** nicht.

Toms und Leilas Schule soll umgebaut werden. Nach einem Interview
mit der Direktorin schreiben sie einen Artikel für die Schülerzeitung.

Unsere Schule wird umgebaut

Wir fragten Frau Zubrowski, ob sie uns mehr zum Umbau der Schule sagen
könne. Die Direktorin antwortete, es solle möglichst bald eine Erweiterung
geben. Die Erweiterung dürfe aber nicht sehr viel kosten. Daher könne
sie vielleicht vorerst nicht gebaut werden. Sie wolle aber weiterhin nach
einem Sponsor für den Umbau der Sporthalle suchen. Anders sei es mit
der Einrichtung der Küchenräume. Da man für die Küchengeräte einen Sponsor
habe, müsse dieser Teil der Arbeiten unbedingt bis Weihnachten fertig werden.

> könne (2x), solle, habe,
> dürfe, müsse, sei, wolle

1 a. Markiere im Text die Verbformen im Konjunktiv vom Rand.
   b. Was wurde im Interview wörtlich gesagt?
      Schreibe das Interview in wörtlicher Rede in dein Heft.
   c. Markiere im Heft die Verbformen, die nun nicht mehr im Konjunktiv
      stehen.

Starthilfe

Tom: „Frau Zubrowski,
können Sie uns mehr zum
Umbau der Schule sagen?"
…

Den zweiten Teil des Interviews setzt du noch in die indirekte Rede.

Tom: „Können Sie schon sagen, wann die Klassenräume umgestaltet werden?"
Frau Zubrowski: „Ein genaues Datum gibt es noch nicht. Die Arbeitsgruppe
hat aber bereits einen Sponsor für die Wandfarbe gefunden. Jetzt sucht sie
weitere Sponsoren. Ich bin optimistisch. Die Arbeitsgruppe findet sicher noch
Sponsoren. Jede Klasse kann einen Vorschlag zur farblichen Gestaltung
ihres Klassenraums vorlegen. Schwarze Flächen darf der Vorschlag allerdings
nicht vorsehen. Ein helles, freundliches Raumklima muss gewahrt bleiben.
Ansonsten will ich gerne alle kreativen Vorschläge berücksichtigen."

> sie könne (2x),
> es gebe,
> sie habe,
> sie suche,
> sie sei,
> sie finde,
> er dürfe,
> es müsse,
> sie wolle

2 a. Welche Verbformen müssen in der indirekten Rede im Konjunktiv stehen?
     Markiere in jedem Satz diese Verbform.
   b. Schreibe das Interview in indirekter Rede in dein Heft.
     Verwende die Konjunktive vom Rand.
   c. Markiere die Verbformen im Konjunktiv in deinen Sätzen.

Starthilfe

Tom fragte Frau Zubrowski, ob sie schon sagen könne,
wann die Klassenräume umgestaltet werden. …

ⓩ Weiterführendes: Seltene Konjunktivformen ersetzen

Manche Formen des Konjunktivs werden sehr selten verwendet.

3 **a.** Markiere im Text drei Konjunktive in der zweiten Person Plural (ihr).
b. Markiere im Text zwei Konjunktive in der zweiten Person Singular (du).

Er sagte laut: „Ihr behauptet, ihr habet das Recht, euch so zu benehmen. Immer wieder höre ich von euch, ihr wollet euch nicht nach Regeln richten, die ihr nicht verstehen könnet." Wir hielten dagegen: „Du glaubst wohl, du könnest dir alles leisten. Vielleicht denkst du auch, du machest alles richtig."

4 **a.** Ergänze in den Tabellen die fehlenden Konjunktivformen.
b. Markiere im Konjunktiv die Endungen, die anders sind als im Präsens. Markiere auch geänderte Vokale im Verbstamm.

können	Konjunktiv	machen	Konjunktiv
ich kann	ich könne	ich mache	ich mache
du kannst	du könnest	du machst	
er, sie, es kann	er könne	er, sie, es macht	
ihr könnt	ihr könnet	ihr macht	
wir können	wir können	wir machen	wir machen
sie können	sie können	sie machen	sie machen

Wenn sich die Verbform des Konjunktivs nicht von der Präsensform unterscheidet, kannst du die Form „würde + Infinitiv" verwenden.

5 **a.** Welche Konjunktive in der Tabelle unterscheiden sich nicht vom Präsens? Streiche diese Formen in der Tabelle oben durch.
b. Ergänze in den folgenden Sätzen die passenden Formen von **würde**.

Sie behaupteten, wir __würden__ nicht schwimmen können.

Wir entgegneten, wir _____ jeden Sommer im Urlaub schwimmen,

weil wir immer am Meer Ferien machen _____ .

> ich würde,
> du würdest,
> er, sie, es würde,
> wir würden,
> ihr würdet,
> sie würden

6 **a.** Markiere im folgenden Text vier Verbformen im Konjunktiv.
b. Ergänze die Lücken mit passenden Formen von **würde** + **Infinitiv**. Verwende die Verben vom Rand.

Gestern erzählte ich Sascha, ich __würde__ seit einem Monat in

einer Band _spielen_ . Ich sagte, wir _____ zweimal in der Woche

_____ . Ich müsse aber auch regelmäßig zu Hause üben. Sascha

fragte mich, ob er zur Bandprobe kommen dürfe. Ich wollte wissen,

ob er Gitarre spiele. Er meinte, er wolle vorher viel üben. Er sagte,

seine Schwestern _____ übrigens in einem Jugendtreff _____ .

Sie _____ nächste Woche eine Aufführung _____ . Ich sagte,

ich _____ _____ _____ , dabei zu sein. Wir entschieden,

wir _____ zusammen _____ .

> ~~spielen,~~ machen,
> proben, sich freuen,
> gehen, tanzen

Das Passiv

In Rezepten findest du oft Verben im Passiv.

Popcorn – wie im Kino

Zutaten: 2 Esslöffel Pflanzenöl, 70 g Popcornmais, etwas Zucker oder Salz

Zuerst wird das Öl in einem hohen Topf erhitzt. Dann wird der Popcornmais hinzugegeben und der Topf wird rasch mit einem Deckel abgedeckt. Jetzt pufft der Mais hörbar zu Popcorn. Danach wird der Topf langsam von der Herdplatte gezogen. Der Topf wird hin und her geschüttelt, damit auch die letzten Maiskörner aufplatzen. Der Deckel wird auf dem Topf gelassen, bis man nichts mehr hört. Zum Schluss wird das Popcorn mit Zucker oder Salz bestreut.

1 **a.** Markiere im Text die Verbformen im Passiv.
b. Schreibe die Verbformen im Passiv auf die Linien.

wird erhitzt, _____

_____

_____

_____

2 Trage passende Verbformen im Passiv ein.
Verwende die Verben vom Rand.

Das Popcorn ___*wird*___ in eine Schüssel ___*gefüllt*_____ .

Auf den Tisch _____ eine Decke _____ .

Die Schüssel _____ auf den Tisch _____ .

Neben die Schüssel _____ Servietten _____ .

Popcorn _____ gerne mit den Fingern _____ .

> ~~wird gefüllt,~~
> wird gestellt,
> wird gegessen,
> wird aufgelegt,
> werden gelegt

3 Ergänze die Anleitung mit passenden Verbformen im Passiv.

Popcorn mit Honig

Zutaten: 2 Esslöffel Honig, 10 Esslöffel Zucker, Popcorn

Honig und Zucker ___*werden*___ in einen hohen Topf ___*gegeben*___ (geben).

Dann _____ die Mischung auf mittlerer Hitze _____ (erwärmen).

Anschließend _____ der Topf vom Herd _____ (nehmen).

Danach _____ das Popcorn unter den Karamell _____ (rühren).

Am Ende _____ das Honig-Popcorn in eine Schüssel _____ (füllen).

Das kann ich! – Verben

Wieder ein Müller

Mit Thomas Müller gab es bei der Fußballweltmeisterschaft 2010 in Südafrika
zum dritten Mal in der Geschichte einen deutschen Torschützenkönig.
Vor dem Turnier kannten viele Trainer der anderen Nationalmannschaften
diesen Thomas Müller überhaupt nicht.

5 Es hat schon einmal einen deutschen Torschützen namens Müller gegeben. Aber
dieser Gerd Müller war bereits 1967 und 1969 Torschützenkönig der Bundesliga
gewesen, bevor er sich 1970 auch bei der Weltmeisterschaft in Mexiko mit
10 Treffern die Torjägerkrone holte. Wegen seiner vielen Tore wurde Gerd Müller
auch „Der Bomber der Nation" genannt. Den Spitznamen „Kleines dickes Müller"

10 mochte er vermutlich weniger.
Der große und schlaksige Thomas Müller wurde erst 1989 geboren. Mit
einem Alter von 20 Jahren hat er nach der ersten Weltmeisterschaft
seine Karriere als Profifußballer eigentlich noch vor sich. Vielleicht wird er
noch viele Tore für die Nationalmannschaft schießen. Aber das weiß kurz nach

15 der Weltmeisterschaft 2010 niemand mit Sicherheit. Manch einer behauptet
trotzdem schon heute, dieser neue Müller sei ein so großes Talent, er werde
bestimmt ein herausragender Fußballer und habe noch viele Erfolge vor sich.

geben (2x),
kennen, sein,
holen, nennen,
mögen, gebären,
schießen, wissen,
behaupten,
werden, haben

1 **a.** Markiere alle Verbformen im Text. Die Infinitive findest du am Rand. ☐ / 15 Punkte
b. Ordne die Verbformen in die Tabellen unten ein. ☐ / 15 Punkte
   Tipp: Ein Plusquamperfekt findest du im zweiten Absatz, die Passivformen
   im zweiten und dritten Absatz und die Konjunktive im letzten Satz.
c. Ergänze zu jeder Verbfom den Infinitiv. ☐ / 14 Punkte

Präsens	Infinitiv
_____	_____
_____	_____

Präteritum	Infinitiv
_____	_____
_____	_____
_____	_____

Perfekt	Infinitiv
_____ _____	_____

Plusquamperfekt	Infinitiv
_____ _____	_____

Futur	Infinitiv
_____ _____	_____

Passiv	Infinitiv
_____ _____	_____
_____ _____	_____

Konjunktiv	Infinitiv
_____	_____
_____	_____
_____	_____

2 Stelle den letzten Satz aus dem Text in wörtliche Rede um. Ergänze. ☐ /5 Punkte

Nach der Weltmeisterschaft sagen viele: „Dieser Müller _____

_____

_____

_____

Gesamtpunktzahl: ☐ /49 Punkte

Wortart: Präposition

Präpositionen (Verhältniswörter) geben ein Verhältnis an, z. B. ein örtliches (Wo? Wohin?) oder ein zeitliches (Wann?).
Nach Präpositionen stehen Wörter oder Wortgruppen in einem bestimmten **Fall**.
Nach den Präpositionen **mit, nach, bei, von, zu** und **aus** stehen Wörter oder Wortgruppen im **Dativ**, z. B.: Ich fahre **mit dem Fahrrad**.
└──→ Dativ

Nach den Präpositionen **durch, für, ohne** und **gegen** stehen Wörter oder Wortgruppen im **Akkusativ**, z. B.: Ich fahre **durch den Wald**.
└──→ Akkusativ

---

1 a. Kreise die Präpositionen ein.
b. Markiere die Wortgruppen im **Dativ** nach der Präposition gelb.
c. Schreibe die Präpositionen am Rand noch einmal auf.

(Zu) ihrem Geburtstag möchte sich Ninja einen Fotoapparat kaufen. Sie kennt verschiedene Kameras aus dem Internet. Von ihrer Freundin hat sie auch viele Tipps bekommen. Auch bei ihrem Bruder hat sie Rat geholt. Nach langem Überlegen entscheidet sie sich für eine Kompaktkamera. Mit einer solchen Kamera kann sie bei jeder Gelegenheit fotografieren.

Präpositionen mit Dativ:

zu, _____

_____

2 a. Kreise die Präpositionen ein.
b. Markiere die Wortgruppen im **Akkusativ** nach der Präposition blau.
c. Schreibe die Präpositionen am Rand noch einmal auf.

Ninja hat lange (für) eine Kamera gespart. Durch kleine Geschenke von ihrer Oma hat sie ihr Sparschwein gefüllt. Ohne einen Zuschuss von den Eltern reicht es aber nicht. Gegen ihre Entscheidung haben ihre Eltern nichts einzuwenden.

Präpositionen mit Akkusativ:

für, _____

_____

Die **Präpositionen an, auf, hinter, neben, in, über, unter, vor** und **zwischen** können sowohl mit **Dativ** als auch mit **Akkusativ** stehen.
Im **Dativ** antworten die Wortgruppen auf die Fragen **Wo?** und **Wann?**,
z. B.: Das Rad steht **an dem Baum**. Ich komme **in einer Stunde**. (Dativ)
Im **Akkusativ** antworten die Wortgruppen auf die Frage **Wohin?**,
z. B.: Er stellt das Rad **an den Baum**. (Akkusativ)

---

3 a. Kreise die Präpositionen ein.
b. Markiere die Wortgruppen nach den Präpositionen.
c. Schreibe die Wortgruppen als Antworten in die zweite Spalte.
d. Schreibe den Fall der Wortgruppe in die dritte Spalte.

Endlich ist es so weit. Ninja geht (in) den nächsten Fotoladen und bestaunt das Angebot. Auf einem Tisch liegen viele Kameras. Sie schaut auch hinter den Tisch. Neben einem billigeren Modell sieht sie ihre Lieblingskamera.

Frage	Wortgruppe mit Präposition	Fall
Wohin geht Ninja?	*in den nächsten Fotoladen*	*Akkusativ*
Wo liegen die Kameras?		
Wohin schaut sie?		
Wo sieht sie die Kamera?		

Nach den Präpositionen **während**, **trotz** und **wegen** stehen Wortgruppen im **Genitiv**, z. B.: Wegen **des Gepäcks** musste er den Bus nehmen.
└──→ Genitiv

4 **a.** Kreise die Präpositionen **während**, **trotz** und **wegen** ein.
b. Markiere die Wortgruppen im Genitiv nach den Präpositionen.

Ninja kann sich (wegen) des großen Angebots nicht sofort entscheiden. Während des Gesprächs äußert der Verkäufer, dass die Kamera eine sehr gute Wahl sei. Wegen des hohen Preises ist Ninja aber unsicher und fährt unverrichteter Dinge nach Hause. Während des Abendessens fragt sie ihren Vater um Rat. Er empfiehlt ihr, die Kamera trotz des höheren Preises zu kaufen.

5 Ergänze passende Wortgruppen im Genitiv.
Verwende die Wortgruppen vom Rand.

Wegen ___*des schlechten Wetters*___ habe ich mich erkältet.

Während _____ war ich müde.

Trotz _____ musste der Ausflug ausfallen.

Wegen _____ war ich nicht draußen.

> ~~des schlechten Wetters,~~
> des vielen Regens,
> der ersten Stunde,
> des schönen Wetters

Am nächsten Wochenende will Ninja draußen fotografieren.

6 **a.** Kreise die Präpositionen vor den Lücken ein.
b. Ergänze die Lücken mit passenden Wortgruppen vom Rand.
Lies dafür noch einmal die beiden Merkwissen auf Seite 76.
c. Schreibe die Wortgruppen mit Präpositionen noch einmal in dein Heft.
 – Kreise die Präpositionen ein.
 – Schreibe den Fall in Klammern dahinter.

Ninjas Vater empfiehlt ihr, die neue Digitalkamera immer

(in) ___*einer Kameratasche*___ aufzubewahren. Die Trageschlaufe der Kamera

solle sie während _____ immer um

das Handgelenk legen, meint er. So eine kleine Kamera könne leicht

5 aus _____ und auf _____ fallen und sei

dann meist zerstört. Ninja hat bei _____

eine passende Tasche für _____ gesehen.

Bevor sie mit _____ draußen fotografiert,

geht sie in _____ und kauft die Kameratasche.

10 Wegen _____ kann sie aber

an _____ nicht draußen fotografieren.

Da sie Fotos von ihrer Stadt für _____ machen

möchte, wartet sie auf besseres Wetter.

(in) einer Kameratasche (Dativ), …

Akkusativ
den Boden,
ihre Kamera,
den Fotoladen,
ihre Brieffreundin

Dativ
~~einer Kameratasche,~~
der Hand,
einem Fotohändler,
der neuen Kamera,
diesem Tag

Genitiv
des Fotografierens,
des schlechten Wetters

Manchmal können Präpositionen mit dem Artikel verschmelzen, z. B.:
an dem Nachmittag $\longrightarrow$ **an** + **dem** = **am** Nachmittag.

7 Ergänze in den Sätzen passende Verschmelzungen vom Rand.

Er geht ___ans___ Regal.

Sie sucht _____ Vater Rat.

Er geht _____ Bäcker.

Sie schaut _____ Schaufenster.

Er wird _____ Verkäufer gut beraten.

ans	=	an	+ das
beim	=	bei	+ dem
zum	=	zu	+ dem
ins	=	in	+ das
vom	=	von	+ dem

8 **a.** Markiere im Text die Verschmelzungen aus Präposition und Artikel.
b. Schreibe die Verschmelzungen in die erste Spalte der Tabelle am Rand.
c. Ergänze in der Tabelle die beiden Bestandteile der Verschmelzung aus Präposition und Artikel.

Am Abend fuhr eine große schwarze Limousine vors Haus.
Drei schwarz gekleidete Gestalten sprangen heraus – nur der Fahrer blieb im Wagen. Gesichert vom dritten Mann, kletterten zwei der Gestalten aufs Dach. Während zwei Personen übers Dach in eine Wohnung eindrangen, warteten zwei Personen im Wagen vorm Haus. Der Besitzer vermisste am nächsten Tag einen Brief.

am	=	an	+	dem
____	=	____	+	____
____	=	____	+	____
____	=	____	+	____
____	=	____	+	____
____	=	____	+	____
____	=	____	+	____

Nach Wortgruppen mit Präpositionen kannst du fragen.

9 **a.** Ergänze passende Wortgruppen mit Präpositionen vom Rand.
Mit den Fragen in den Klammern kannst du passende Wortgruppen finden.
b. In welchem Fall steht das Nomen nach der Präposition?
Schreibe in die Klammern den Fall dazu.

Ninja steht _(im) Geschäft_ (_Dativ_) **(Wo?)**. Sie stellt die Kamera zurück

_____ (_____) **(Wohin?)**. Ninja

entscheidet sich _____ (_____) **(Wofür?)**.

_____ (_____) **(Wann?)** fährt Ninja nach Hause.

5 Sie rennt sofort _____ (_____) **(Wohin?)** und

informiert sich _____ (_____) **(Wo?)** genau

über die Bedienung der Kamera. Das dauert insgesamt über eine Stunde.

Die Funktion eines Knopfes findet sie _____

_____ (_____) **(Warum trotzdem nicht?)**

10 nicht heraus. Sie will _____ (_____)

(Weswegen?) dieses Knopfes noch einmal den Verkäufer fragen.

Dativ
im Geschäft,
nach dem Einkauf,
über die Bedienung,
in der Anleitung

Akkusativ
an ihren Platz,
ins Zimmer,
für diesen Apparat

Genitiv
wegen der Funktion,
trotz der Abbildung

10 Lege eine Tabelle in deinem Heft an. Ordne die Fragen und die richtigen Antworten aus Aufgabe 9 in die Tabelle ein.

Dativ	Akkusativ	Genitiv
Wo? – im Geschäft ...	Wohin? – ...	Warum nicht? – ...

1 Ergänze die folgenden Merksätze.

/8 Punkte

A **Nach Präpositionen** stehen Nomen oder Pronomen in einem bestimmten

_____ . Nach den Präpositionen **mit**, **nach**, **bei**, **von**, **zu** und **aus**

stehen Wortgruppen im _____ . Nach den Präpositionen **durch**, **für**,

ohne und **gegen** stehen Wortgruppen im _____ .

B Die Präpositionen **an**, **auf**, **hinter**, **neben**, **in**, **über**, **unter**, **vor** und

zwischen können sowohl mit dem _____ als auch mit

dem _____ stehen.

C Im **Dativ** antworten die Wortgruppen auf die Fragen: _____ und **Wann?**

Im **Akkusativ** antworten die Wortgruppen auf die Frage: _____ ?

D Nach den Präpositionen **während**, **trotz** und **wegen** stehen Wortgruppen

im _____ .

2 **a.** Kreise die Präpositionen ein.
b. Markiere Wortgruppen im Dativ mit ihren Präpositionen gelb.
c. Markiere Wortgruppen im Akkusativ mit ihren Präpositionen blau.

/6 Punkte
/3 Punkte
/3 Punkte

Mit dieser Kamera können Sie auch ohne einen Blitz gute Nachtbilder
machen. Mit einem Stativ gelingen Nachtbilder besonders gut. Durch
den langen Belichtungszeitraum werden allerdings bewegte Dinge unscharf
(z. B. Wellen oder Autolichter). Außerdem reicht bei großer Dunkelheit
die Auflösung des Monitors nicht für eine optimale Voransicht.

3 **a.** Kreise die Präpositionen ein.
b. Ergänze passende Wortgruppen vom Rand.
c. Schreibe den richtigen Fall in Klammern dahinter.

/5 Punkte
/5 Punkte
/5 Punkte

Verwenden Sie für _____ (_____)

nur die angegebenen Speicherkarten. Kleinere helle oder dunklere Punkte

auf _____ (_____) haben

keine Auswirkungen auf die Bilder. Lassen Sie die Kamera nicht

in _____ (_____) liegen. Lesen Sie diese Anleitung

vor _____ (_____) der Kamera aufmerksam

durch. Verwenden Sie zum _____ (_____)

keine Lösungsmittel.

> dem LCD-Monitor,
> dem Gebrauch,
> ihren Fotoapparat,
> (dem) Reinigen,
> der Sonne

4 Ergänze passende Verschmelzungen aus Präposition und Artikel.

/5 Punkte

(in) Ich bin _____ Zentrum. **(Dativ)**   **(zu)** Ich gehe _____ Bahnhof. **(Dativ)**

(an) Ich bin fast _____ Ziel. **(Dativ)**   **(in)** Ich gehe _____ Gebäude. **(Akkusativ)**

(durch) Ich schaue _____ Zugfenster. **(Akkusativ)**

Gesamtpunktzahl:

/40 Punkte

Wortart: Konjunktion

Die Klasse 7a argumentiert in einem Brief, warum sie gegen das Verbot von elektronischen Geräten auf der Klassenfahrt ist.

1 **a.** Welche Konjunktionen leiten im folgenden Brief Nebensätze ein? Kreise sie ein.
   b. Unterstreiche in jedem Satzgefüge den Nebensatz.
   c. Schreibe die Konjunktionen am Rand noch einmal auf.

Liebe Frau Helling,

der Gebrauch elektronischer Geräte auf der Klassenfahrt wurde verboten, (da) er das soziale Miteinander beeinträchtigen soll. Mit dieser Entscheidung sind wir nicht einverstanden, weil die Geräte für uns wichtige Funktionen
5 erfüllen. Die meisten von uns entspannt es, wenn sie auf einer langen Busfahrt schöne Musik hören. Bei einer Stadtbesichtigung können wir die Geräte im Bus liegen lassen, damit wir nicht durch unsere Handys abgelenkt werden. Die Lehrkräfte nehmen den Schülern einfach die Geräte ab, falls sich einige nicht an diese Verabredung halten. Nachdem wir wieder in den Bus
10 eingestiegen sind, können wir die Geräte wieder nutzen. Schließlich kann der Gebrauch elektronischer Geräte das soziale Leben fördern. Man kann nämlich in Teams mit Spielkonsolen spielen, während man auf den Bus wartet. Wir möchten Sie daher bitten, unsere Argumente zu berücksichtigen, bevor Sie eine endgültige Entscheidung treffen.

15 Mit freundlichen Grüßen

Ihre Klasse 7a

da _____

_____

_____

_____

_____

_____

_____

_____

2 **a.** Trage passende Konjunktionen vom Rand ein. Manchmal gibt es mehrere Möglichkeiten.
   b. Unterstreiche die Nebensätze.

~~wenn,~~ bevor, weil, damit, falls, da, nachdem

Die elektronischen Geräte bleiben im Bus, ___*wenn*___ wir eine Stadt

besichtigen. Wir benutzen die Geräte nur im Bus, _____ wir bei

der Stadtführung aufmerksam sind. Wir geben die Handys den Lehrkräften,

_____ wir den Bus verlassen. _____ sich jemand

nicht an die Vereinbarung hält, muss er mit einer Strafe rechnen.

Wir hören gerne Musik im Bus, _____ uns die Musik bei der Fahrt

entspannt. Deswegen möchten wir die Geräte benutzen, _____ wir

wieder in den Bus gestiegen sind.

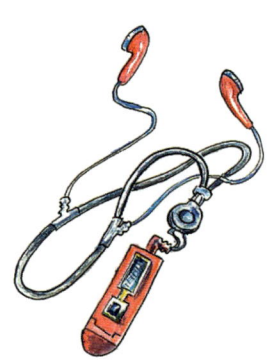

3 **a.** Verbinde die Sätze mit den Konjunktionen in Klammern.
Schreibe in dein Heft.
– Markiere das gebeugte Verb im jeweils zweiten Satz.
– Stelle die gebeugten Verben in deinen neuen Sätzen nach hinten.
b. Kreise im Heft die Konjunktionen ein.
c. An welche Stelle rückt das gebeugte Verb im Nebensatz? Markiere es.

Starthilfe

Wir brauchen unsere Handys nicht, (während) wir die Stadt besichtigen.
...

A Wir brauchen unsere Handys nicht.	+ Wir besichtigen die Stadt.	(während)
B Die Stadtbesichtigung dauert nicht den ganzen Tag.	+ Die Klasse kann danach zum Spaßbad fahren.	(damit)
C Die Lehrerin nimmt ihm das Handy ab.	+ Er hat sich nicht an die Vereinbarung gehalten.	(weil)
D Wir sind gut gelaunt.	+ Wir hören im Bus unsere Lieblingsmusik.	(wenn)
E Die Klasse fährt nach Hause.	+ Niemand hat seine Geräte verloren.	(nachdem)

4 **a.** Bilde mit jeder Konjunktion aus Aufgabe 3 ein eigenes Satzgefüge.
Schreibe in dein Heft.
b. Kreise die Konjunktionen ein.

Das kann ich! – Konjunktionen

Punkte

1 Ergänze im folgenden Merksatz fünf Konjunktionen.

Konjunktionen wie _____ , _____ , _____ , _____ , _____
verbinden Haupt- und Nebensätze.

/5 Punkte

2 Ergänze möglichst verschiedene, aber passende Konjunktionen.
Schreibe in dein Heft.

/9 Punkte

Hallo Jessie,

die Klassenfahrt ist super! Es gab Bedenken, ▉ elektronische Geräte
auf der Fahrt verboten werden sollten. Wir haben aber eine Vereinbarung
mit unserer Lehrerin getroffen, ▉ sie unseren Brief gelesen hat. Wir geben
5 die Geräte ab, ▉ wir aussteigen. Jetzt spielt niemand mit seinem Handy,
▉ wir etwas besichtigen. Spielkonsolen dürfen nur benutzt werden, ▉
wir kein Programm haben. Das finden wir in Ordnung, ▉ sonst nicht alle
mitmachen. ▉ diese Regelung so gut funktioniert hat, wollen wir sie auf
der nächsten Fahrt wieder anwenden. Frau Helling findet übrigens auch,
10 dass wir viel besser gelaunt sind, ▉ wir im Bus unsere Musik hören. ▉
dir die Vereinbarung gefällt, kannst du sie ja eurer Klasse vorschlagen.

Deine Katharina

3 Verbinde die folgenden Sätze. Verwende die Konjunktionen in Klammern.
A Die Schüler sind abgelenkt. Sie benutzen ihre Handys pausenlos. (wenn)

/8 Punkte

_____

_____

B Nach der letzten Klassenfahrt waren einige Schüler traurig. Ihre Handys
wurden beim Stadtrundgang gestohlen. (weil)

_____

_____

Gesamtpunktzahl: ___ /22 Punkte

Satzglieder und Attribute

Wiederholung: Satzglieder bestimmen

mehr zu Satzgliedern
➤ Wissenswertes S. 96

Satzglieder kannst du durch Fragen bestimmen.

1
a. Beantworte die Fragen zu dem Aussagesatz unter der Aufgabe.
b. Trenne die Satzglieder durch senkrechte Striche voneinander ab.
c. Kennzeichne alle Satzglieder mit den richtigen Rahmen.
  Unterkringele die adverbialen Bestimmungen.

Anne | gibt | ihrer | Freundin | das | Buch | morgen | in | der | Schule.

Wer oder was gibt das Buch? _Anne_ – Subjekt

Was tut Anne? _____ – Prädikat

Wen oder was gibt Anne? _____ – Akkusativobjekt

Wem gibt Anne das Buch? _____ – Dativobjekt

Wann? _____ – adverbiale Bestimmung der Zeit

Wo? _____ – adverbiale Bestimmung des Ortes

2 Umrahme in den folgenden Sätzen die Prädikate so: ( )

Prädikate

Morgen geht Ferhat zu Victoria. Sie feiert Geburtstag. Ferhat hat aber noch kein Geschenk. Vielleicht kauft er ihr ein Buch. Victoria liest nämlich gerne Krimis.

3
a. Frage nach den hervorgehobenen Satzgliedern. Schreibe auf die Linien.
b. Umrahme die Akkusativobjekte und die Dativobjekte so: [ ]
  Markiere die Dativobjekte zusätzlich farbig.

Akkusativobjekt und Dativobjekt

Sibel hilft **ihrem Bruder** beim Aussuchen.

Wem hilft Sibel? – Ihrem Bruder.

Sie entdeckt **einen Jugendkrimi**.

_____

Ferhat blättert **das Buch** durch.

_____

Der Krimi gefällt **ihm**.

_____

4
a. Frage nach den unterkringelten Wortgruppen. Schreibe in dein Heft.
b. Schreibe die Antworten hinter deine Fragen.
c. Markiere in deinem Heft die Fragewörter.
  Unterkringele die adverbialen Bestimmungen.

Adverbiale Bestimmungen des Ortes und der Zeit

Gestern Abend wurde eine Tankstelle überfallen.
Zwei maskierte Männer stürmten in den Kassenraum und verlangten Geld.
Fünf Minuten später rannten die Räuber mit der Beute auf die Straße.
Der Kassierer hatte jedoch sofort den Alarmknopf gedrückt.
Daher konnte die Polizei die Täter an der nächsten Kreuzung stoppen.

Starthilfe

Wann wurde eine Tankstelle überfallen? – gestern Abend
...

Adverbiale Bestimmungen der Art und Weise und des Grundes

Mit einer **adverbialen Bestimmung** kann man auch ausdrücken, **wie** (auf welche Art und Weise) oder **warum** (aus welchem Grund) etwas geschieht.
Nach der adverbialen Bestimmung **der Art und Weise** fragt man mit **Wie?** Nach der adverbialen Bestimmung **des Grundes** fragt man mit **Warum?** oder **Weswegen?**

Mit adverbialen Bestimmungen kann man Vorgänge genauer beschreiben.

1 **a.** Unterkringele die adverbialen Bestimmungen der Art und Weise.
  b. Frage nach den adverbialen Bestimmungen. Schreibe auf die Linien.

Der Teig wird kräftig durchgeknetet.

Wie wird der Teig durchgeknetet? – Kräftig.

Dann wird der Teig vorsichtig ausgerollt.

_____

Anschließend sticht man die Formen sorgfältig aus.

_____

Adverbiale Bestimmungen der Art und Weise

2 **a.** Unterkringele die adverbialen Bestimmungen des Grundes.
  b. Frage nach den adverbialen Bestimmungen. Schreibe auf die Linien.
    Du kannst die Fragen vom Rand verwenden.

Wegen einer Erkältung durfte Kevin nicht zum Schwimmen.

Warum durfte Kevin nicht zum Schwimmen? – Wegen einer Erkältung.

Er hätte vor Wut am liebsten geheult.

_____

Aus lauter Langeweile setzte er sich dann vor den Fernseher.

_____

Adverbiale Bestimmungen des Grundes

~~Warum?~~
Weshalb?
Weswegen?

3 **a.** Unterkringele im folgenden Text alle adverbialen Bestimmungen.
    Die Fragen am Rand helfen dir.
  b. Ordne die adverbialen Bestimmungen in einer Tabelle in deinem Heft.

In der Nähe der Tankstelle konnte die Polizei zehn Minuten später die Räuber stoppen. Sie wurden schnell überwältigt. Wegen des schnellen Einsatzes ließen sie sich problemlos festnehmen. Die Polizei nahm ihnen die Beute sofort ab. Dann fuhr man sie ins Polizeipräsidium. Dort wurden sie ausführlich befragt. Wegen des Überfalls werden sie bald vor Gericht gestellt.

Wo?
Wann?
Wie?
Warum?

Starthilfe

Adverbiale Bestimmungen des Ortes (Wo?)	Adverbiale Bestimmungen der Zeit (Wann?)	Adverbiale Bestimmungen der Art und Weise (Wie?)	Adverbiale Bestimmungen des Grundes (Warum?)
– in der Nähe der Tankstelle …	– …	– …	– …

Genitivattribute

Genitivattribute in Filmtiteln sollen neugierig machen.

A Die Kinder des Monsieur Mathieu   D Zaina – Königin der Pferde

B Herr der Diebe   E Das Leuchten der Stille

C Das Geheimnis der Geisterinsel   F Das Bildnis des Dorian Gray

1 **a.** Markiere in den Filmtiteln oben die Genitivattribute.
    b. Schreibe Fragen und Antworten zu den Genitivattributen in die Tabelle.

	Frage	Genitivattribut
A	*Wessen Kinder?*	*des Monsieur Mathieu*
B		
C		
D		
E		
F		

2 Ergänze zu den folgenden Filmtiteln selbst Genitivattribute.
Du kannst die Genitivattribute vom Rand verwenden.

Das Verschwinden *der Juwelen*   Das Geheimnis _____

Das Haus _____   Der Raub _____

Die Nacht _____   Der Wald _____

> ~~der Juwelen,~~
> des Grauens,
> der schwarzen Tür,
> der Diebe,
> des Goldes,
> des Schreckens

3 Ergänze passende Genitivattribute vom Rand.

Die Kinder des Monsieur Mathieu

Clément Mathieu bekommt eine Anstellung als Lehrer _*des Internats*_

für schwer erziehbare Jungen. Er ist entsetzt über die harten Erziehungs-

methoden _____. Dann gründet er einen Chor

und gewinnt die Zuneigung _____. Die Jugendlichen

öffnen sich dem Zauber _____. Doch der Direktor

versucht alles, um den Erfolg _____ zu stören.

> Nominativ und Genitiv
> das Internat –
> ~~des Internats,~~
> die Musik –
> der Musik,
> die Schüler –
> der Schüler,
> der Chor –
> des Chors,
> der Direktor –
> des Direktors

Das kann ich! – Satzglieder und Attribute

1 Bestimme die Satzglieder.
Schreibe die Fragen und Antworten zu den einzelnen Satzgliedern
des folgenden Aussagesatzes auf.

Florian hat seinem Freund sein Handy verborgt.

a) Subjekt   Frage: _____

                    Antwort: _____

b) Prädikat   Frage: _____

                    Antwort: _____

c) Akkusativobjekt Frage: _____

                    Antwort: _____

d) Dativobjekt   Frage: _____

                    Antwort: _____

2 Unterkringele die adverbialen Bestimmungen und notiere sie unten.
Die Fragewörter am Rand helfen dir.

Gestern sollte auf dem Schulhof das Sommerfest stattfinden. Aber wegen
des Regens rannten die Gäste schnell ins Schulhaus zurück. Nach 10 Minuten
war der Regen aber vorbei. Dann gingen alle fröhlich wieder hinaus.

> Wo?
> Wohin?
> Wann?
> Wie?
> Warum?

Adverbiale Bestimmungen ...

... des Ortes: _____

... der Zeit: _____

... der Art und Weise: _____

... des Grundes: _____

3 Ergänze die folgenden Merksätze.

Attribute geben **zusätzliche Informationen** zu einem _____ .

Genitivattribute stehen _____ dem Nomen.

Man erfragt sie mit _____ ?

4 Markiere im folgenden Text alle Genitivattribute blau.
Berücksichtige dabei auch die Überschrift.

Grandioser Sieg des Löwenteams

In einem Fußballspiel der Spitzenklasse gegen die Mannschaft der Heinrich-Böll-

Oberschule errang unsere Schulmannschaft gestern einen Sieg mit 5 : 1. Es war

ein Spiel des Kampfes. Der Trainer der Fußball-Elf zeigte sich überaus glücklich:

„Die Spieler des Löwenteams erwiesen sich als Helden des Augenblicks. Farblos

wirkte dagegen das Spiel des Gegners." Unser Team erhält für seinen Sieg

den großen Pokal der Sportabteilung. Den Pokal wird die Leiterin der Schule

morgen in der Aula des Hauptgebäudes überreichen.

Gesamtpunktzahl:

Der Kompetenztest

Das kann ich! – Sachtexte und Grafiken erschließen

1 Lies den Text mithilfe des Textknackers.

Marathon – vom Mythos zum Massenphänomen

(1) Singapur 2008 – 15 000 Läufer, Berlin 2009 – fast 41 000 Läufer, London 2010 etwa 37 000 Läufer! Mehrmals im Jahr treffen sich viele Menschen, um stundenlang zu laufen. Was bringt sie dazu, sich freiwillig über eine Strecke von 42,195 km zu quälen?
5 Was macht den Reiz des Marathonlaufs aus?

Angefangen hatte alles vor etwa 2 500 Jahren, genau um 490 v. Chr. Da fand in der Nähe eines kleinen Ortes namens Marathon eine Schlacht zwischen Griechen und Persern statt. Die Griechen siegten. Und 600 Jahre nach dieser Schlacht berichtete der Geschichtsschreiber Plutarch von
10 einem Läufer namens Pheidippides, der die Siegesbotschaft über knapp 40 km nach Athen getragen habe. Dort angekommen, sei er an Erschöpfung gestorben. Dieser sagenhafte Lauf, der vermutlich so nie stattgefunden hat, ist das Vorbild für den modernen Marathonlauf. Ein Körnchen Wahrheit enthält die Sage aber doch. So beschreibt Herodot[1] den Lauf eines Boten von Marathon nach Sparta,
15 um Unterstützung in der bevorstehenden Schlacht zu erbitten. Allerdings dauerte dieser Botenlauf etwa zwei Tage und ging über 250 Kilometer.

Der Marathon wurde bei den antiken Olympischen Spielen niemals gelaufen. Erst bei den Spielen der Neuzeit kam er ins olympische Programm. Pierre Baron de Coubertin,
20 Begründer der modernen Olympischen Spiele, hatte sich persönlich dafür starkgemacht, da er den antiken Mythos[2] zu Werbezwecken nutzen wollte. Den ersten offiziellen Marathonlauf in der Geschichte gewann 1896 in Athen dann auch ein Grieche. In einer Zeit von 2:58:50 Stunden
25 erreichte Spiridon Louis (Σπυρίδων Λούης) als Erster die Ziellinie. Danach sollte der völlig erschöpfte Sieger sich die Beine durchkneten lassen, was er jedoch entrüstet ablehnte. Von Sportmassage hatte Louis nie etwas gehört. Er wurde zum Helden: Der 1940 verstorbene Läufer erhielt
30 ein Ehrengrab und das neue Olympiastadion von Athen trägt seinen Namen.

Die Marathon-Strecke, 1896

Bei den ersten Olympischen Spielen der Neuzeit 1896 in Athen lief man knapp 40 Kilometer. Die heute übliche Distanz von 42,195 Kilometern geht auf einen Wunsch der britischen Königin Alexandra bei den Olympischen Spielen 1908
35 in London zurück. Sie ließ den Start des Marathons in den Windsor-Schlosspark verlegen, damit die Kinder des Königshauses dem Spektakel beiwohnen konnten. Bis zur Ehrenloge der Königin im White-City-Stadion waren es exakt 26 Meilen und 385 Yards, was der heutigen Kilometerzahl entspricht. Seit den Olympischen Spielen in Paris 1924 wird diese Distanz regelmäßig gelaufen.

---

1 Herodot: ein griechischer Geschichtsschreiber. (ca. 490 bis 424 vor unserer Zeitrechnung).
2 der Mythos: eine sagenhafte Erzählung.

40 Die Geschichte des Marathons ist voll von ungewöhnlichen Begebenheiten.
1904 etwa soll der Amerikaner Lorz bei dem Marathonlauf in St. Louis nach
etwa der Hälfte der Distanz in ein Auto gestiegen und den Rest der Strecke
gefahren sein, um dann, als sei nichts gewesen, als Erster durchs Ziel zu laufen.
1908 in London lief ein Italiener als Erster in das Stadion hinein. In der letzten

45 Stadionrunde brach er vor Erschöpfung fünf Mal zusammen und benötigte dafür
9:46 Minuten. Schließlich stützten ihn zwei Helfer auf den wenigen Metern
bis zur Ziellinie. Deshalb wurde er disqualifiziert. Der Äthiopier Bikila lief 1960
in Rom barfuß zu Olympia-Gold. Bei den Olympischen Spielen 1972 in München
stahl ein junger Zuschauer dem überlegenen amerikanischen Olympiasieger

50 Frank Shorter den Applaus, als er kurz vor dessen Ankunft die Absperrung
überwand und als Erster ins Münchner Olympiastadion einlief.

Was aber motiviert so viele Sportler zum Marathonlauf? Ist es der Abbau von
Stress und Ärger? Ist es der Ehrgeiz, etwas zu schaffen, was die meisten nicht
können? Ist es das „gute Gefühl", das durch chemische Botenstoffe im Gehirn

55 ausgelöst wird? Diese Fragen wird man nur individuell beantworten können.
Auf jeden Fall ist der Marathonlauf eine Sportart, die großen Respekt verdient.

Wie schnell wird Marathon gelaufen?
New-York- und Berlin-Marathon 2004 – Verteilung der Läufer im Ziel nach Zeiten

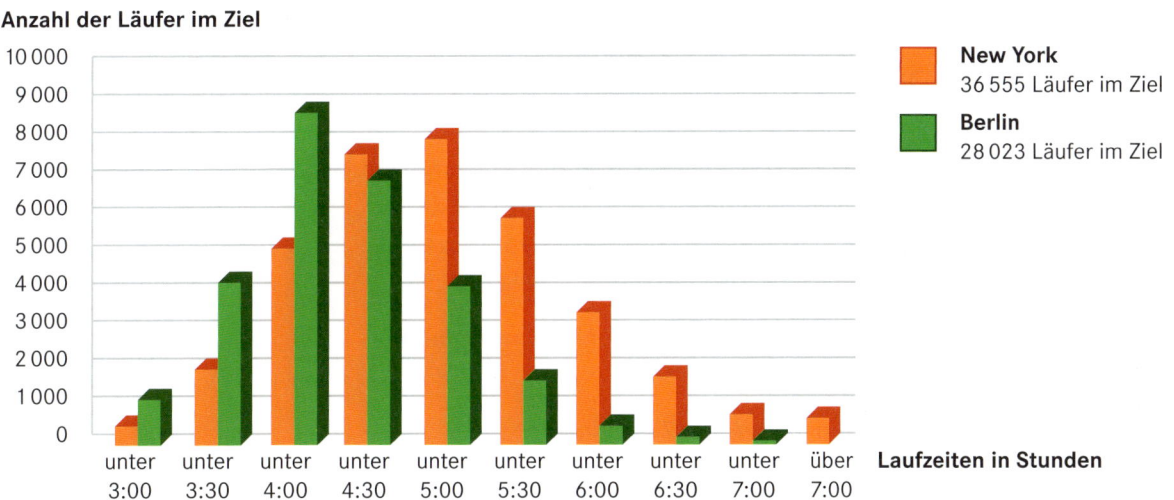

Anzahl der Läufer im Ziel

New York
36 555 Läufer im Ziel

Berlin
28 023 Läufer im Ziel

Laufzeiten in Stunden

Die Trainingserfordernisse für das Wettkampfziel Marathon

Zielzeit	Trainingsumfang pro Woche	Training pro Woche	Lauferfahrungen (Minimum)	Derzeitige 10-km-Zeit
5:00–5:40 Stunden	35–45 km	3- bis 4-mal	1 Jahr	unter 65 Minuten
unter 5:00 Stunden	40–50 km	3- bis 4-mal	1 Jahr	unter 60 Minuten
unter 4:30 Stunden	45–55 km	4-mal	1–1,5 Jahre	unter 55 Minuten
unter 4:00 Stunden	50–60 km	4-mal	1–1,5 Jahre	unter 51 Minuten
unter 3:45 Stunden	60–70 km	4- bis 5-mal	1,5–2 Jahre	unter 48 Minuten
unter 3:30 Stunden	70–80 km	4- bis 5-mal	2 Jahre	unter 45 Minuten
unter 3:15 Stunden	80–90 km	5- bis 6-mal	2 Jahre	unter 42 Minuten
unter 3:00 Stunden	90–110 km	6- bis 7-mal	3 Jahre	37–39 Minuten
unter 2:45 Stunden	100–120 km	7-mal	4 Jahre	34–36 Minuten
unter 2:30 Stunden	130–150 km	über 7-mal	5 Jahre	30–32 Minuten

2 a. Markiere die Absätze am Textrand mit Kreisen und nummeriere sie.
 b. Schreibe für die Absätze 2 bis 6 passende Überschriften.

1 *Warum laufen Tausende Marathon?*   2 _____

3 _____   4 _____

5 _____   6 _____

3 Lies die Fragen der Aufgaben **4** bis **23** genau.
 Kreuze jeweils die **eine** richtige Antwort an.

4 Welche Aussage zur Geschichte des Marathonlaufs ist richtig?
 ☐ **a)** Der antike Marathonlauf fand nach der Schlacht bei Marathon statt.
 ☐ **b)** Die Strecke wurde nicht zu Fuß, sondern zu Pferd zurückgelegt.
 ☐ **c)** Bei dem antiken Marathonlauf handelt es sich vermutlich um eine Sage.
 ☐ **d)** Der Läufer lief nach Sparta, um den Sieg zu verkünden.

5 Die Schlacht von Marathon (490 v. Chr.) fand statt zwischen …
 ☐ **a)** … Spartanern und Griechen.   ☐ **c)** … Athenern und Spartanern.
 ☐ **b)** … Spartanern und Persern.   ☐ **d)** … Griechen und Persern.

6 Welche Aussage zu den ersten Olympischen Spielen der Neuzeit ist richtig?
 ☐ **a)** Der Sieger des Marathonlaufs war ein Russe.
 ☐ **b)** Die Marathonstrecke war bei den Spielen von 1896 kürzer als 40 km.
 ☐ **c)** Nach dem Lauf ließ sich der Sieger die Beine massieren.
 ☐ **d)** Das Olympiastadion von London wurde nach dem Sieger benannt.

7 Wann wurde die Länge des Marathonlaufs festgelegt?
 ☐ **a)** Die Streckenlänge wechselt je nach Gelände. Sie wurde nie festgelegt.
 ☐ **b)** Es ist genau die Entfernung Marathon–Athen. Sie gilt seit 490 v. Chr.
 ☐ **c)** Die Länge wurde bei den ersten Spielen der Neuzeit 1896 festgelegt.
 ☐ **d)** Seit 1924 wird regelmäßig die Distanz von 42,195 km gelaufen.

8 In welchem Jahr lief der Olympiasieger die Marathonstrecke ohne Schuhe?
 ☐ **a)** 1972   ☐ **b)** 1960   ☐ **c)** 1908   ☐ **d)** 1904

9 Wie lang ist die Strecke von Marathon nach Athen? Lies im Text nach.
 ☐ **a)** 42,195 km   ☐ **b)** etwa 35 km
 ☐ **c)** knapp 40 km   ☐ **d)** genau 41,5 km

10 Die höchste Erhebung der Laufstrecke von Marathon nach Athen beträgt …
 ☐ **a)** 500 m   ☐ **b)** 380 m   ☐ **c)** 175 m   ☐ **d)** 240 m

11 Wie kam es zu den heute üblichen 42,195 km Streckenlänge?
 Schreibe die Erklärung aus dem Text in eigenen Worten auf.

_____

_____

_____

_____

> im Jahr … hat …,
> auf Wunsch von …,
> sie wollte, dass …,
> diese Strecke
> wird seit …

12 Der griechische Geschichtsschreiber Herodot lebte vor ungefähr …
 ☐ **a)** … 2 500 Jahren.   ☐ **c)** … 3 000 Jahren.
 ☐ **b)** … 1 500 Jahren.   ☐ **d)** … 2 000 Jahren.

13 Ein Mythos ist …
 ☐ **a)** … ein Halbmarathon.   ☐ **c)** … ein Geschichtsbericht.
 ☐ **b)** … eine sagenhafte Erzählung. ☐ **d)** … eine antike Stadt.

Gesamtpunktzahl dieser Seite:

/ 10 P

/ 2 Pu

/ 2 Pu

/ 2 Pu

/ 2 Pu

/ 2 Pu

/ 2 Pu

/ 2 Pu

/ 10 P

/ 2 Pu

/ 2 Pu

/ 38 P

Punkte

14 Um was für eine Grafik handelt es sich? Kreuze an.
☐ **a)** Kreisdiagramm ☐ **b)** Kurvendiagramm ☐ **c)** Säulendiagramm

/2 Punkte

15 Wie viele Läufer kamen beim Berlin-Marathon 2004 ins Ziel? Kreuze an.
☐ **a)** ca. 1 000 ☐ **b)** ca. 4 000 ☐ **c)** ca. 28 000 ☐ **d)** ca. 8 000

/2 Punkte

16 Wie viele Läufer kamen 2004 in New York ins Ziel? Kreuze an.
☐ **a)** ca. 500 ☐ **b)** ca. 2 000 ☐ **c)** ca. 36 500 ☐ **d)** ca. 5 000

/2 Punkte

17 Werte die Zahlen für den Berlin-Marathon aus. Ergänze den Satz richtig.
Ungefähr die Hälfte der Läufer im Ziel 2004 in **Berlin** benötigte für
die Strecke weniger als …
Tipp: Addiere die Balken von links, bis du bei ca. 15 000 bist.
☐ **a)** 3:00 Std. ☐ **b)** 3:30 Std. ☐ **c)** 4:00 Std. ☐ **d)** 4:30 Std.

/2 Punkte

18 Werte die Zahlen für den New-York-Marathon aus. Ergänze den Satz richtig.
Über die Hälfte der Läufer im Ziel 2004 in **New York** benötigte mehr als …
Tipp: Addiere die Balken von rechts, bis du bei ca. 20 000 bist.
☐ **a)** 6:00 Std. ☐ **b)** 5:30 Std. ☐ **c)** 5:00 Std. ☐ **d)** 4:30 Std.

/2 Punkte

19 Vergleiche die Laufzeiten bis 4 Stunden in Berlin und New York. Kreuze an.
Im Vergleich zu New York erreichten diese Zeiten in Berlin …
☐ **a)** … gleich viele Läufer. ☐ **c)** … ungefähr 6 000 Läufer mehr.
☐ **b)** … ungefähr 3 000 Läufer mehr. ☐ **d)** … ungefähr 6 000 Läufer weniger.

/2 Punkte

20 Ergänze den folgenden Satz richtig. Kreuze an.
Um eine Laufzeit von knapp 3 Stunden zu erreichen, muss der Läufer …
☐ **a)** … 4 Jahre lang die 10-Kilometer-Strecke unter 39 Minuten laufen.
☐ **b)** … mindestens 3 Jahre lang fast täglich trainieren.
☐ **c)** … 3- bis 4-mal pro Woche über 50 Kilometer laufen.
☐ **d)** … jeden Tag über 100 Kilometer laufen.

/2 Punkte

21 Schreibe den Trainingsplan für Läufer auf, die ungefähr so schnell sein wollen
wie Spiridon Louis 1896.

/5 Punkte

_____

22 Ergänze den folgenden Satz richtig. Kreuze an.
Um 2004 in Berlin unter den ersten 5 000 zu sein, mussten die Läufer …
☐ **a)** … 5 Jahre trainieren und bis zu 150 Kilometer pro Woche laufen.
☐ **b)** … 4-mal pro Woche mindestens 11 Kilometer laufen.
☐ **c)** … 2 Jahre lang 5-mal pro Woche trainieren.
☐ **d)** … 2 Jahre lang mindestens 70 Kilometer pro Woche laufen.

/4 Punkte

23 Ergänze den folgenden Satz richtig. Kreuze an.
Um 2004 in New York unter den ersten 7 500 zu sein, mussten die Läufer …
☐ **a)** … 5 Jahre trainieren und die 10 km unter 39 Minuten laufen.
☐ **b)** … 1–1,5 Jahre lang 4-mal pro Woche trainieren.
☐ **c)** … die 10-Kilometer-Strecke unter 40 Minuten laufen.
☐ **d)** … bis zu 150 Kilometer im Jahr laufen.

/4 Punkte

Gesamtpunktzahl dieser Seite: /27 Punkte
Gesamtpunktzahl vorheriger Seite: /38 Punkte
Sachtexte und Grafiken erschließen – Gesamtpunktzahl: /65 Punkte

1 **a.** Ergänze den folgenden Satz.

Du kannst Wörter mit **ä** oder **äu** von verwandten Wörtern mit ___ oder ___ ableiten.

☐ /2 Pu

b. Entscheide die Schreibung. Schreibe die Wörter richtig auf die Linie.

tr___men (**äu/eu**) _____ der Verk___fer (**äu/eu**) _____

z___hlen (**ä/e**) _____ der B___cker (**ä/e**) _____

☐ /4 Pu

2 **a.** Markiere in allen Wörtern der Wortfamilie „**fass**en" den Wortstamm.
b. Streiche drei Wörter durch, die nicht zur Wortfamilie „**fass**en" gehören.

☐ /22 P
☐ /3 Pu

> verfassen, umfassen, die Verfassung, unfassbar, fassungslos, die Einfassung,
> anfassen, fast, das Tintenfass, die Weltauffassung, fasten, erfassen, zufassen,
> fassförmig, die Zusammenfassung, nachfassen, die Gefasstheit, befassen,
> das Fassungsvermögen, weltumfassend, die Faser, die Brillenfassung,
> einfassen, die Datenerfassung, verfassungsrechtlich

c. Schreibe die Verben der Wortfamilie „fassen" aus dem Kasten auf die Linien.

☐ /8 Pu

_____

_____

3 **a.** Ergänze die Merksätze zur Großschreibung.
b. Bilde zu jedem Merksatz mit den Wörtern in Klammern Nomen.
Schreibe in dein Heft.

☐ /3 Pu
☐ /10 P

A Aus _____ können Nomen werden. Der Artikel **das** und die Wörter

beim, **im**, **vom** und **zum** machen's. (essen, fahren, gehen, schreiben)

B Aus _____ können Nomen werden. Die Wörter **etwas**, **nichts**,

viel und **wenig** machen's. (gelb, neu, lustig, spannend)

C Das starke Wort **im** kann aus _____ Nomen machen.

(still, allgemein)

4 Bilde Adverbien mit **s**.

☐ /4 Pu

der Montag – _____ der Mittag – _____

der Freitag – _____ die Nacht – _____

5 **a.** Ergänze den folgenden Merksatz mit dem richtigen Wort vom Rand.

Alle Verbindungen mit **sein** schreibt man _____ .

> getrennt,
> zusammen

☐ /1 Pu

b. Ergänze in den Sätzen passende Verbindungen mit **sein**.

☐ /3 Pu

Das Licht muss _____, damit ich schlafen kann.

Er rannte uns hinterher, weil er unbedingt _____ wollte.

Ich muss mit den Hausaufgaben _____, bevor es Abend wird.

Rechtschreiben – Gesamtpunktzahl: ☐ /60 P

Das kann ich! – Grammatik

Adverbien ...

_____	_____	_____	_____
morgen	dort	deswegen	vielleicht
dienstags	draußen	darum	haufenweise
_____	_____	_____	_____

1 **a.** Was für Adverbien sind in den Spalten der Tabelle sortiert?
Trage über jeder Spalte eine passende Überschrift vom Rand ein.
b. Markiere weitere vier Adverbien in den Sätzen unter der Aufgabe.
c. Ordne diese Adverbien in die richtigen Spalten der Tabelle ein.

> des Ortes,
> der Zeit,
> des Grundes,
> der Art und Weise

Heute findet hier ein Festumzug statt.
Deshalb ziehen wir Kostüme an. Das macht normalerweise allen Spaß.

2 Finde im folgenden Text eine Verbform im Konjunktiv. Kreise sie ein.
Tipp: Der Konjunktiv gibt Gesagtes ohne Anführungszeichen wieder.

Bei der letzten Sitzung des Schülerrates hatte Olga eine Idee: „Wir organisieren
einen Spielabend. Das haben wir an meiner alten Schule auch immer gemacht."
Alle waren begeistert. Pia sagte, sie schreibe sofort einen Antrag an die Schulleitung. Nachdem Pia den Antrag abgegeben hatte, berichtete sie dem Schülerrat:
„Der Schulleiter wird den Antrag morgen mit den Lehrkräften prüfen. Aber er ist
jetzt schon Feuer und Flamme."

3 **a.** Markiere im Text unter Aufgabe 2 alle weiteren Verbformen.
b. Ordne die Verben nach ihren Zeitformen. Schreibe auf die Linien.
Tipp: Manche Zeitformen bestehen aus zwei Wörtern.

Präteritum (4): _____ , _____ , _____ ,

_____ Präsens (2): _____ , _____

Futur: _____ _____ Perfekt: _____ _____

Plusquamperfekt: _____ _____

4 Bestimme die Wortarten aller Wörter im folgenden Satz.
Schreibe auf die Linien zu jedem Wort die passende Bezeichnung vom Rand.

Ich fahre heute mit diesem neuen Fahrrad, das meine Eltern mir schenkten.

ich: _____ fahre: _____

heute: _____ mit: _____

diesem: _____ neuen: _____

Fahrrad: _____ das: _____

meine: _____ Eltern: _____

mir: _____ schenkten: _____

> Personal-
> pronomen (2x),
> Verb (2x),
> Präposition,
> Possessiv-
> pronomen,
> Adverb,
> Adjektiv,
> Nomen (2x),
> Relativpronomen,
> Demonstrativ-
> pronomen

/4 Punkte

/4 Punkte
/4 Punkte

/2 Punkte

/12 Punkte
/12 Punkte

/12 Punkte

Grammatik – Gesamtpunktzahl: ___ /50 Punkte

Das kann ich! – Versuche beschreiben

Bastelanleitung für ein Windrad

Materialien: 1 Blatt Tonpapier, 1 gerader frischer Zweig ohne Äste, 1 Stecknadel mit größerem Kopf, 1 Perle mit Loch, Bleistift, Lineal, Schere

☐ Zuerst wird aus dem Tonpapier ein Quadrat mit einer Seitenlänge von 15 cm ausgeschnitten.

☐ Zum Schluss wird die Perle auf die Nadel geschoben und dann wird das Windrad auf den Zweig gesteckt.

☐ Als Nächstes zeichnete er mit dem Lineal zwischen den Ecken zwei Diagonalen.

☐ Anschließend markierte er links von den Einschnitten in die Ecken Punkte, durch die später die Nadel gestochen wird.

☐ Danach werden die markierten Ecken zur Mitte gefaltet. Dabei werden die Spitzen übereinandergelegt. Jetzt wird mit der Nadel durch alle vier Spitzen gestochen.

☐ Dann schnitt er genau 7 cm entlang jeder Diagonale.

1 Vergleiche die Materialliste mit der Abbildung (A).
Welche Materialien fehlen auf der Abbildung? Schreibe sie auf die Linien.

/2 Pu

_____   _____

2 Nummeriere die sechs Schritte der Anleitung in der richtigen Reihenfolge mit den Zahlen von 1 bis 6.

/6 Pu

3 Eine Passivform ist markiert. Markiere weitere sechs Passivformen.
Markiere immer die Form von **werden** und die dazugehörige Verbform.

/12 P

4 Drei Sätze stehen noch in der Er-Form und im Präteritum.

a. Streiche die Er-Formen und die Verben im Präteritum durch.

/3 Pu

b. Ersetze alle gestrichenen Verben durch das Passiv im Präsens. Schreibe die beiden nötigen Verbformen jeweils auf eine Linie.

/3 Pu

wird geschnitten – wird schneiden,

wird markiert – wird markieren,

wird zeichnen – wird gezeichnet

_____

_____

_____

5 Schreibe die überarbeitete Anleitung in dein Heft.
Schreibe im **Passiv** und im **Präsens**.
Verwende deine Ergebnisse aus den Aufgaben 1 bis 4.

/24 P

Versuche beschreiben – Gesamtpunktzahl:

/50 P

Adrian Klasing (Schülersprecher) _____
Wagenstraße 27
33188 Großdorf

An die
Schulleitung der Realschule Großdorf
Herrn Hagen
Große Straße 57

Entfernung der Musikanlagen aus den Klassen,
Mit freundlichen Grüßen,
20.05.2010,
33188 Großdorf

_____

_____

Hallöchen Herr Hagen,

Sie haben uns aufgefordert, die Musikanlagen aus unseren Klassenräumen
zu entfernen, da diese das soziale Leben in der Schule beeinträchtigten.
Im Schülerrat stimmte die große Mehrheit gegen ihre Maßnahme.
5 Wir meinen, dass die Musikanlagen das soziale Leben fördern, weil dadurch
alle die Lieblingsmusik der Stärksten in voller Lautstärke hören müssen.
Unser wichtigstes Argument ist, dass die Musikanlagen gut für unsere Bildung
sind, weil wir in der großen Pause häufig Nachrichten hören.
Ein weiteres Argument ist, dass wir mit Musik die Hausaufgaben nachmittags
10 erfolgreicher erledigen, weil wir uns voll relaxt besser konzentrieren können.
Wir sind daher der Meinung, dass die Musikanlagen für das Lernen und für
das soziale Leben gut sind, und bitten Sie, Ihre Entscheidung zu überdenken.

Adrian Klasing

1 **a.** Welche Angaben fehlen in den Lücken? Kreuze an.   /4 Punkte

☐ Anrede   ☐ Gruß   ☐ Adresse   ☐ Datum   ☐ Betreff   ☐ Stadt   ☐ Unterschrift

b. Ergänze fehlende Angaben im Brief. Du findest Vorschläge oben am Rand.   /4 Punkte

2 **a.** Markiere zwei ungeeignete umgangssprachliche Formulierungen mit Gelb.   /2 Punkte

b. Schreibe zwei geeignete Formulierungen auf die Linien.   /2 Punkte

_____   _____

3 **a.** Markiere die Behauptungen im Brief mit Blau.   /3 Punkte

b. Markiere die Begründungen (Argumente) mit Rot.   /3 Punkte

c. Ein Argument steht nicht an der besten Stelle. Kreise es ein.   /2 Punkte
Wohin gehört das Argument? Zeichne einen Pfeil an den Rand.

4 **a.** Ein Argument ist nicht überzeugend. Streiche es durch.   /1 Punkt

b. Schreibe eine eigene Begründung, wie Musikanlagen das soziale Leben   /3 Punkte
fördern können. Schreibe in dein Heft.

5 Überarbeite den Brief vollständig. Schreibe auf einen Briefbogen.   /16 Punkte
– Überarbeite dabei alle formalen Fehler aus den Aufgaben 1 bis 3.
– Ergänze deine Begründung aus Aufgabe 4.

Briefe überarbeiten, Stellung nehmen – Gesamtpunktzahl: /40 Punkte

Der Kompetenztest – Gesamtpunktzahl: /265 Punkte

Wissenswertes auf einen Blick

Rechtschreiben, Zeichensetzung

Das Gliedern, das Verlängern, das Ableiten

Beim **Gliedern** zerlegst du mehrsilbige Wörter in Sprechsilben.
Beispiel: Regenwolke

d oder **t**, **g** oder **k** am Ende eines Wortes? Das **Verlängern** bringt die Entscheidung.
der Aben**d** – die Aben**d**e   das Geträn**k** – die Geträn**k**e

ä oder **e** klingen in vielen Wörtern ähnlich. Das **Ableiten** hilft dir beim Schreiben.

Leite ab: Finde ein verwandtes Wort mit **a** und du weißt, dass du **ä** schreiben musst.
die W**ä**rme kommt von w**a**rm – also **ä**
    ä/e?   a! $\longrightarrow$ ä

Übungen S. 44–45

Wortfamilie – Wortstamm

Manche Wörter sind miteinander verwandt und bilden **Wortfamilien**.
Die Mitglieder einer Wortfamilie haben denselben **Wortstamm**.
fühlen, das Mitge**fühl**, ein**fühl**sam, das Ge**fühl**, das Ehrge**fühl**

Übungen S. 45–46

Großschreibung

Aus **Verben** können **Nomen** werden. Der Artikel **das** und die Wörter **zum**, **beim** und **im** machen's!
rechnen $\longrightarrow$ das Rechnen / zum Rechnen / beim Rechen / im Rechnen

Achtung! Zwischen **das**, **zum**, **beim** und **im** und den Nomen steht manchmal ein Adjektiv.
Die Großschreibung des Verbs bleibt. Das Adjektiv wird kleingeschrieben.
das Schreiben $\longrightarrow$ das richtige Schreiben

Aus Adjektiven können Nomen werden.
Die Wörter **etwas**, **nichts**, **viel** und **wenig** machen's!
neu $\longrightarrow$ etwas Neues $\longrightarrow$ nichts Neues $\longrightarrow$ viel Neues $\longrightarrow$ wenig Neues

Adjektive in **Eigennamen** schreibt man groß.

Familie Meier fährt in den **Bayerischen** Wald.

Übungen S. 48–50

Wochentage und Tageszeiten

Aus **Wochentagen** und **Tageszeiten** kann man zusammengesetzte Nomen bilden.
der Mittwoch + der Morgen = der Mittwochmorgen

Wochentage und Tageszeiten mit einem **s** am Ende sind **Adverbien**. Sie werden **kleingeschrieben**.
Ich mache **abends** meistens Hausaufgaben, nur **mittwochs** gehe ich zum Sport.

Übungen S. 52–53

Getrenntschreibung

Die Wortgruppe **Verb** + **Verb** wird in der Regel **getrennt** geschrieben.
Ich will endlich **schwimmen lernen**.

Wortgruppen mit **sein** schreibt man **getrennt**, egal welches Wort vor **sein** steht.
da sein, an sein

Übungen S. 54–55

Fremdwörter

Fremdwörter kann man oft an ihren **Endungen** (Suffixen) erkennen. Die Nomen auf **-(t)ion**
sind oft mit den Verben auf **-ieren** verwandt, z. B.: die Addi**tion** / add**ieren**.

Übungen S. 56–57

Komma bei dass-Sätzen

Nach Verben des Sagens, Denkens und Meinens folgen oft **dass**-Sätze.
Der **dass**-Satz wird durch ein Komma vom Hauptsatz abgetrennt.
Ich hoffe sehr**,** **dass** so etwas nicht noch einmal vorkommt.

Übungen S. 58–59

Komma bei Nebensätzen

Die Konjunktionen **als, weil, wenn, obwohl, dass, sodass, solange** und **nachdem** leiten Nebensätze ein, die vom Hauptsatz durch ein **Komma** getrennt werden.
Als ich dich **sah, freute** ich mich sehr. **Weil** es spät **ist, gehe** ich jetzt nach Hause.
Wenn ich Ferien **habe, schlafe** ich morgens lange.

Übungen S. 60–62

Zeichensetzung bei wörtlicher Rede

Wörtliche Rede erkennt man an den „**Anführungszeichen**" am Anfang und am Ende.
Steht der **Begleitsatz vorn**, folgt ein **Doppelpunkt**.
Steht der **Begleitsatz hinten**, steht immer ein **Komma** davor.
Die Lehrerin sagte**:** „Setzt euch bitte auf eure Plätze."
„Setzt euch bitte auf eure Plätze"**,** sagte die Lehrerin.

Übungen S. 62

Grammatik

Nomen

Nomen bezeichnen Lebewesen (Menschen, Tiere, Pflanzen), Gegenstände und gedachte oder vorgestellte Dinge. Nomen werden im Deutschen immer **großgeschrieben**.
Vor Nomen steht oft ein **bestimmter Artikel** (der, das, die) oder ein **unbestimmter Artikel** (ein, ein, eine).

Übungen S. 64

Adjektive

Adjektive werden auch als **Eigenschaftswörter** bezeichnet. Sie werden immer **kleingeschrieben**.
Mit Adjektiven kannst du Personen, Tiere oder Gegenstände genauer beschreiben.
Wenn du Personen, Tiere oder Gegenstände vergleichen willst, kannst du **gesteigerte Adjektive** verwenden.

Positiv (Grundform)	**Komparativ** (1. Steigerungsform)	**Superlativ** (2. Steigerungsform)
(so) groß (wie)	größer (als)	am größten

Übungen S. 64

Pronomen

Personalpronomen: Die Personalpronomen **ich, du, er, sie, es, wir, ihr, sie** kann man für Personen, Lebewesen und Dinge einsetzen, z. B.: Martin fährt Fahrrad. **Er** fährt schnell.

Possessivpronomen: Die Possessivpronomen **mein/meine, dein/deine, sein/seine, ihr/ihre, unser/unsere, euer/eure, ihr/ihre** zeigen an, wem etwas gehört.

Relativpronomen: Mit den Relativpronomen **der, die, das / welcher, welche, welches** kann man **Nebensätze** einleiten.
Das Relativpronomen **bezieht sich auf ein Nomen** oder Pronomen zurück und steht nach einem **Komma**, z. B.:
Ich lese das Buch, **das** du mir geschenkt hast.

Demonstrativpronomen: Mit den Demonstrativpronomen **dieser, diese, dieses / jener, jene, jenes** kann man auf etwas zeigen oder hinweisen, z. B.:
Sie mochte **dieses** Lied, weil es sie an **jenen** Tag erinnerte.

Übungen S. 64–65, 67

Präpositionen

Präpositionen (Verhältniswörter) geben ein Verhältnis an, z. B. ein örtliches (Wo? Wohin?). oder ein zeitliches (Wann?). **Nach Präpositionen** stehen Wörter und Wortgruppen in einem bestimmten **Fall**.

Nach den Präpositionen **mit, nach, bei, von, zu** und **aus** stehen Wörter und Wortgruppen im **Dativ**:
Ich fahre **mit dem Fahrrad.**

Nach den Präpositionen **durch, für, ohne** und **gegen** stehen Wörter und Wortgruppen im **Akkusativ**:
Ich fahre **durch den Wald.**

Die Präpositionen **an, auf, hinter, neben, in, über, unter, vor** und **zwischen** können sowohl mit dem Dativ als auch mit dem Akkusativ stehen. Im Dativ antworten die Wortgruppen auf die Fragen „**Wo?**" und „**Wann?**", z. B.:
Das Rad steht an dem Baum. Ich komme in einer Stunde.
Im Akkusativ antworten die Wortgruppen auf die Frage „**Wohin?**", z. B.:
Er stellt das Rad an den Baum.

Nach den Präpositionen **während, trotz** und **wegen** stehen Wörter und Wortgruppen im **Genitiv**:
Wegen des Gepäcks musste er den Bus nehmen.

Manchmal können Präpositionen mit dem Artikel verschmelzen:
an dem Nachmittag $\longrightarrow$ **an** + **dem** = **am** Nachmittag

Übungen S. 76–79

Adverbien

Adverbien (Umstandswörter) machen genaue Angaben zu einem Geschehen.
Adverbien des Ortes drücken aus, wo etwas geschieht, z. B. **draußen**.
Adverbien der Zeit drücken aus, wann etwas geschieht, z. B. **immer**.
Adverbien der Art und Weise drücken aus, wie etwas geschieht, z. B. **gerne**.
Adverbien des Grundes drücken aus, warum etwas geschieht, z. B. **deshalb**.
Tim mag frische Luft. Er spielt **deshalb immer gern draußen**.

Übungen S. 66–67

Verben

Verben im Präsens verwendest du, um auszudrücken,
– **was man regelmäßig tut**: Sie spielt jeden Tag mit ihrer Katze.
– **was man jetzt tut**: Sie spielt jetzt gerade mit ihrer Katze.
Bei vielen Verben bleibt im Präsens der Verbstamm gleich. Es verändern sich nur die Endungen.
Sie richten sich nach der Person.
Trennbare Verben können im Satz auseinanderstehen: einkaufen – im Satz: Er kauft Futter ein.

Übungen S. 68, 75

Verben im Präteritum verwendest du meist, wenn du **schriftlich über etwas berichtest oder erzählst**, was schon vergangen ist:
Man **nutzte** die Kartoffelpflanze zunächst als Zierpflanze.

Übungen S. 70, 75

Verben im Perfekt verwendest du meist, wenn du etwas **mündlich erzählst**, was schon vergangen ist.
Viele Verben bilden das Perfekt mit **haben**: Sie hat gebacken.
Viele Verben bilden das Perfekt mit **sein**: Wir sind gelaufen.

Übungen S. 69, 75

Das Plusquamperfekt verwendest du, wenn du ausdrücken willst, dass etwas vor einem zurückliegenden Ereignis geschah:
John Maynard war gestorben, nachdem er die Passagiere **gerettet hatte**.

Übungen S. 71, 75

Das Futur verwendest du, wenn du über Dinge sprichst, die in der **Zukunft** liegen, also noch nicht geschehen sind: Heute Abend **werde** ich ins Kino **gehen**.

Übungen S. 68, 75

Verben im Passiv: Das **Passiv** beschreibt, was mit einer Person oder einem Gegenstand getan wird. Die **Tätigkeit ist wichtig**, nicht wer sie ausführt.
Das Fahrrad **wird zurückgegeben**.

Übungen S. 24–27, 74–75

Verben im Konjunktiv: Wenn du wiedergeben möchtest, was jemand gesagt hat, verwendest du die **indirekte Rede** mit dem **Konjunktiv I**. Außerdem kannst du mit dem **Konjunktiv I** ausdrücken, dass eine Information unsicher ist: Er sagt, er **laufe** jeden Morgen zehn Kilometer.

Übungen S. 16, 20, 38–39, 72–73, 75

Satzglieder und Attribute

Das Subjekt kann eine Person oder eine Sache sein. Mit **Wer?** oder **Was?** fragst du nach dem Subjekt:
Sabine hat Geburtstag. – Wer hat Geburtstag? – Sabine.

Das Prädikat sagt etwas darüber aus, was jemand tut oder was geschieht.
Mit **Was tut ...?** fragst du nach dem Prädikat. Eric **schenkt** ihr ein Buch. Eric **hat** ihr ein Buch **geschenkt**.

Objekte
Mit **Wen?** oder **Was?** fragst du nach dem **Akkusativobjekt**.
Sabine bringt den Gast zur Tür. – Wen bringt Sabine zur Tür? – Den Gast.
Mit **Wem?** fragst man nach dem **Dativobjekt**.
Sarah gratuliert dem Geburtstagskind. – Wem gratuliert Sarah? – Dem Geburtstagskind.

Adverbiale Bestimmungen
Nach der **adverbialen Bestimmung der Zeit** fragst du mit **Wann?**
Der Spion kam um zehn Uhr. – Wann kam der Spion? – Um zehn Uhr.
Nach der **adverbialen Bestimmung des Ortes** fragst du mit **Wo?**, **Woher?**, **Wohin?**
Er traf den Mann am Bahnhof. – Wo traf er den Mann? – Am Bahnhof.
Nach der **adverbialen Bestimmung der Art und Weise** fragt man mit **Wie?**
Der Teig war kräftig geknetet. – Wie wird der Teig geknetet? – kräftig.
Nach der **adverbialen Bestimmung des Grundes** fragt man mit **Warum?** oder **Weswegen?**
Wegen einer Erkältung durfte Kevin nicht schwimmen. – Weshalb durfte Kevin nicht schwimmen? – Wegen einer Erkältung.

Genitivattribute stehen **hinter** einem Nomen und geben **zusätzliche Informationen** zu dem Nomen.
Sie antworten auf die Frage: **Wessen?**
Das Handy meines Bruders ist kaputt. – Wessen Handy ist kaputt? – Das Handy meines Bruders.

Übungen S. 82–85

Mehr **Wissenswertes auf einen Blick** findest du vorne im Heft und in den Klappen.